加爾默羅靈修

凡尋求天主，深感除天主外，
心靈無法尋獲安息和滿足的人，
會被吸引，進入加爾默羅曠野。

星火文化

聖女大德蘭誕生五百週年新譯本

The Dark Night of the Soul · La Noche Oscura del Alma

聖十字若望・心靈的黑夜

靈魂在成全的境界之前，必須經歷這些考驗

十字若望St. John of the Cross◎著
加爾默羅聖衣會◎譯
范毅舜◎封面攝影

CONTENTS

【第二卷】本卷談論更深入的淨化，亦即心靈的第二個夜

開始談論心靈的黑夜，說明這夜是何時開始的。

CONTENTS

推薦序1

房志榮 神父

聖十字若望的四部名著是：《攀登加爾默羅山》；《黑夜》；《靈歌》；《愛的活焰》。台灣加爾默羅隱修會正逐步譯成漢文發表[1]。

談論心靈黑夜的這部書，在西班牙的文學史裡，占有一席之地。因為是很美的詩作，所採用的圖像、所表達的境界都不同凡響。不過十字若望寫詩，不同於一般詩人。其特徵在於不僅以詩達情，還用詩通天，說出天主與人靈交往的神祕之路。

另一個特徵是：一般詩人寫下名詩名句，不加解釋，讓後人去猜；甚至按照背景的轉移，另添新意，這都是合情合理的，並表達了詩作的無限遠景。但十字若望卻把他的短短詩句加以長篇的解釋。等你體味了這些解釋後，再回頭念同樣的詩句，你對詩句的領悟已不同於前了。

所以本書的八段詩節，每一詩節有五句，可視作一些標題，點出內涵的精華。每一篇解釋就是文章，把標題盡情發揮。可惜作者只解釋了前三首，未能如他多次許下的，

1. 星火文化已陸續出版這四部巨作。

把其他五首也予以發揮。不過前三段詩節的解釋已夠豐富了，把靈修生活，神祕經驗的許多重要現象和概念予以澄清，對有心在默觀生活中親近天主的人大有助益。

例如把天主對待人靈有如畫家修飾面容，畫幅不該移動，否則就不易修飾（第一卷第十章第五節），又如灌注的默觀像堅硬的食物，不是給不成熟的嬰孩吃的（第一卷第十二章第一節）。為何稱光照和煉淨靈魂的光為黑夜？那正像陽光照到貓頭鷹，使牠受不了（第二卷第五章第三節），把光和熱比做理智和意志。光照亮，熱使人溫暖，但有時見光不見熱，或覺熱不覺光，雖然光和熱常是在一起的，理智和意志的關係也是如此（第二卷第十二章第七節）。

最妙的是把信、望、愛三德比做三種顏色的衣飾。信德是白色，望德是綠色，愛德是紅色。這些顏色一方面是討天主的喜歡；另一方面是防止魔鬼的侵害等（第二卷末）。本書一半以上就是這樣好懂，小部分假定有了與天主親密交往的經驗才能領會。如果現在看不懂，不必失望，繼續努力，一定會有豁然開朗的一天。

二〇〇七年七月十六日加爾默羅聖母節日

房志榮謹誌於台灣新竹芎林加爾默羅隱修院

作者房志榮神父為輔仁聖博敏神學院教授。

推薦序2

黑夜感言——神枯是神修的第一步

張振東 神父

天主教神修學將神修過程分三個階段，亦名「神修三路」：煉路（Via Purgativa）、明路（Via Illuminativa）、合路（Via Unitiva）。煉路是進入神修的第一級，內修生活的起步點。在此過程中先修煉自己，將自己靈魂肉身於外在生活中所留下的惡習與毛病之影響，完全洗淨。正如人死後，靈魂上因小罪與罪罰等汙點不能直升天堂，應該在煉獄內（Purgatqrium）洗煉乾淨，不可升天堂與天主在一起。因此煉路的生活很難過，有時會有「神枯」的現象出現。

神枯是靈魂的黑暗期，如人在黑夜一樣，使人處在敗興與失望中，對工作及祈禱等善工皆無興趣；甚至憂愁厭倦、心灰意冷，誘惑甚多，失掉依恃天主之心。有甚者連天主存在也發生懷疑，每日如處監牢中過著暗無天日的黑夜生活。

神枯是煉路生活中常有的現象，是煉淨身靈毛病的初步方法。在此過程中絕不可敗興失望，應堅信天主存在，熱心祈禱，退卻誘惑，以信德、望德、愛德的強烈精神，相信天主、冀望天主、愛慕天主。應請神師指導，做每日應做的神業功課。一旦煉路結束，會得到天主光明的照耀，身靈感到喜悅高興，生活在天主的光明中；如靈魂由煉獄中走出，上升天堂，與天主在一起。由此可稱神枯的一切生活過程皆是走向「明路」（Via Illuminativa），走向天主的階梯了，最後與天主深切的合一（Via Unitiva）。

聖十字若望以詩歌體文寫出了身靈精修的情形，在其《黑夜》的著作中，講出「神枯」的情形。如其所言；「一位初學者勤行祈禱和修德，神修充滿愉悅和美味。天主關閉門戶，使一切光明變成黑暗，神枯出現了，一切事工令人厭倦，一切感官淹沒在黑夜裡，對一切善工感到無味和苦澀。此神枯該相信是天主准許的考驗，是天主特別愛的訓練。」聖十字若望又說：「黑夜中人的感官被淨化；靈魂走過黑暗之夜，才能走向靈魂的光明。」此乃「明路」的生活。對祈禱神修皆感到甜美喜悅，處在美好的時光中。

總括以上，神枯是修道人的起步點，如在黑暗的黑夜中，千萬不要失望，應透過信德之光尋求天主。黑夜的神枯是煉淨與剷除身靈的一切障礙，然後得到天主的光照，使靈魂神性與天主結合。

聖十字若望在《黑夜》著作中亦提到靈魂乾枯的情形，如其所言：「靈魂在被動的黑夜內：一、無法在任何事上感到動心，也找不到愉悅，缺乏對上天下地事物的興趣。二、經驗到煉獄般的痛苦，充滿負面的憂心，擔心沒有好好事奉天主，感到退步、乏味。三、不能使用內在的感官（理智、意志和記憶）做默想或推理。」聖十字若望又說：「當靈魂百般無奈、放棄所走的道路，喪失勇氣，因為天主已經領他走另一條路。凡處此境的人，應該有安慰，堅心忍耐，不要憂苦，應信賴天主，祂不會離棄以純樸和正直的心尋求祂的人。」

芎林加爾默羅聖母聖衣會隱修院將聖十字若望的《黑夜》著作由外文譯成中文，給從事靈修的人一個明亮的里程碑，期望大家靜心閱讀研究之。

作者張振東神父為輔仁大學哲學系教授。

推薦序3

黑夜與光明

劉錦昌 牧師

第一次看到十字若望聖師的名字，是在念雅各伯・馬里旦（J.Maritain）《知識的等級》此書時。當時只是一名哲學系的學生，無法明白馬里旦的知識論全盤理論，只是覺得被馬里旦的體系以及十字若望像是霧境中層層美感所吸引。後來，幾年後初念神學時曾讀了託名狄奧尼修斯的《神祕神學》，文中不斷提及一種神性「黑暗」，內心有似懂非懂的感覺。終究因為接觸屬靈作品，逐一閱讀《不知之雲》、《七寶樓台》② 等經典名著；最後開啟了十字若望《心靈的黑夜》扉頁，品嚐了其中的滋味，但是可不是輕鬆讀完。

十字若望聖師《黑夜》此書目前已有三種中文譯本：一九八〇年黃雪松先生《心靈的黑夜》的譯文；一九九五年得到業師趙雅博神父《黑暗之夜》的另一種譯本。兩種譯

2. 加爾默羅會新譯本改譯為《靈心城堡》。

本各有優點，可以對照來看彼此參應。很高興在二〇〇八年時，能在芎林的隱修院從修女手中親獲《黑夜》的新譯稿，回到家中隔天便用心將全書讀完。

加爾默羅隱修院的最新譯本有若干特色：

一、譯文十分流暢：譯者的用心洋溢在文字間，並且註釋譯文之處可輔助讀者更加了解文本；譯者是消化之後再譯出的。

二、有一篇極佳的導論：可以將讀者帶入靈修的氛圍內，預備我們的心隨十字若望的詩境，一步又一步的邁進。

三、兩篇識途老馬的引序：神學界的大師房志榮神父啟導，而哲學界的老將張振東神父，以靈修的起步神枯，同樣提醒讀者由之而入。

讀完此新譯本，我們內心真的感受到——黑夜中的淨化。願天主聖神藉十字若望聖師心靈的體驗和文詞，一境復一境引領我們；也藉新譯本的文筆使我們如沐靈性春風。深深期待此譯文，不但帶給華人天主教教友饑渴慕道者的飽足，也期許基督教界的弟兄姊妹，藉此登入靈修奧祕；並能與主享受密切契合境地。

作者劉錦昌牧師為台灣基督長老教會聖經學院院長。

編者有感
閱讀聖十字若望

林鼎盛

敘述者只是極為普通的基督徒，旅途中幾度和聖十字若望巧遇、相遇，更意外有幸編輯本書。編輯過程經歷許多事情，曾以為無法完成，幸賴聖人轉禱和基督恩寵，偕同聖人幾度和基督相遇。本文謹以讀者的角度，敘述閱讀聖人的歷程和此間的感觸；因此，本文不是嚴謹的論證，只是串起片段的聲息，回應聖人。

聽聞

改宗天主公教之前，曾經有三個困惑。首先，曾被一個圖像感動：從空中俯看被釘十字架的耶穌。耶穌雙臂張拉，支撐身軀，俯瞰人間。因關永中先生得知，那是十字若望所畫的。（參見第二十七頁）

其次，如同三浦綾子一樣，困惑於《舊約聖經》中的〈雅歌〉[3]。對於這卷經文的理

3. 參見星火文化出版《三浦綾子：《舊約》告訴我的故事——原來《聖經》說透了人性》。

解僅止於象徵人和上主之間親密的關係，然後，就停在這裡，彷彿這種關係只是聊備一格。發現十字若望那幅耶穌的樣態，更困惑這兩者之間如何連結？現在回想起來，這個俯瞰人間的聖像和〈雅歌〉跟日後改宗關係密切，敘述者渴望在長老會中很少被強調的靈修方式，或是跟上主的關係。

最後是〈若望福音〉中所說的：「我是真葡萄樹，我父是園丁。……你們住在我內，我也住在你們內。」理智上似乎知道要和基督連結，但敘述者的問題是：如何感知跟基督結合？或說，什麼是遵循福音的動力？這個困惑在敘述者改宗之後，九二一地震那年的聖十字若望瞻禮前，就教於一位可敬的司鐸。這位司鐸說：

去找聖十字若望阿！

感謝可敬的神父慷慨借敘述者聖十字若望原典的英譯本，這是親炙聖人的開端。那時，從未想過有機會編輯《黑夜》，更沒想過需要狂翻字典，品味、諷誦西班牙原文。

烏貝達城外的橄欖園。

遇見

二〇〇〇年參與世界青年日之後，繼續到西班牙朝聖。在聖女大德蘭出生地亞味拉的降生隱修院，看見傳說中聖人和大德蘭神魂超拔、離地浮旋時所坐的那張椅子。當時的震撼至今仍清晰印存，交雜著發現傳說發生地點的驚喜、敬佩，和對兩位聖人的欽羨；欽羨二位聖人和上主的密契以及彼此的情誼。在此，具現了一個典範，「我是真葡萄樹，……你們住在我內，我也住在你們內。」

十字若望到烏貝達之前就有的聖薩爾瓦多堂。

離開修院，腦中像被閃電擊中一樣，無心欣賞修院周圍景致，而急切渴望沉靜。放棄繞行山坡的大馬路，直接穿爬草地，含著未乾的淚水和如雨的汗水爬坡回亞味拉。坐在城邊道路旁，望著降生隱修院，浮現在羅馬、在聖依納爵的羅耀拉，以及剛剛的景象。似乎感知諸位聖人如同結合於基督內的枝葉，至今不斷地結實，滋育後輩。

托利多舊城區。十字若望曾經在此被關過。

在風聲、晴空中，心中無聲反覆地吶喊著：那我呢？那我呢？

閱讀上智出版的《聖十字若望》中生平的介紹，只記得一些事件，相關地點也晰哩呼嚕地閃過，這鑾合乎人類學對「記憶」的研究。二〇〇五年也就是教宗若望保祿二世安息那年，敘述者和一位學弟計畫到歐洲旅行。閱翻某本旅行資料時發現，西班牙南部安大路西亞地區的烏貝達，有十字若望過世的修院。感謝學弟的成全，到了那個被橄欖園環繞、蒼蠅很多卻古樸而迷人的小城鎮，恭謁聖人遺跡。

看到聖人安息的床榻、使用的書桌。那個會院的展示中，以西班牙地圖標示聖人形跡相關的城市。驚覺，原來幾次西班牙旅行的城鎮中竟有好幾處跟聖人有關。懊惱著明知托利多是宗教裁判所的重要地點，卻沒想到聖人在那裡被關過；在撒拉曼加只顧著陶醉於新舊主教座堂、大學，遺忘了聖人在那裡陶成。一張地圖，濃縮了聖人一生的身影。彷彿看見聖人踽踽獨行於黃色的荒原、小鎮，在愛中受苦，受苦中仍戀慕上主，並以溫和寬容回應世界，包括使他受苦的。

閱讀

很早之前曾經感到枯竭而被建議閱讀光啟翻譯的《黑夜》。在感冒找成藥吃的心態下閱讀得到的感覺是，隔了一層，或好幾層，霧煞煞。加上剛剛改宗，不熟悉天主教傳

烏貝達，十字若望安息的加爾默羅會院外牆上的十字若望雕像。

烏貝達加爾默羅會院外牆上，紀念聖十字若望一五九一年十二月十四日在此安息的紀念碑。

統、西班牙文化和聖人的靈修方式。甚至被某些細節困住，例如：不懂為何有人會迷戀「聖物」（詳見第一卷第三章）？其次，部分原因可能是不習慣聖人的文字風格，濃密、像詩又像論述。思緒跟著文字走，走著走著，不是跌進坑洞，就是跟丟了，留下一片茫然。而對於第二篇心靈的黑夜部分，越想理解越困惑，越爬不出來，離上主越遠、越陌生。

當初相對於《黑夜》，《愛的活焰》親近多了：「愛的活焰，柔傷我靈」、「甜蜜燒灼」、「歡愉傷口」。這些詩句帶著傷痛閱讀好像真能為傷口敷藥而減緩痛楚，卻規避、或不願、不敢面對聖人的質問：「你究竟祈求什麼？你究竟尋求什麼？」，也不敢以這個問題問耶穌。正如〈若望福音〉第二十一章第十五節至第十七節中的質問：

「若望的兒子西滿，你比他們更愛我嗎？」

「若望的兒子西滿，你愛我嗎？」

「若望的兒子西滿，你愛我嗎？」

敘述者實在沒有勇氣回答，和相信耶穌如此回答：「這一切全屬於妳，且為了妳。」所幸，慈悲的上主是主動的，從未改變。

接《黑夜》編輯時，心情還留在上一本執編的《大德蘭自傳》之中。粗略翻閱一次，又想起之前的經驗，面臨的第一個問題是：如何面對這本書？在此之前已經很久沒有閱讀十字若望了，雖然偶而在祈禱、或朝拜聖體時會偶爾浮現無言的聖人。相對於閱讀光啟譯本的時期，敘述者變化不少了，對西班牙文有粗略的程度、對天主教和西班牙文化，以及加爾默羅修道體系的認識多些了；而之前又狂戀於《大德蘭自傳》中那種複雜、細膩、委屈、苦戀、深刻反省的氛圍。在這些現況下，敘述者仍要面對：是以文字編輯、靈修者的角度，跟《大德蘭自傳》對照，或其他角度編輯？

相對於《大德蘭自傳》的故事性和自剖，《黑夜》難讀多了。幾度嘗試發現，如果沒有收斂心神，以祈禱的心情閱讀，根本讀不下去，更不用提揣摩修女辛苦翻譯出來的文字。感謝天主慈悲以及聖人的引導，讓敘述者終能以祈禱的心情編輯《黑夜》，這種態度將持續著，直到出版、日後重讀。寫到這裡，真是對不起大德蘭，因為編輯的心態上不及《黑夜》那麼敬虔。

在祈禱的心情下，發現《黑夜》實在精彩。聖人以熱烈而急切的心情、冷靜的文字，和祈禱的心情默觀感官和心靈的黑夜。閱讀中，敘述者不時想到一個可敬的人：艾克哈特大師（Meister Eckhart）。從文字的感覺，十字若望的情感雖然比艾克哈特外顯，卻少了某種含藏的鋒利，但某些趣味卻是共通的。以一個不夠恰當的比擬，閱讀《黑夜》像是喝日本的玉露茶，第一個感覺是冷靜又複雜，之後是韻味縈繞，變化萬端。最近託人從輔大借到西班牙原文，比對修女的譯文，雖然兩種語言之間難以全然轉換，某些字詞的意念和感覺漢語很難呈現，除非加上很多的附註。跳躍於兩種語文之間，以不同的語言思維祈禱，更加敬佩修女的用心。這本譯本所無法表達的，勞請讀者自行品味原文。

藏身

現今，《黑夜》對敘述者來說是一本輕薄卻重要的書。和耶穌同行的歲月中，敘述者能肯定的是，跟耶穌的關係不是任何論證可以否定。「你們住在我內，我也住在你們內」是踏實的確信，這很難陳述清楚。而《黑夜》是輔助敘述者能確信、或再次確認這句聖言的媒介。

其實不只《黑夜》，閱讀十字若望的感悟和眾多的典範（依納爵、大德蘭、多瑪斯、聖文德，乃至前年被宣布為真福的京都橋本一家老小），在不同的際遇中與諸聖相遇，是誘導敘述者轉向、歆羨基督的動力。當下，敘述者渴望的是藏身在基督裡，確信被愛所環抱。跟耶穌的對應可能是碎碎念、不爽的牢騷、祈求、陳述感慨和焦慮、撒嬌，恐怕是以無言的時候最多。《黑夜》日後將是當敘述者發現生命的焦點似乎轉移到基督之外時，「主動」檢視自我的參考之一；但這並不意味本書只具有某種「功能性」。

編輯本書期間，彌撒之前、獨自朝拜聖體的時候、心情低沉的時候，書中某些意念自然浮現；這是拜編輯本書之賜，也是意外的收穫。有時在某種情境下，書中的意念像是溫柔的諍言，讓敘述者沉澱、冷卻。有時候像是沒有壓力的訓誨、有時候像情書、有時候像糧食，平實地滲入。亦即，敘述者認為，《黑夜》並非意識到想要「靈修」時才展現「功能」；如果以「功能」的角度看待《黑夜》，真是有點糟蹋，也可能讀不下去。藏身在基督裡、藏身在《黑夜》裡。黑夜是深邃而豐富，孤獨、親密、安全、緊張。如果要牽強地說本書對敘述者「最大的助益」，那應該是提醒敘述者重視、珍惜，更謹慎面對黑夜。黑夜不僅是「負面」，更能成為靈修的門徑，在黑夜中被上主一次次地煉淨。面對基督，敘述者只能說：「我願意」，雖然會疲倦，這可能就是等待耶穌主動的時候了。

《黑夜》全書只對前兩詩節申論，第三詩節只有簡單提一下，第四之後全部闕如。這是非常神妙的收尾，彷彿聖人已經引導靈魂到一個「與主結合」的層次，然後為靈魂指出一條偃蹇的路徑，通往「成全」。之後的，留給靈魂獨自與主同行。而這條路徑中只有靈魂和基督的互動，是私密、是奧祕。正如聖人自己說的：「其餘六段詩節，說明靈性的光照與天主愛之結合的各種美善效果。」

瞰看

行文至此，敘述者想從其他的角度和讀者分享來說《黑夜》。

聖人是為了和他生活中相處的人而撰寫《黑夜》，然而本書的重譯和出版並非只為了天主教內的修行者。其次，要進入「黑夜」的前題似乎是：修行者為了熱愛天主而離棄、脫離自我和萬物的過程。敘述者認為，即使不是基督徒都可以以不同心態看這本書。編輯過程中幾度被聖人的文字所吸引，是相當有西班牙味道的作品。因此，以文學、或者閒書的角度閱讀，聖人應該不會生氣。如果因此有文字趣味之外的收穫，也是樂見。不僅如此，編輯中也有厭倦、頭痛、苦思的經驗。

對於非基督宗教而志於探索生命的讀者，《黑夜》中所表述的至少提供了一種生命樣態的參考。如果這類的讀者遇到看不下去的情形，敘述者也不意外；但如果您願意，不妨先擱下，日後有機會再閱讀，相信有不同的感觸。

《黑夜》中先後論述感官跟心靈兩種黑夜，但敘述者認為靈魂的感官跟心靈並非二元對立，而可能相互影響。同時，毛病剔除了不表示不會再犯，也同時新的毛病可能在某些際遇下產生。因此，「黑夜」的歷程並非直線發展，而是起起伏伏。這對於生活在現代中的我們更具意義。相對於十字若望時代的修行者，現代吸引我們將注意力移開耶穌的事物多太多了（當然這不表示當年的修行者比現今容易）。《黑夜》所提供的是一個檢視靈修狀態的參考，更重要的是回歸自身和基督的關係。此外，由於時代的背景不同，如何活讀《黑夜》是有志於修行的基督徒應當和信仰團體一起面對的。

敘述者願意跟讀者分享一個經驗。敘述者改宗之後，在信仰團體內並非時時處處處於愉悅的狀態，幾度離開信仰團體。離開的期間，耶穌俯看的圖像無法停止傷痛，不僅沒有熱切愛慕基督，甚至是懼怕這種愛慕，也質疑是否連結於葡萄樹。慶幸地，主動的上主沒有將敘述者剪除，而是以時間、苦痛和慈悲醫治、挽回；使敘述者在痛苦的盡處，發現上主仍然渴望，並理解所面對的黑夜是什麼？

最後，敘述者認為：《黑夜》的基調是舉心向上。而以美感朝向天主，舉心向上，這是敘述者在改宗之前較少碰觸到的向度；而整部《黑夜》是沉浸在複雜美感的氛圍之中，提供了一個以美感默觀黑夜的向度。如此，黑夜真是黑夜嗎？

附記：

感謝眾位神父、李宇軒先生、黃漢強弟兄，以及黃榮順先生。

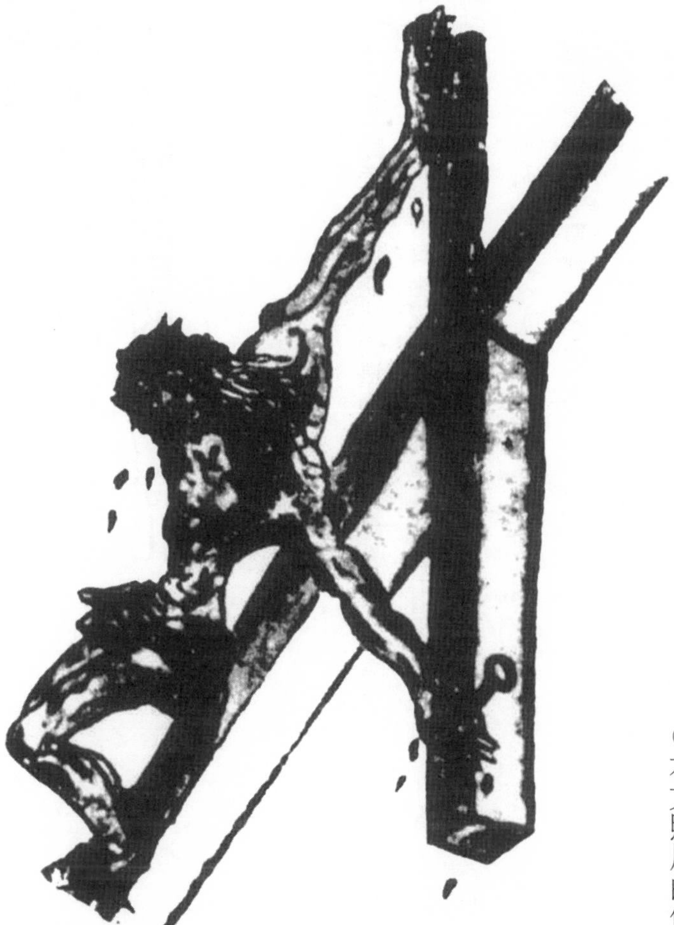

這是十字若望手繪的耶穌高懸十字架圖。

譯者導論

探索十字若望的《黑夜》
——論默觀中的被動淨化

聖十字若望的著作在我們這個時代相當吸引人，除了許多以他的著作為研究對象的學術性論文，還有比較通俗的書籍；試著用現代的心理、社會、宗教、神祕經驗等等觀點來詮釋，將更能引起廣泛的注意和影響。這些書多方引申，引人入勝，琳琅滿目，博得喝采，並有助於許多人。不過，我願在此探索《黑夜》這本書的原初含意，幫助讀者把握聖十字若望單純地想要表達的重要訊息。如果有人正期盼著達到與天主結合，卻又不得其門而入，《黑夜》真的是一部千載難逢的奇書。其中的教導直指問題的核心，化解默觀祈禱中最隱晦的難題，聖十字若望是個最佳嚮導。他要親手帶領我們經過黑夜的深淵，指出達到神性結合的捷徑。

本文分成兩個部分，首先簡介《黑夜》的歷史背景。這個部分的資料來自《天主在夜間發言——聖十字若望的生活、時代和教導》（*God Speaks in the Night ~The Life, Times, and Teaching of St. John of the Cross* ①）。其次探討其重要的訊息，即化解默觀靈魂的兩個危機階段。最後交代一下此書的多種抄本及中譯本。

一、歷史背景

當「若望仍是學生時，已被選為班長，這個榮譽的職務只給予最優秀的學生。他有責任每天在課堂上教導講解，協助教授解決提出的反對意見②。」聖十字若望向來擅長於授課解惑，他深愛口頭傳授；可以這麼說，他寫書的目的不是為了出書，也不是要發表論文、研究心得……，他的書是應邀而寫，為邀請者講解最困難的問題。《黑夜》與《攀登加爾默羅山》都是「寫給我們加爾默羅山原初會規聖修會中的某些人，男會士與隱修女們。天主以特恩引導他們，走上攀登加爾默羅山的道路，他們是要求我寫這本書的人。」（《山》第一卷序第九節）

當若望在埃加爾瓦略（El Calvario）和貝雅斯（Beas）時，他那深奧的詩歌，給團體講的道理及個別的靈修指導，令貝雅斯的修女極其欣賞。她們不斷地要求他把這些東西簡潔地寫下來，他開始寫出自己的思想在「小字條」上，並在字條的下邊附言：「勤加閱讀」。這是他開始寫書的緣起，不知不覺中，十字若望變成了一位作家。他從未想到要做個作家，也不想投身於研究，以準備發表專著。他的寫作湧自每天的生活、祈禱、痛苦、愛和服務近人。探視貝雅斯隱院時，他做每樣工作：聽告解、在花園鋤地、砌圍

1. Kieran Kavanaugh, OCD. trans. *God Speaks in the Night ～ The Life, Times, and Teaching of St. John of the Cross*. Washington, D.C.：ICS,1991. Reprint, 2000.
2. 紀南・柯文諾神父（Fr. Kieran Kavanaugh O.C.D.）1998《聖十字若望》，第8頁。加爾默羅會譯。台北市：上智出版。

牆、鋪修院的地板、清理及裝飾祭台。

在他的獻身生活中，種種不同活動的價值層次是這樣的：修會生活、管理責任、靈修陶成及指導、聽告解、其他聖職服務、勞動及寫作。

從貝雅斯開始，寫作成為他生活中的一個因素。這些著作顯示出他個人的內在生活、存有的深度、及他的確信和渴望。十字若望的寫作生涯始於貝雅斯，及其後在革拉納達（Granada）的十年。在貝雅斯播下的種子，得到了豐收的成果。

可以說，革拉納達是聖十字若望寫作的書桌。他在那裡寫了四部著作，一些詩詞、書信及其他的文件。他感受到湧流洋溢的靈感，在革拉納達他成為作家，正如在托利多（Toledo）他成了詩人。

他所寫的東西，是他生活、深思細想過的，且與日常生活有著密切的接觸，其結果相當輝煌。四年之內，利用餘暇，他完成了一系列富於靈修和文學價值的著作，那時他正值四十至四十五歲之間。

十字若望在托利多寫了一些詩，在埃加爾瓦略寫了一些話語和小品。未到革拉納達之前，毫無跡象呈顯他有能力寫長篇大論的散文，解釋他的思想。結果令人大為驚異，成果輝煌可觀，不只托利多寫的詩，革拉納達的神學註解同樣大放異彩。至於聖十字若望寫書的年代及方式，最好的見證來自若望・依凡哲立斯大（Juan Evangelista），他是十字若望身邊的跟班，在各方面做他的助手，也為他抄寫手稿，他說：「關於看見我們院長（十字若望）神父寫書的事，我目睹他寫所有的這些書；因為，如我已說過，我是經常在他身邊的人，他在革拉納達這座會院內寫《攀登加爾默羅山》和《黑夜》，慢慢地寫成，因為寫書時有許多的干擾。」

他又說：「我發現《攀登加爾默羅山》是在我領會衣之前，就已經開始寫了……很可能他從那地方（埃加爾瓦略、培亞城）隨身帶過來的。不過《黑夜》一定是在這裡寫的，因為我看見他寫其中的一部分；這是確定的，因為我親眼看到。」他同時確認其他證人的明顯說法：十字若望已事先寫了些斷簡殘篇的資料，組合成這些大著作。

聖十字若望的親筆手稿絲毫不存，理由似乎不是失傳，而是他本人不願留存。所有蒙他題詞致獻的人，都沒有得到他的親筆手稿，他們得到的全是另外的手抄本。所以，極有可能的情形是這樣的：十字若望自由地寫好稿子，在邊緣附上註解或修正，然後請祕書或抄寫的助手謄寫完稿，而後銷毀原先的初稿。

他把書題獻給與他在生活中相處的人，他們聆聽他的口頭教導，而他對他們則懷有母親般的關懷。他不只把書題獻給他們，而且他整個人都獻給他們，所寫的書即是他不斷地在生活中與會士們的接觸和交談。可以說，對他而言，寫書的工作並非艱辛麻煩的事，反倒是經驗與靈感的根源。他寫的是自己所說和生活的內涵。

聖十字若望寫書時，身負重任，瑣事不絕，團體的會士深知此事，全力合作。十字多瑪斯（Tomás de la Cruz）幫忙抄《靈歌》、依凡哲立斯大抄《攀登加爾默羅山》；同時把筆記本借給隱修院，讓修女們抄寫複本，而安納夫人（Doña Ana de Penalosa）的家僕，也曾來修院好幾天，抄寫《愛的活焰》。

這些書是若望給團體講道的主題，耶穌・巴爾達撒（Baltasar de Jesús）追憶說：「我看見他解釋《攀登加爾默羅山》給會士們聽，因為這些很難懂。」至於《靈歌》與《黑夜》，他一定也會這麼做。聖安德・依諾森西歐（Inocencio de San Andrés）作證，要聖十字若望寫下《攀登加爾默羅山》和《黑夜》，是他極力堅持的要求。

自從聖十字若望在埃加爾瓦略和貝雅斯，《攀登加爾默羅山——黑夜》這兩個名稱就連接在一起。他在那裡寫了〈黑夜〉這首詩，也畫了「成全聖山」的草圖。他加以解釋，複製多份，無數次地題贈給男、女會士。若望真的是一位聰明且善用技巧的好老師，他運用視覺和曲調幫助學生記憶靈修重點，加強教學效果。這個小小的芥菜子，開始是個簡單的教學法，幫助團體熱心修道。事實上，這兩部著作的豐富種子，充滿了經驗和思想的論著，使十字若望成為神學與靈修學的泰斗。

實際上，《山—夜》合起來是一部著作，有相同的主題和計畫，分成兩個部分。因此，可以這麼說，這是同一本書的上下集。專研相同的主題與經驗，使用相同的語詞，所談的是與天主結合，藉著信、望、愛相似基督。在天主恩賜的臨在中，持守心靈的貧窮，且在執持外物和內心的感受方面，保持超脫。

天主之母・若瑟（José de la Madre de Dios）說：「他們在日課經本中夾著一些紙片，

上面是加爾默羅山的草圖，及如何攀登；道理談及達到至高成全，乃天主之僕十字若望會士繪製的。」「再者，幾乎所有會士都會背誦這首〈黑夜〉詩歌，他們常在飯後散心，或其他散心時詠唱這詩。」許多人喜歡〈黑夜〉這首詩歌，直到今日，仍不斷有新的現代曲調唱出這首名詩，聖十字若望本人一定也很愛它，從中得到無比豐沛的靈感，不然的話，他不會一再反覆地用它來講解。《攀登加爾默羅山》第一卷及第二卷分別註解首二詩節。到了《黑夜》，第一卷註解首詩節，第二卷又以解釋首詩節開始。在聖若望的心中，首詩節的含意顯然特別豐富。

單純的開始及其傳授風格，掩蓋不了若望的神祕經驗及神學思想。《山—夜》涵蓋深奧的靈修及神祕經驗，及對人的深度內省和觀察。他不只沿襲傳統，也加上個人的獨創。其著作呈現卓越的整合和系統。他運用系統神學及靈修傳統的學識，在這一切的基礎上，他創作系統化的綜合學說，論及基督徒的成全、與天主結合、跟隨基督及三超德。

他探本溯源，認出天主帶領人逐漸達到完全神化的方式與過程，使舊人逐漸轉換成新人，成為一個真正屬靈的自我；從乾枯黑夜的沙漠中最初的熱心，到在愛內完全結合的光明。事實上，《山—夜》由於其經驗和道理，已在後來的神祕學著作方面留下印記，持續直到今日，仍是分辨真實靈修的權威判準。

「靈魂要達到成全的境界，通常必須先經過二種主要的夜，神修人稱之為靈魂的煉淨或淨化。在這裡，我們則稱為夜，因為在這二種夜裡，靈魂在黑暗中行走，彷彿是在夜中。本詩節所敘述的，以及本書第一卷所要談論的第一個夜或煉淨，涉及的是靈魂的感官部分。其次是心靈的部分。亦即接下來的第二詩節所述說的，在（本書的）第二卷和第三卷中，我們也要談論主動的夜，至於被動的夜，將在第四卷加以說明。」（《山》第一卷第一章第一節）

聖若望在開始《攀登加爾默羅山》時，立刻對寫書的計畫做了交代。從上述這段文字中，我們能肯定，《攀登加爾默羅山》第一卷談主動的感官淨化。第二卷、第三卷談主動的心靈淨化，「至於被動的夜，將在第四卷加以說明」。我們知道，《攀登加爾默羅山》只有三卷，而且沒寫完就停止了；所以，大家都無異議地確認《黑夜》即是《攀登加爾默羅山》所指出的第四卷。

本會著名的學者賈培爾神父（P. Gabriele di Santa Maria Maddalena）③認為聖十字若望迫不急待地擱下《攀登加爾默羅山》，著手寫他認為更重要的道理《黑夜》。這個看法是正確的，雖然《攀登加爾默羅山》豐富地呈顯其《聖經》、神祕學和神學的面貌，作者仍感到兩個不滿意：第一，因為他沒有確實地註釋〈黑夜〉這首詩，如他原先打算要做的。最主要的，因為他還沒有敘述和解釋那些令人慌亂痛苦的經驗，這是許多神修人在成全的道路上必須穿越的。這個經驗構成本詩的主題，這是他寫這部書的主要動機，如他在《攀登加爾默羅山》的序言中所說的。為此，他感到有股衝動，幾乎是被迫的，要

3. 比利時人，生於 1893 年，卒於 1953 年。著有《與主密談》（*Divine Intimacy*）、《從祈禱到全德之路》（星火文化出版）。

寫一本新書，並且要真的切實註解〈黑夜〉這首詩。因此，出現了以〈黑夜〉為名的著作，寫了一年才結束，即一五八六年。

聖十字若望明白地說，很少人談被動的淨化，對於這個非常要緊的部分，他有很重要的訊息要傳達給人。這一次，他忠於原先的計畫，順著黑夜詩的次第註解，逐節逐行地解說。我們不難立即覺察詩和散文之間的和諧，融和其經驗、生動的內容及抒情音調。書的長度及畫分章節方面，作者並沒有按規則地註解詩句。為了幫助讀者，本書的第一位編輯於一六一八年，將《黑夜》分成兩卷，分別有十四章和二十五章。

二、重要的訊息

黑夜是聖十字若望使用的象徵。他說「夜，神修人稱之為靈魂的煉淨或淨化」（《山》第一卷第一章第一節）；又說「這個黑暗的夜，在此指的是煉淨的默觀」（《夜》第一卷註解第一節）。「夜即是默觀」（《靈歌》第三十九章第十二節）。「這個（被動之）夜，我們說是默觀。要知道，按照人的二個部分，感官和心靈，在神修人身上，導致二種黑暗或煉淨。」（《夜》第一卷第八章第一節）簡單地說，聖十字若望談「夜」，其實是在談「默觀」。

聖十字若望在他的四本書中都提到默觀，出現的次數如下頁圖表：可以說小小的《黑夜》，平均不到兩頁會出現一次默觀。所以，如果要深入瞭解《黑夜》，先得徹底明白聖十字若望對於默觀的解釋。

聖十字若望如何解釋默觀

A. 一道黑暗的光

「默觀的認識對於理智是一道黑暗的光，如狄奧尼修斯所教導的。」（《焰》第三章第四十九節）「正如聖狄奧尼修斯所說的，在今世中，默觀是一道黑暗的光。」（《靈歌》第十四至十六節）「狄奧尼修斯和其他神祕神學家，稱這個灌注的默觀為一道黑暗的光。」（《夜》第二卷第五章第三節）「由於默觀，理智有了對天主的崇高知識，因此，默觀被稱為神祕神學，意思是天主的隱祕智慧。因為此智慧對於接受它的理智而言是隱祕的。為此原故，狄奧尼修斯稱默觀為黑暗的光。」（《山》第二卷第八章第六節）

現代的教友知道祈禱有默想，也有默觀。默觀似乎更高級些，有時會聽到教友說：「我今天早上有做默觀……。」乍聽之下，覺得很有趣。大致而言，默想是理智在工作：思想反省、痛悔修德，以求正思、正行。默觀是休息，享受與

《攀登加爾默羅山》	《黑夜》	《靈歌》	《愛的活焰》
第一卷：3次	第一卷：31次	47次	23次
第二卷：29次	第二卷：95次		
第三卷：7次			
合計：39次	合計：126次		

主親密的境界。這是一般的看法，不過，聖十字若望的默觀具有更廣的範圍，他承襲教會傳統的說法，肯定默觀是一道黑暗的光。對我們東方修行者來說，由於思考模式的差異，很難明白這句話的深意；但若說是「心凝形釋，與萬化冥合」，我們很能了悟其中的意境。至於說默觀是一道黑暗的光，直覺上，真的莫名其妙。

光與黑暗是對立的，黑暗中呈現一道光，實在是很美的影像畫面。這個畫面就是默觀，黑暗是我們，光是天主。我們和天主相遇，心凝形釋，心凝即是全心直屬天主，置身在天主內。在光內，形釋即是放棄所有非天主的一切，離開黑暗，接納光明，完全融入光內。

聖十字若望在《攀登加爾默羅山》解釋：「亞里斯多德說，正如太陽對於蝙蝠的眼睛是完全的黑暗；同樣，天主內最明亮的光明，對我們的理智也是徹底的黑暗。」（第二卷第八章第六節）天主的光對我們的理智是徹底的黑暗，意思是指人只能以不知之知認識天主，而不是以知道什麼認識天主。當靈魂直接以天主為認識的對象，體驗到天主時，「會在靈魂內保持凝視狀態。因為這是純默觀的，靈魂清楚地明白那是不可名狀的。」（《山》第二卷第二十六章第三節）由於人對這浩然的超性之光，不可言喻，對人的理智而言，完全黑暗；所以「默觀」就如同一道黑暗的光，流瀉傾入靈魂內。因此稱默觀為一道黑暗的光。

B. 默觀被稱為「神祕神學」

聖十字若望解釋默觀時，總要聲明「默觀被稱為神祕神學」：

「由於默觀，理智有了對天主的崇高知識；因此，默觀被稱為神祕神學，意思是天主的隱祕智慧。」（《山》第二卷第八章第六節）「默觀也被稱為神祕神學，意思是天主的祕密或隱藏的知識。」（《靈歌》第三十九章、第十二章）「默觀是神祕神學，神學家稱之為祕密的智慧。聖多瑪斯說，此乃經由愛通傳且灌注給靈魂的。」（《夜》第二卷第十七章第二節）

如果不詳細探討一下，這個「神祕神學」的字眼看起來同樣是很莫名其妙的。不只看不懂，也很難了解這話的意思。這個說法不是聖十字若望發明的，而是有其背景，那是神學家早已有的說詞。

神祕神學（Mystical Theology）這句話是相對於士林神學（Scholastic Theology）說的。當時的男會士都接受士林神學的陶成。士林神學意指，用哲學概念來理解信仰，以理智說明信仰和啟示、用受信仰光照的理智來透視信仰的奧祕[4]。聖十字若望特別說默觀是神祕神學，無非在提醒會士，不能用士林神學的研究心態達到默觀，為此他解釋說：「是天主的隱密智慧」。

一切有關天主的神祕知識，無不經由默觀傳達給我們。「默觀中，天主安靜而祕密地教導靈魂，靈魂不知其然。沒有說話的聲音、沒有任何身體或心靈官能的協助，處於靜默

4. 輔仁神學著作編譯會，《神學辭典》，33-35 頁，（台北，光啟，1998）

和寂靜中，於一切感官和本性的黑暗中。」（《靈歌》第三十九章、第十二章）還有「經由默觀，天主隱密地教導靈魂，傳授給他愛的成全，但靈魂卻沒有做什麼，也不知道這是如何發生的。」（《夜》第二卷第五章第一節）「經由本性的方式，無論以何等的智慧和高超的話語述說，沒有神祕神學的光照，則不可能認識和感受神性事物的本身。（《夜》第二卷第十七章第六節）「經由此神祕神學和祕密的愛，靈魂脫離萬事萬物和自己，上達天主。」（《夜》第二卷第二十章第六節）士林神學以理智的運作達到認知；神祕神學則以接受天主的神祕光照、愛的灌注達到體驗，這就是默觀。為此提及默觀時，他總是說「默觀是神祕神學。」意思是要會士轉換心態，不能像在做學問一樣地親近天主。

然而這並不表示聖十字若望不重視士林神學；相反地，他靈活地運用豐富的士林神哲學的觀點講解靈修生活。從《靈歌》序言的第三小節可以看出來。他對安納姆姆解釋：「雖然，關於靈魂與天主的內在交談，我引用一些士林神學的觀點，我希望以此方式對心靈單純的人講論，不會是徒然的。即使可敬的您，在理解天主真理的士林神學方面，雖非訓練有素；可是，對於經由愛而領悟的神祕神學，您並不缺乏。而藉此，一個人不僅有所領悟，而且有經驗。」

C. 聖十字若望對默觀的看法

「默觀」的中文字義很單純，「默默地觀看」。聖多瑪斯認為，默觀就是樸素地凝視真理。一般說來，我們想到默觀時，會偏重於想到我們要做些什麼？然而聖十字若望對默觀的看法，比較著重於所凝視的對象。如同聖女大德蘭說的，祈禱不只是誦唸禱文而已，祈禱是天人之間的「關係」；同樣，默觀是天主與人結合的必經交往。聖十字若望樂於說，默觀是「一道黑暗的光」，強調默觀是「神祕神學」，他指的是默觀的內涵。

簡單地說，默觀就是天主帶領靈魂達到更靈性地交往（《山》第二卷第十七章第七節），聖女德蘭本篤詮釋說：「這個默觀，不僅是接受聽來的信仰訊息，也不僅轉向只因傳聞而認識的天主。默觀是個內在的接觸，是對天主的一份經驗，能使靈魂超脫所有的受造物，也能高舉他，同時沉浸在愛內，然而他卻不知其所愛的對象⑤。」

可以說，靈魂開始體驗到和天主有主體際性的關係。天主不再是一個抽象的觀念、思想……祂活生生地出現在我的整個存有內。祂在，原來祂一直都在。默觀是與天主實質地相遇，「默觀的智慧是天主對靈魂說的語言，天主以純靈對著人的純靈。」（《夜》第二卷第十七章第四節）「在默觀或神性事物的湧流中，其本身不會給人痛苦。……其實默觀給予的是甜蜜和愉悅。其之所以無法體驗這些令人愉悅的效果，理由在於靈魂當時的虛弱和不成全、他的準備不夠充分、所具有的資格和這光背道而馳。由於這些理由，當這光照耀靈魂時，他必須受苦。」（《夜》第二卷第九章第十一節）當靈魂沒有準備就緒，默觀之光臨於靈魂時，他必須受苦，這就是所謂的煉淨的默觀。接下來要談談這個黑暗的默觀。

5. Hilda Graef，trans.，*The Science of the Cross*，London, Burns & Oates, 1960 p. 89。

煉淨的默觀

直覺上，默觀彷佛是個美好的境界，人正享受著與主親密的交往，寧靜愉悅，好似神仙入定，渾然忘我。默觀確實有令人神往的這麼一面。不過，在進入如此超然物外的境界之前，聖十字若望主張，被動的淨化；亦即煉淨的默觀是絕對必須的，毫無例外。

「這個黑暗的夜，在此指的是煉淨的默觀，……被動地在靈魂內導致棄絕自我和萬物。」(《夜》第一卷註第一節)煉淨的默觀，實際而言，是本書的主題，整本書要談的無非是這個能清除所有毛病的默觀。因為「靈魂無法徹底地自我淨化，除非等到天主把他放在被動煉淨的那個黑暗的夜裡，……而在靈魂方面，則應盡其所能地致力於成全，為使他堪當被天主安置在那神聖的治癒中。靈魂憑己力無法痊癒的一切，都會在那神性的治療中康復。…無論一個靈魂如何使盡全力，他仍然無法主動地淨化自我，竟致達到成全聖愛中神性結合的最小等級。除非天主親自下手，在那使靈魂感到黑暗的火中煉淨他。」(《夜》第一卷第三章第三節)「除非天主親自下手」，這話說得多麼強烈！

毫無例外地，神修的道路上，人人都要經過自我認識的痛苦深淵，而與主真實相遇的最真切感受是自我認識。「主，請祢離開我，因為我是罪人。」(〈路加福音〉第五章第八節)伯多祿由衷地說出了這句話。「這個自我認識有如泉源，從中湧出其他對天主的認識。所以，聖奧斯定對天主說：『主啊！請讓我認識我自己；那麼，我就會認識祢。』」(《夜》第一卷第十二章第五節)「通常,天主給予靈魂的一切恩惠都包裹在這個(自我)認識內。」(《夜》第一卷第十二章第二節)

呈現靈魂一切毛病的煉淨默觀使靈魂痛苦不堪。然而,隱含在默觀中一股不息的愛與平安的祕密湧流,則會帶來完全的治癒。在痛苦、乾枯、乏味、挫折破滅、死去活來中,徹底根除靈魂感官及心靈的一切障礙和毛病。

默觀的三個記號

聖十字若望的學說中,常被引用的一個部分是辨識默觀的三個記號。《攀登加爾默羅山》第二卷第十三及十四章述說「鑑定神修人是否已達到停止默想」。進入默觀的適當時機,他提出三個記號:1)不能作默想。2)無法專注於個別的對象。3)喜歡在獨居中以愛注視天主。

《黑夜》第一卷第九章也提出了三個記號,由於和《攀登加爾默羅山》第二卷所提的記號近似,往往被混為一談。事實上,這兩組記號不宜相混,因為所要辨識的是不同的狀況。《攀登加爾默羅山》的主題是主動的淨化/夜/默觀。其分辨記號的重點是在什麼情形下,人可以放棄默想,留駐於主動的收心斂神、悠然靜坐中。當那三個記號都有時,靈魂可以安心,不用怕自己的靜坐是徒費光陰。

《黑夜》提出三個記號,「用以分辨這乾枯是否來自這個煉淨,或其他的毛病」。

意思是，靈魂是否真的置身於煉淨的默觀中；亦即在被動的黑夜裡。1）無法在任何事上感到動心，也找不到愉悅，缺乏對上天下地事事物物的興趣。2）經驗到煉獄般的痛苦，充滿負面的憂心，擔心沒有好好事奉天主，感到退步、乏味。3）不能使用內在的感官（理智、意志、記憶）作默想或推理。

當靈魂百般無奈，了無興趣，牽腸憂心，無能為力，在這樣的處境中，上述的三個記號可以幫助他確定自己是在煉淨的乾枯中，聖十字若望說，靈魂這時「不要轉身後退，放棄所走的道路，喪失勇氣……因為天主已經帶領他們走另一條路，亦即默觀之路……凡處於此境的人，應該很有安慰，且堅心忍耐，不要憂苦，他們要信賴天主。祂不會離棄以純樸和正直的心尋求祂的人。」（《山》第一卷第十二章第二—三節）這是給予身處被動之夜者的指導，讓他們在憂苦中保持心靈的平安，接受這個煉淨默觀的寶貴恩惠。

清除毛病

本書第一卷共十四章，前面七章「列舉七罪宗來說明初學者的許多毛病」，這個部分相當精彩，不只文筆生動活潑，而且深刻入微，讀來不禁令人莞爾，例如：

「有時，他們有意博取他人的賞識，看出他們的靈修和虔誠。為此之故，時而裝模作秀，弄出一些動作、嘆息或什麼小禮節之類的。還有，有的人仰賴魔鬼的一臂之力，甚至神魂超拔，多半是公開的，很少有私下的出神。他們對此沾沾自喜，多次垂涎貪求，巴不得人人皆知，無人不曉。」（《夜》第一卷第二章第三節）

「（他們）滿載著非常稀奇的聖像和玫瑰唸珠，時而丟開這一個，挑選那一個。現在變個花樣，忽而又變回原樣。一下子這樣，一下子那樣……有些人點綴聖蠟板、聖髑和聖人的芳名，活像孩子玩弄小裝飾品。」（《夜》第一卷第三章第一節）

「還有一些人陷於靈性的忿怒中，他們懷著焦灼的熱心，對別人的罪過發怒，指責別人。有時萌生忿怒譴責他人的衝動；有時甚至以德行的主人自居，真的怒罵別人。……他們中有許多人，立下好多的計畫和偉大的定志。然而，因為他們既不謙虛，又仗恃自己；定志愈多，跌倒也愈多，而發怒更多。」（《夜》第一卷第五章第二至三節）

「有許多人非常的固執，苦苦哀求神師，許可他們做自己喜歡的事，最後幾乎是猛力強取，得到神師的認可。但是，當他們的心願沒有得逞時，他們傷心得如同小孩子，而且顯露出很反感。他們認為，不許他們隨心所欲時，就是沒有事奉天主。」（《夜》第一卷第六章第三節）

到了第二卷，他指出如同斬草除根，所有罪的惡習全都植根於心靈，「如同樹根一樣，仍然存留在心靈內，感官的淨化無法達到那裡」（《夜》第二卷第二章第一節），在此要清除的毛病是更深的層面，如同現代心理學指出的深藏在潛意識中的傷痕，必須得到完全的治癒。第二卷不像第一卷般地列舉這些毛病，只特別提出一個進修者易犯的不成全：

「有些人非常容易在感官上體驗到很外表的靈性事物，他們比我們所說的初學者碰到更多的阻礙和危險。因為，由於他們在感官和心靈上容易得到如此豐富的靈性通傳和領悟，時常看到想像和心靈的神見。因為這一切及其他愉悅的感受，多次發生在處於此境界的人身上，魔鬼和他自己的幻覺時常戲弄這些靈魂。還有，由於魔鬼經常樂於唆使靈魂，刻印上所謂的領悟和感受。如果靈魂不謹慎小心，放棄這些神見和感受，且以信德熱心地防衛，他們極其容易陶醉和上當。」（第二卷第二章第三節）

「因為處於此境，魔鬼使許多人相信那些假的神見和預言。在這裡，處在像這樣的情況中，魔鬼設法使他們自以為天主和聖人和他說話，導致他們多次相信自己的幻覺。正是在這裡，魔鬼慣於使他們充滿自負和驕傲。還有，由於虛榮和妄自尊大的迷惑，他們以活像聖人的外表舉止讓人觀望。例如：出神和其他的展示；竟至膽大包天，對天主傲慢無禮，喪盡聖善的敬畏，這本是諸德行的鑰匙和衛護。有的人往往增加如此之多的瞎話和欺騙，他們對此習以為常，根深蒂固。真令人相當懷疑，是否他們還能回頭，重返德行的純潔道路和純真的靈修？他們陷入這些不幸之中，係因對於這些心靈的領悟和感受，太過於有把握，這正好發生在開始要在這條路上進步的時候。」（同上）

進修者比初學者面臨的風險更大。初學的清除工作如同斬草，除掉的是毛病的表面，如果沒有徹底除根，所有的毛病都轉移到靈性的層面。「他們是如何的無可救藥，因為他們自視為比初學者擁有更多的靈性恩賜。」（《夜》第二卷第二章第四節）他們貪愛神祕經驗如同貪愛物質的東西，「如果不用淨化之夜的肥皂和強效洗潔劑除掉它們，心靈無法達到神性結合的純淨。」（《夜》第二卷第二章第一節）

初學者、進修者和成全者

聖十字若望沿襲已有的傳統，以初學者、進修者和成全者指示處在不同靈修階段的人；以之和煉路、明路與合路相對應，作為講解靈修旅途的基本架構。這類似於佛門修行的戒、定、慧三個層次。按現代人的說法，就是分成初級、中級和高級。

初學者，顧名思義就是開始學習的人。在這個起步的階段，主要是以感官做推理默想，行走克修的道路。

進修者，經過初學的修持之後，聖十字若望說，這些人「就是指天主開始安置於默觀的超性認識中的人」（《山》第二卷第十五章第一節）。又說「進修者的階段（亦即成為默觀者）」（《夜》第一卷第一章第一節）。我們可以說，聖十字若望認為進修者已是一位默觀的人，體驗過被動的默觀，對天主具有超性的認識，已是一位相當有祈禱經驗的人。

成全者，即是與天主結合的人，就是達到成全的最高境界。「達到成全的最高境界。

我們在此稱為靈魂與天主的結合。」（山・主題）在聖十字若望的心中，成全者是一位已經徹底受到淨化，達到神性結合的人，然而並非最高的等級。只要人仍活在世上，和天主的結合只能是短暫的；而且不是圓滿的，也不是恆久的。最後的全福神視（Beatific Vision）、或說面見天主，才是最圓滿的極境，這是今生無法達致的。

明白了這三個專用語詞的意思，接下來才能解釋聖十字若望所要處理的兩個危機階段，在此先以簡圖表示：

初學者——第一個危機——〉進修者——第二個危機——〉成全者

兩個危機

前面已經說過，「聖十字若望是個最佳嚮導，他要親手帶領我們經過黑夜的深淵，指出達到神性結合的捷徑。」這兩個危機階段即是黑夜的深淵，是本書的主要內容。雖然聖十字若望以相當驚人的邏輯思考講解靈修道理，但他所處理的難題卻一點也不抽象，而是非常的實際。

本書的開場白清楚地聲明：「吟詠這首詩的靈魂已經處於成全的境界；亦即達到與天主愛的結合，已經越過相當嚴厲的困苦和磨難，通過窄路般的靈性修持……通過這條靈修窄路是很喜樂的。」（第一卷・卷首）接著開始註解首詩節，進入正文。聖十字若望先說夜是幸福的、是喜樂的，因為這個被動的夜使靈魂脫離自我和萬物，避開了三仇的阻礙。「靈魂的三仇就是世俗、魔鬼和肉身，這些仇敵經常在這條路上作對，阻礙靈魂。淨化的默觀之夜靜息且緩和感官家中所有的情緒和欲望，使敵對的欲望和動作入睡和安寧。」（第一卷・註解・2）

A. 第一個危機

第一個危機指的是感官被動之夜，這是在什麼階段發生的？聖十字若望說得很清楚，「靈魂開始進入這個黑暗的夜，就是在天主逐漸吸引他們離開初學者的階段（亦即在靈修的道路上行默想的階段），開始安置在進修者的階段（亦即成為默觀者）。」（《夜》第一卷第一章第一節）由於許多的神師不瞭解這個危機的真情實況，錯誤的指導，使得祈禱者徒然浪費時間，不但不進步，反而放棄祈禱。看到這樣的情形，聖十字若望相當感慨，也迫使他不等寫完《攀登加爾默羅山》，就急切地開始寫《黑夜》。

一位初學者熱心無比地勤行祈禱和修德，感到非常喜樂甜蜜，「正當修持神業充滿了愉悅和美味，他們認為神性恩惠的陽光照耀得最明亮之時。就在這美好的時光中，本來他們隨時，只要願意，都可以在天主內品嚐到的；天主卻使一切的光明變成黑暗，關閉門戶，封鎖甜蜜靈水的湧流。」（《夜》第一卷第八章第三節）神枯出現了，一切都令人厭倦，「天主把他們留在如此的黑暗中，他們不知道感官的想像和推理要走向何方？他們在默想上寸步難行，不能像過去習慣地那樣默想，現在內在的感官已淹沒在這個夜裡。天主把他們留在如此的乾枯中，他們不只無法從神業和善工中得到美味和滿足，如同先前一般，得到愉悅和美味；而且，取而代之的，在所說的那些事上，他們得到的反而是無味和苦澀。」（同上）

神枯乃天主允許或送來的考驗。沒有錯，但不只這樣；這是天主特別的愛和訓練。「當天主覺得他們已經有點長大時，為了使他們強壯有力，遂解開襁褓，讓他們離開甜蜜的胸懷，把他們從雙臂上放下來，好能習慣用自己的腳走路。」（同上）在這個訓練中，「天主把感官的恩惠和力量轉為心靈的。由於感官和本性的能力無法承受之故，因而存留在斷絕享樂、乾枯和空虛之中。」（《夜》第一卷第九章第四節）

聖十字若望的學說中，這是一個很獨到的地方，他清楚地指出天主如何親自主導這個夜／煉淨／默觀。他說被天主放進黑暗夜裡的靈魂是幸福的，是好運的；因為在神枯之中，靈魂逐漸地被引領進入默觀的境界。「天主在此開始親自通傳，不是經由感官……藉著推理來綜合和分析觀念；而是經由純心靈，其中毫無連續性的推理，藉著單純的默觀行動通傳給靈魂。靈魂低層部分的內在和外在感官都不能獲致這個默觀。在這裡，想像力和幻覺不能依靠任何的思想念慮，在其中也找不到可以立足向前的支持。」（《夜》第一卷第九章第八節）

「天主親自轉變，把靈魂從感官的生命帶進靈性的生命，亦即從默想到默觀。」（《夜》第一卷第十章第一節）這個初步的默觀，聖十字若望稱為「灌注的默觀」，是

「碰觸和通傳給靈魂的黑暗和祕密的默觀」（《夜》第一卷第十章第六節）。緊接著又說「默觀無非就是從天主來的，一種祕密、平安和愛的灌注。如果有此默觀，靈魂會在愛的心靈內燃燒起來。」

進入黑夜之所以幸運，因為在深沉的黑暗中，隱藏著豐富的默觀恩寵。天主正在預備靈魂，領導他和自己相遇，在更靈性的層面會晤。他指出黑暗的乾枯中蘊含著燦爛的光明，要我們「唯獨滿足於以愛和平安注視天主……必須處於不操心，不求功效，不願品嚐或感覺到天主。因為這一切的尋求都使靈魂不安和分心，以致失去這裡所賜予的默觀的安息寧靜和甜蜜悠閒。」（《夜》第一卷第十章第四節）聖十字若望親手帶著我們經過這第一個黑夜的深淵，達到進修者的階段，就是說成為默觀者。

B. 第二個危機

通常我們說《黑夜》的第一卷是感官的被動淨化，接下來的第二卷，理所當然是心靈的淨化，實則不然。原先《黑夜》並沒有分卷，一六一八年首次出版時，為了幫助讀者而分成兩卷的。嚴格地說，第二卷談的不只是心靈的淨化。聖十字若望說「接下來的這個夜，二個部分（心靈和感官）結合起來，同時被淨化。……感官以某種方式和心靈聯合起來，在此以更大的剛毅一起被淨化和受苦。」（《夜》第二卷第三章第二節）不過，一般說來，我們仍稱之為心靈的淨化，因為感官已馴服於心靈，和心靈結合起來，一同受淨化。

越過了第一個危機，靈魂從初學者成為默觀者，現在聖十字若望要帶我們越過另一個深淵，從默觀者成為與天主結合的人，亦即成全者。第二個危機出現在結合之前，「為了達到結合，靈魂必須進入心靈的第二個夜。在此夜中，剝除淨盡所有感官和心靈上不成全的領悟和愉悅，靈魂必須行走在黑暗和純潔的信德中，此乃靈魂達到與主結合應有和適當的方法。」（《夜》第二卷第二章第五節）

這個「剝除淨盡」形成黑暗的夜，是天主進入靈魂內的一道湧流，徹底煉淨靈魂，天主那充滿愛的智慧，在靈魂內產生兩個效果：煉淨和光照靈魂，預備他以愛和天主結合（《夜》第二卷第五章第一節）。第二卷第五章到第十章，聖十字若望詳細地敘述靈魂的哀愁經驗。置身於此黑暗的夜，亦即煉淨的默觀，靈魂彷彿下到煉獄般地備受煎熬，凡受過這些痛苦的人，會很有安慰。聖十字若望的學說，幫助處在死去活來之中的靈魂瞧見幸福的光明和遠景。這幾章相當精彩，可以和第一卷描述初學者毛病那七章相媲美：

「藉著這道純淨的明光，靈魂清楚地看見自己的不純潔。雖然是在黑暗中，靈魂清楚地明白，他不配天主，也配不上任何受造物。最使他悲傷的，則是他自視永遠都不配，且再得不到任何的福祐。這道神性和黑暗的光，使其心靈深深地沉浸在認識和感受自己的可憐與罪惡中；因為這道光把一切都呈現在眼前，靈魂清楚地看到，靠他自己，

絕不會有其他什麼東西的。」（《夜》第二卷第五章第五節）

「靈魂看見自己的可憐時，感到他正被一個殘酷的心靈死亡所融化和毀滅⋯靈魂感到最深的悲傷是，確信天主已經拒絕了他，極其憎惡他，把他投入黑暗中。天主已經拋棄他的思想，是靈魂最悽慘和沉重的痛苦。⋯當這個煉淨的默觀壓抑一個人時，靈魂栩栩如生地感到死亡的陰影，死亡的嘆息和陰府的悲傷。這一切都反映出失去天主、被天主懲罰和拒絕的感受，感到配不上祂，而且也是祂發怒的對象。靈魂經驗到這一切，更有甚者，現在彷彿這個痛苦會永遠持續。」（《夜》第二卷第六章第一節）

「由於這個默觀的火導致的煉淨，靈魂忍受著沉重的痛苦。⋯⋯為了燒盡情感的鏽，靈魂這些與生俱有的激情和不成全，必須這樣地被毀滅和破滅。⋯⋯天主藉著黑暗的默觀來完成這一切。⋯⋯這個默觀毀滅、倒空並銷毀所有的情感，及不成全的習慣。」（《夜》第二卷第六章第五節⑥）

聖十字若望告訴我們，天主之所以這麼做，「無非是以超性之光，光照人類的理智，使之成為神性的，且與神性結合。把天主的愛灌輸給意志，使之不再亞於神性的，而且絕不會以非神性的方式去愛，並與天主的聖意合而為一。記憶亦然；還有情感和欲望，全都按照天主的意思，轉變成為神性的。因此，這個靈魂成為天上的靈魂，充滿天上的氣息，說他是人，其實更是神。」（《夜》第二卷第十三章第十一節）他清楚地教導，「一個人絕對無法獨自完成這個工作」，天主的神性之光襲擊靈魂的煉淨默觀，是個莫

6. 編者按：此處引文都在《夜》第二卷第六章第五節，但順序不同，請讀者自行參照。

大的恩惠，預備靈魂迎向與天主神性的結合。

結語

慶祝聖十字若望逝世四百週年時，教宗若望保祿二世寫了一封牧函，其中有一段是這麼說的：「身體、道德及精神上的痛苦：如疾病、饑餓、戰爭、不公義、孤獨、生活沒有意義、人非常脆弱的存在；對罪的痛苦認知、天主彷彿不在。這些對於有信仰的人，全是淨化的經驗，可以稱之為『信德之夜』。」在黑暗的夜裡，透過信德，我們才能在默觀中發現天主。

聖十字若望傳達給我們的天主，不只是愛我們的天主，更是尋找我們的天主。在默觀祈禱中，天主祕密、平安和愛的湧流灌注給靈魂時，先是煉淨和剝除，清除所有的障礙；然後光照他，使他達到神性的結合。他幫助所有在極深痛苦中的人看到天主仁慈的手，這使筆者想起孟子所說的話：「天將降大任於斯人也，必先苦其心志，勞其筋骨，餓其體膚，空乏其身，行拂亂其所為，所以動心忍性，增益其所不能⑦。」在不可解釋的痛苦中，窺見希望的光明，一切是「天」的垂愛。

「許多人發現，他們的生命中，確實有各式各樣受打擊的經驗，若望稱之為『黑夜』。從舊約時代直到現今，天主重覆這個相同的教學法，經由十字架的道路來淨化和聖化人。十字若望之所以寫作，是為了幫助得到『黑夜』恩惠的靈魂，不致因為怯懦、

7. 《孟子》〈告子章句下〉第十五。

無知或神師的誤導，而沒有從中獲益[8]。」

聖十字若望闡明分析的這個黑夜，有助於「今日的許多人瞭悟其必須存活的個人及團體的處境。最主要的，他鼓勵我們，在混亂、軟弱和晦暗中，要忠心地背負基督的十字架[9]。」

三、多種抄本與中譯本

《黑夜》的原文書並非只來自某一抄本，而是由比較可靠的一份抄本為基礎，再選一部輔助的抄本，其餘的抄本則用來參照補充。學者們公認的最可靠抄本為三四四六號抄本，現存放在馬德里國家圖書館。其次的輔助抄本為三二八a號抄本，存放於羅馬加爾默羅總會院的檔案室。其餘的抄本分別為：托利多加爾默羅隱院抄本、一二六五八號抄本（存放於馬德里國家圖書館）、奧爾巴加爾默羅隱院抄本、一三四九八號抄本（存放於馬德里國家圖書館）。事實上，《黑夜》的抄本很多，但所根據主要是上述幾個抄本，所以其餘的就略而不提。除了古抄本之外，一六一八年最早版本，也是相當重要的資料來源。

本書根據西班牙原文*San Juan De La Cruz Obras Completas*. Revisión textual, introducciones y notas al texto: Jose Vicente Rodrigues Introducciones y notas doctrinales:

8. *God Speaks in the Night ～ The Life, Times, and Teaching of St. John of the Cros*s, p.313。
9. 同上。

Federico Ruiz Salvador. 5a Edicion Critica（Editorial de Espiritualidad, Madrid, 1993），及英譯本的《聖十字若望全集》*The Collected Works of St. John of the Cross*. Trans. by Kieran Kavanaugh & Otilio Rodriguez, with introductions by Kieran Kavanaugh.（Washington, D.C.: ICS, 1991）及*The Completed Works of St. John of the Cross*. Vol. I, Trans. by E. Allison Peers（Newman, Westminster, Maryland, 1953）。ICS按最新的原文版，逐行翻譯；因此在互相對照時，很是容易，使譯者能儘可能地達到不同譯文之間的合一（oneness）。此外，ICS的譯本也譯出解釋涵意的註解部分，這些解釋相當好，係出自本會聖十字若望的專家學者費德立克．路易斯．沙爾華多神父[10]的手筆。本書酌情譯出這些有價值的註腳，使讀者更易於深入領悟。皮爾斯的譯本非常忠實，逐行逐句地照原文譯，且有大量的文字考據註腳，這是比較早的譯本，所根據的是P. Silverio De Santa Teresa, O.C.D. 校訂的原文本。由於科技的進步，現行的原文版能更準確地呈現原文。

一六一八年，西班牙首次出版十字若望的著作，其中包括《攀登加爾默羅山》、《黑夜》和《愛的活焰》。不久開始有了法文、義大利文等譯文出現，時至今日也遍傳全球。二〇〇三年，ICS因應時潮，出了一張《聖十字若望全集》的CD，封面上寫著：「St, John of the Cross／A Digital Library／Spanish Texts and Translations／Version 1.0」其中包括：1）San Juan de la Cruz Obras Completas Edited by Eulogio Pacho。2）The Complete Works of St. John of the Cross Trans. By E. Allison Peers。3）The Collected Works of St. John

10. 費德立克．路易斯．沙爾華多神父（P. Frederico Ruiz Salvador, OCD）是加爾默羅會士，當代十字若望靈修研究權威，著有《愛，永遠不會滿足》（星火文化出版）。

of the Cross Trans. by Kieran Kavanaugh, O.C.D. and Otilio Rodriguez, O.C.D.。這也許是聖十字若望著作首次出版的電子書，譯者翻譯本書時，深受其惠，可以更輕鬆地互相比照。

雖然譯者力求譯本間的合一，但各國文字都有其限度，遇到英文和原文有不同之處，仍是以原文為主。如果發現中譯本和英譯本有所出入，這是不足為奇的。甚至我們會看到某些英文作家引述時，會標示所引用的句子是作者自己從西班牙文譯出[11]。本書承蒙房志榮神父S.J.的審閱，並獲得張振東神父及劉錦昌牧師撰文推薦，萬分感激。此外，翻譯〈黑夜〉這首名詩時，曾請教西班牙文專家沈起元神父S.J.，很感激他的指正。台大哲學系關永中教授特寫專文〈黑夜與黎明——與聖十字若望懇談默觀〉，幫助我們整體地了解聖人在默觀方面的教導，值得我們細細品味。同時深深感激他，在寫這篇導論時，得到他的鼓勵和校閱。

最後特別感謝美國華盛頓特區的加爾默羅會神父的授權翻譯[12]，願天主降福他們的美好工作。

譯者 謹識二〇一〇年七月八日於芎林加爾默羅聖衣會隱修院

11. 例如 Gerald G. May 的 *The Dark Night of the Soul*，及 Iain Matthew 的 *The Impact of God*。
12. Washington Province of Discalced Carmelites ICS Publications 2131 Lincoin Road, N.E. Washington DC 20002-1199 U.S.A. www. Icspublications.org

本書為詩歌註解，說明靈魂在靈修的道路上應有的修持，為能達到與天主愛的完美結合，此乃今生能獲致的。並敘述已經達到此成全境界者的特質。

寫給讀者的序言

本書首先列舉整首詩，並加以說明。然後再分別提出每一詩節並解釋，後來同樣地註解每一詩句，解釋之前先列舉詩句。

首二詩節說明兩種靈修煉淨的效果：人的感官和心靈的煉淨。其餘六段詩節，說明靈性的光照及與天主愛之結合的各種美好效果。

靈魂的詩歌

1. 黑夜初臨，
懸念殷殷，灼燃愛情，
啊！幸福好運！
我已離去，無人留意，
吾室已然靜息。

2.
黑暗中，安全行進，
攀祕梯，裝巧隱，
啊！幸福好運！
置黑暗，隱蹤跡，
吾室已然靜息。

3.
幸福夜裡，
隱祕間，無人見我影，
我見亦無影，
沒有其他光明和引領，
除祂焚灼我心靈。

4.
如此導引，
遠勝午日光明，
到那處，祂等待我近臨，
祂我深知情，
那裡寂無他人行。

5.
啊！領導之夜，
啊！可愛更勝黎明之夜，
啊！結合之夜
兩情相親，
神化卿卿似君卿。

6.
芬芳滿胸襟。
痴心只盼君，
斜枕君柔眠，
輕拂我弄君，
飄飄香柏木扇，徐來風清。

7.
城垛微風清，
亂拂君王鬢，
君王傷我頸，
因其手柔輕，

悠悠知覺，神魂飛越。

8. 留下自己又相忘，
垂枕頰面依君郎；
萬事休；離己遠走，
拋卻俗塵，
相忘百合花層。

開始註解本詩，談論在此導向與天主愛之結合的路途上，靈魂應有的修持。

開始解釋詩節以前，我們應該知道，吟詠這首詩的靈魂已經處於成全的境界，亦即達到與天主愛的結合，已經越過相當嚴厲的困苦和磨難，通過窄路般的靈性修持，此乃我們的救主在福音中所說的導向永生的窄路（〈瑪竇福音〉第七章第十四節）。為能達到與天主崇高和幸福的結合，通常靈魂是要經過這條窄路的。這路是多麼狹窄，走上窄路的人又是多麼少，正如救主所說的（〈瑪竇福音〉第七章第十四節）。靈魂極其幸福，也深感幸運，他已經越過了窄路，達到了所謂的愛的成全之境，如同他在首詩節歌詠的，稱這條窄路為黑暗的夜，兩者非常近似，正如後來的詩句所要說明的。因此靈魂說，通過這條靈修窄路是很喜樂的，他從中獲得如此之多的幸福，他這樣說：

【第一卷】

本卷談論感官的夜

黑夜初臨，懸念殷殷，灼燃愛情，啊！幸福好運！
我已離去，無人留意，吾室已然靜息。

註解

❶ 靈魂在首詩節中述說他離棄自愛和愛萬物的修持，他藉著真正的克苦修行，死於自我和萬物，達到這與天主相偕的甜蜜和歡愉的生命。他說這樣的離棄自我和萬物是個「黑暗的夜」。正如後來的解釋①，這個黑暗的夜，在此指的是煉淨的默觀，如我們要說明的，被動地在靈魂內導致棄絕自我和萬物。

❷ 靈魂說，他之能脫離自我和萬物，是因為在此黑暗的默觀中，由於愛他的淨配所得到的力量和熱情。靈魂極力讚揚，在經過此夜走向天主的路上，他所擁有的美好幸福。他是如此地順利成功，致使靈魂的三大仇敵都不能阻擋他。靈魂的三仇就是世俗、魔鬼和肉身，這些仇敵經常在這條路上作對②，阻礙靈魂。淨化的默觀之夜，靜息且緩和了感官中所有的情緒和欲望，使敵對的欲望和動作入睡和安寧。因此詩句如下：**黑夜初臨**。

1. 見《黑夜》第二卷第四章第一節。
2. 托利多加爾默羅隱院抄本（以下簡稱「托利多抄本」），及 3446 號抄本和 328a 號抄本寫：「唯獨這些仇敵經常在這條路上作對。」但是，奧爾巴加爾默羅隱院抄本（以下簡稱「奧爾巴抄本」）在此寫：「靈魂稱這三個仇敵為世俗、魔鬼和肉身，這些仇敵經常在此路上作對。」

第一章

開始談論初學者的不成全

❶ 靈魂開始進入這個黑暗的夜，就是在天主逐漸吸引他們離開初學者的階段（亦即在靈修的道路上行默想的階段），開始安置在進修者的階段（亦即成為默觀者）。為能越過這個層次，達到成全的境界，亦即靈魂與天主的神性結合。

因此，首先提出一些初學者的特質，為能使之更了解，並說明這個靈魂所經過的夜是什麼？以及為什麼天主把靈魂放置於其中？雖然談論這些事時，會盡可能地簡潔，相信初學者仍能從中獲益。所以，了解在初學時期的軟弱，將鼓勵靈魂，使之渴望天主把他們安置在黑夜裡，好使靈魂更堅強，更確立於德行中，獲得天主之愛的無量歡愉。雖然因而稍微耽擱一下，但也無妨，並沒有越過所要談論的黑夜範圍。

❷ 那麼，要知道，當靈魂決心定志事奉天主之後，通常天主會餵養他的心靈，愛撫他；就好像一位慈愛的母親，以胸懷溫暖他的小嬰兒，用美味的奶和柔軟甜蜜的食物餵養他，雙臂環抱他，愛撫他。可是，當嬰兒漸漸長大時，母親不再愛撫他，隱藏起溫柔的母愛，把苦汁塗在甜蜜的乳頭，放下臂膀中的小兒，讓他自己走路，好能除掉小孩子的習性，承受更大和更重要的事③。天主恩寵的運作彷彿一位慈愛的母親，從靈魂內再生

3. 這個比喻的意象很美，也很合乎靈修生活的韻律，在後來的章節中會再加以發揮：見《黑夜》第一卷第八章第三節，第十二章第一節。

新的活力和熱情來事奉天主④。這在靈魂方面無須費力，恩寵促使他品嚐甘飴和愉悅的奶，實行神業時體驗到強烈的滿足；因為天主在此給靈魂吸吮溫柔母愛的乳房，把靈魂當作一個柔弱的嬰兒。

❸ 靈魂從中得到樂趣，因此長時間行祈禱，甚或徹夜祈禱，做補贖是他的樂趣，守齋是他的快樂，領聖事和神修談話則是他的慰藉。雖然神修人修持神業有很大的效益和幫助，而且他們也細心認真地修持，但從靈修的觀點而言，他們的修持仍然非常虛弱和不成全。因為他們修持神業的動機在於從中取得的安慰和滿足。由於在修練德行上沒有奮戰過，他們的靈修神業尚有許多的瑕疵和不成全。總之，因為每個人的行動直接配合他已達到的成全習慣，而這些人還沒有足夠的時間養成這些堅定的習慣，他們的修持必然像柔弱的嬰兒，非常虛弱。

為了要更清楚明白這個事理，並明瞭初學者的德行多麼不成全，為了上面所說的愉悅和滿足，他們欣然樂意地修持善工。我們將列舉七罪宗來說明初學者的許多毛病，由此可知，他們的修持多麼相似孩童的舉止；同時也能看出，黑夜帶給靈魂多少的好處，後來我們會談論這事，因為黑夜清除靈魂的所有毛病，使之純淨。

4. 一六一八年首次印刷的版本（以下簡稱「首版本」），在頁緣抄寫一段經句，但沒有標示出處：「依照養育眾人的恩寵，起種種變化，來適應需求者的願望。」這段經文取自〈智慧篇〉第十六章第二十五節，用以指示恩寵感召的根源。在〈智慧篇〉中所講的是「瑪納」，表示天主對其子女的細心養育。請讀者注意：本書中的《聖經》引句，凡與《思高聖經》譯本相異之處，為使上下文連貫，均由原文直譯。

第二章

論初學者因驕傲的習慣而來的一些靈性方面的不成全。

❶ 初學者自覺熱心滾滾，勤快地修持神業和虔誠敬禮。雖然神聖的修持使人謙虛是個事實，但由於初學者的不成全，往往產生某些隱藏的驕傲，使之對自己的神業感到相當的滿意，且自鳴得意⑤。同時生出某種虛榮的妄想，有時真的好虛榮，在別人面前高談雄辯神修之事，甚至教導他人，而非受教於人。萬一在別人身上看不到自己喜歡他們有的虔敬，則在祈禱⑥中瞧不起他們；甚至說出像法利塞人那樣的話，在天主面前自我吹噓，讚美自己的功德，並輕視稅吏（〈路加福音〉第十八章第十一至十二節）。

❷ 對於這些人，魔鬼多次增長他們的熱心，使之多行各種神工，滋長他們的驕傲和自負。因為魔鬼深知他們所修持的一切神工和德行，不僅毫無用處，反而使他們敗壞。他們中有些人往往變得這麼壞，除了他們自己以外，不願有誰看起來是聖善的。因此，每遇有機會，就以言以行輕視和誹謗他人。**只看見兄弟眼中的木屑，竟不理會自己眼中的大樑**（〈瑪竇福音〉第七章第三節），**他們濾出了蚊蚋，卻吞下了駱駝**（〈瑪竇福音〉第二十三章第二十四節）。

❸ 還有，有的時候，當神師——他們的告解司鐸或長上——不同意他們行事的精

5. 在《攀登加爾默羅山》第三卷第二十八章第二至三節中也論及相同的主題：神修人因善工而來的驕傲、嫉妒和輕視。
6. 有些抄本寫的是在「心」中，但按上下文的意思，「祈禱」一詞比較連貫。

神和做法時，因為他們巴望自己的作為得到敬重和讚美，就此認定神師不瞭解他們的心靈。或者，由於神師不准許，也不順從他們，也就斷定神師並非聖善之士。因此，立刻心生熱望，想法子獲得其他更投合心意的神師。通常他們切望對那些懂得欣賞和仰慕他們的人談論神修。至於那些想把他們擺在安全大道的人，他們則逃之夭夭，猶如逃避死亡，多次還要怨恨那些人。他們驕矜自負，眼高手低，想要做的很多，完成的卻少之又少。有時，他們有意博取他人的賞識，看出他們的靈修和虔誠。為此之故，時而裝模作秀，弄出一些動作、嘆息或什麼小禮節之類的。還有，有的人仰賴魔鬼的一臂之力，甚至神魂超拔，多半是公開的，很少有私下的出神。他們對此沾沾自喜，多次垂涎貪求，巴不得人人皆知，無人不曉。

❹ 有許多人願意得到告解神師的特別寵愛，由此衍生成千的嫉妒和不安寧。他們羞於清楚告明所犯的過失，以免神師小看他們；並粉飾過失，不使罪過顯得太糟糕。為此，在告解時，他們多次推諉己過，少有坦白認罪的。有時，另找神師告明罪過，好使聽告的神師看他們毫無瑕疵，一切都美好。所以，他們經常樂於向神師報告好事，有時措詞微妙，使那些好事變得更好，巴望神師也能看好。無論如何，他們要更加謙虛，如我們後來要說明的⑦，不要看重自己的善行，且盼望神師、或任何人都不予以重視。

❺ 還有，某些初學者對所犯的過錯毫不在乎；但有時卻因看到犯過而憂愁過度，心想自己本來已經是聖人了，於是，生自己的氣，不肯忍耐自己，這又是另一個毛病。

7. 即在本章第六節，及十二章七至九節。

他們往往極其渴望天主消除毛病和過失，然而他們更看重的是為了不要麻煩，平安了事，而非為了天主之故。他們沒有顧慮到，如果過失全被除掉，他們可能變得更驕傲和自負。

他們不願意誇讚別人，卻又喜愛博得讚美，有時還刻意謀求他人的稱揚。這就如同那些愚蠢的童女，提著熄滅的油燈，到外邊尋找燈油（〈瑪竇福音〉第二十五章第八節）。

❻ 從這些不成全的毛病中，有些人陷入非常嚴重的地步，且招致許多的惡事。不過，有的人多、有的人少，有些人只受害於最初的行動，或稍微有些。然而，在初學的熱心時期，幾乎沒有初學者不犯這些毛病的。

但是，在此時期，走在成全路上的人，他們的行事作為非常不一樣，所懷的靈性氣質也迥然不同⑧。他們以謙虛獲得大益，穩穩地建立於其上，不只把自己的事看成虛無，而且很少自我滿意的。他們覺得所有的人都比自己好得很多，對他們常懷有聖善的嫉妒，切願也能同他們一樣熱心事主。因為他們愈熱心，工作愈勤快，而且從中得到了滿足。他們就像行走在謙虛中，深知天主的仁慈，也知道他們為天主做的多麼微小；因此，他們做得愈多，愈不滿足。這是由於他們的愛德和愛，迫使他們切願為天主效命，而他們認為所做的一切都好似沒什麼。這個愛的凝視使他們如此殷勤、投入和專注，他們從來不去留心別人做或沒做什麼。然而，果真留意的話，如我所說的，他們相信所有的人都比他們好得多。他們輕看自己，也情願別人瞧不起他們，甘願他們的事被貶損和

8. 為了對照，聖十字若望在此開始描述進修者和成全者的特性。

輕視。更有甚者，雖然受人讚美和重視，他們也不能絲毫置信，覺得那些誇讚之詞不可思議。

❼ 這些人非常寧靜和謙虛，極渴望受教於有助於他們的人。他們的渴望，和前面我說的那些人恰恰相反，那些人凡事都想要教導人。甚至在有人似乎要教給他們什麼時，他們就開口發言，好像早就已經知道了。

然而，謙虛人則非如此，極不願意作任何人的老師，只要有所指示，他們會很快離棄原路，走上新的道路，因為他們從不自以為絕對正確。當別人受讚美時，他們感到歡喜，唯一難過的是不像別人那樣事奉天主。

由於自視卑微，他們不願談論自己的事功，甚至羞於告訴神師，因為他們認為這些事不值得一提。

他們更願意談的是自己的過錯和罪惡，且曉諭他人，而非談自己的德行。因此，他們更傾向於對小看其神修與事功的人談他們的靈魂，此即他們的特質：心靈單純、純潔和真實，而且非常悅樂天主。因為天主智慧的神居住在這些謙虛的靈魂內，引導他們，並使之傾向守護內心深處的隱祕寶藏，暴露他們的瑕疵。天主把這個恩惠和其他的德行一起賜給謙虛人；同樣，天主拒絕賜恩惠給驕傲人。

❽ 這些謙虛人肯把心中的鮮血給任何事奉天主的人，並竭盡所能幫助他們事奉天主。在看到自己犯了過失時，雖然痛苦，但他們懷著謙虛、心靈的柔順、充滿愛天主的

9. 見本章第六節。
10. 見第七章五節。

敬畏，並且仰望天主。

然而，從一開始就能如此成全地行走，按我所知，如我說的⑨，這樣的靈魂少之又少。倘若他們不陷入與此相反的毛病中，我們就已經很滿意了。為此之故，如後來我們要說的⑩，天主把這些靈魂放在黑暗的夜裡，願意淨化所有的不成全，帶領他們前進。

第三章

談有些初學者在第二個罪宗，即靈性的貪婪，常犯的一些不成全。

❶ 有時，許多初學者也有嚴重的神貪，因為對於天主賜給他們的神修，他們很少感到滿足的。

他們變得非常悶悶不樂又怨聲載道，因為在神業上沒有得到所期盼的安慰。

許多人從不滿足於聽勸言，學習靈修規則，持有和閱讀大量與此相關的書籍。他們在這些事上消耗很多時間，遠超過力行克苦神工⑪，及應守好的內在成全的神貧。更有甚者，滿載著非常稀奇的聖像和玫瑰唸珠。時而丟開這一個，挑選那一個。現在變個花樣，忽而又變回原樣。一下子這樣，一下子那樣。他們更愛這個十字架，超過那個，因為比較珍奇之故。你們還會看到，有些人點綴聖蠟板、聖髑和聖人的芳名，活像孩子玩

11.「托利多抄本」在這一段這樣寫：「許多次，他們總不滿足於聽勸言，學習靈修觀點，搜尋許多談論這個毛病及貪吃的書籍，他們往往嘗試成千的修行樣式，做許多的事情，由於貪求滿懷，想獲得大益，或出於尋求許多的樂趣或快意，導致在決志的修持上反覆無常，難以持久，而這些是初學時最需要的，因而使得所做的努力徒勞無益，消磨時光於種種嘗試之中。」「8795 號抄本」也抄了與此類似的一段，但最後寫「消磨時光於種種嘗試和觀望上。」上述的筆法和內容完全是聖十字若望的格調：參閱《攀登加爾默羅山》3・41。在那一章最後述說了不能持久、變化多端及反覆無常的根源。

弄小裝飾品。⑫

我所責備的是內心對聖物的占有，執迷於聖物的樣式、多量和珍奇，因為這是非常相反心靈的貧窮。神貧者只重視虔敬的本質，只獲益於此本質即已足夠，對於聖物的多量和珍奇則感到厭煩。因為真正的虔敬必須來自內心，只在於靈性事物所呈現的真理和本質上，其餘一切都是不成全的執迷和占有；然而，如果要達到某一成全境界，則必須根除所有的欲望。

❷ 我認識某個人，十多年來獲益於一個粗製的十字架，這是以一枝聖枝⑬製作成的，用一隻別針周圍扭曲釘牢的。這人隨身攜帶，片刻不離，直到我把它拿走；然而他卻不是一個缺乏理性和智力的人。我還看過另一個人，他使用魚的脊骨作成的唸珠祈禱，在天主面前，他的祈禱當然不會因此有所貶損。顯然可見，上述二者都不看重聖物的精製和品質。⑭

所以，凡是從一開始就得到良好指引的人，他們不會執迷於有形可見的工具，也不會滿載著它們；而且，除了為完成善工必須知道的以外，他們一點也不想多知道些什麼。因為他們的眼睛只專注於成為天主的密友，悅樂天主，這些才是他們所強烈貪求的；因此，他們慷慨無比地給出一切所有。所以，他們的愛好無非是知道如何去愛天主和近人，而不要有這些靈性的、或俗世短暫的聖物。因為如我所說的，他們的眼睛只專注於真實的內在成全：全心悅樂天主，而不尋求自己的所好。

12. 聖蠟板 agnusdéis：按《Diccionario de Autoridades de la Real Academia》的詳解：「聖蠟板是用一些白蠟的碎塊，混合那些協助過樞機主教或高級神長的聖人骨灰，為教宗揉捏成的蠟板。這些聖蠟版有兩種樣式：一是上面有一隻羔羊，並題上『Agnusdei』；另一個樣式上有基督、聖母或某聖人及其題詞，且有教宗的名號和降福。聖蠟板以中浮雕展現，通常是圓形或橢圓形的。」Covarrubias 詳細解釋了一切，並且說，得到這「聖觸」的人如何寶貴，確保能消災避邪，免除風暴、火災、雷擊、瘟疫和魔鬼的侵襲。「3446 抄本」按一般的說法，抄寫的是「Agnusdei 天主羔羊」。

❸ 不過，關於這些以及其他的毛病，靈魂無法徹底地自我淨化，除非等到天主把他放在被動煉淨的那個黑暗的夜裡，這是我們即將說明的。而在靈魂方面，則應盡其所能地致力於成全，為使他堪當被天主安置在那神聖的治癒中。靈魂憑己力無法痊癒的一切，都會在那神性的治療中康復。

可是，無論一個靈魂如何使盡全力，他仍然無法主動地淨化自我，竟致達到成全聖愛中神性結合的最小等級。除非天主親自下手，在那使靈魂感到黑暗的火中煉淨他，我們將會說明天主如何，並以何種方式煉淨靈魂。

第四章

談論初學者常犯的毛病，亦即第三個罪宗色慾。

❶ 在每個罪宗上，很多初學者犯的毛病，比我所要說的多得多。但是為了避免繁瑣，我略而不提，只有觸及一些比較主要的，這些是其他毛病的根源。

關於色慾這個罪，暫且擱下神修人陷於此罪是什麼意思不談⑮。由於我的意向是談論必須經過黑夜煉淨的不成全，這是許多人易犯的很多毛病。它們之所以能稱為靈性的色慾，不是因為色慾是靈性的，而是因為來自靈性的事物。因為多次在修行神業時，他們

13. 祝聖過的棕櫚樹枝。
14. 這二位所指的是誰，我們不得而知。使用十字架的那一位，是很有「理性和智力」的，會不會是聖女大德蘭呢？而使用「魚脊骨」玫瑰唸珠的人，難道不是聖十字若望本人嗎？聖人的同伴和神子若望·依凡哲立斯大（Juan Evangelista）細想聖人最後的話語，記述他的話說：「我從來不想要有珍奇的玫瑰唸珠，我喜愛的是那些非常粗糙的木頭製品，雖然這遠不如其他的珍貴，而用一些小魚骨作成用來祈禱的（唸珠），不會在虔敬的偽裝下迷戀什麼珍奇的聖物，因為那並非有所助益，而是阻礙。」

無法避免地，在靈魂的感官部分會經驗到不純潔的衝動，有時甚至發生在辦告解和領聖體時。這些不純潔的感受，如我所說的，不是我們能掌控的，來自以下三個原因中的任何一個。

❷ 第一，他們多次在靈性的修持上找到本性的樂趣；因為心靈和感官的部分從那個娛樂中得到樂趣，二個部分各按其本性和特質經驗到歡愉。所以，心靈在天主內經驗到更新和滿足，這是靈魂的高層部分。至於比較低層的感官部分，感受到感官的滿足和愉快；因為除了不潔的感官滿足，感官不知道如何從靠近的事物得到、或取得其他什麼。為此，有時靈魂正處於深度的祈禱中，心靈和天主同在時；另一方面，卻感受到感官上被動的不馴、動作和行動，靈魂不能不感到很大的沮喪。這事多次發生在領聖體時，因為靈魂在這個愛的動作上得到喜樂和愉悅；而主（基督）賜予這個恩寵，給出祂自己。也正是為此之故，如我們所說的，感官部分按照其模式，也分享了自己的一份。總之，這二個部分組成一個主體，通常各按其模式，彼此分享另一個所得到的。如同哲學家所說的，凡所領受的全是按照領受者的模式而領受[16]。所以，這些初學者，甚至當這靈魂已有些進步時，由於靈魂的感官部分還是很不成全，他往往以同樣的不成全接受天主的靈性。一旦感官部分經過我們所說的黑夜的煉淨後，重新被整頓，就不會再有這些虛弱了。因為那時不是靈魂的感官部分，更是心靈的部分領受天主的靈性，因此靈魂按照屬靈的模式去領受一切。

15. 這裡只談論一些色慾的靈性事物，（《山》第三卷第三章，第二十一章至二十三章）在感官本性的表現上有更廣泛的說明。

❸ 第二個導致這些不馴的起因是魔鬼。當靈魂正在祈禱，或努力於祈禱時，魔鬼造成不安和騷擾，盡力在感官部分惹起不潔的感受，如果靈魂被吸引而轉移注意力，則魔鬼會加給他很大的損害。有時為了要掙脫這些感受，因為害怕，靈魂漸漸地鬆懈他們的祈禱，正好中了魔鬼的下懷。有的則完全放棄祈禱，因為他們認為祈禱時，比起其他的時候，有更多這樣的感受。而這不是危言聳聽，因為魔鬼只在靈魂祈禱時招惹這些感受，不在做別的事情時，為使靈魂放棄祈禱。還不止這樣，為了使靈魂怯懦和害怕，魔鬼栩栩如生地呈現給他非常醜陋和不潔的思想，有時這些思想涉及靈性上能幫助人的事物和人物。這樣，凡看重這些思想的靈魂，甚至不敢再看什麼，也不敢想什麼，以免他們再陷入其中。

這些不潔的思想對犯憂鬱症的人影響很大，應該非常同情他們，因為他們度著憂愁的生活。某些人具有這種不好的憂鬱性情，所受的憂苦達到如此的地步。他們感受到顯然地被魔鬼侵犯，卻又毫無自由加以阻止；不過，有些憂鬱症的人能以很大的力氣和努力避開魔鬼的侵犯。

如果這些不潔的思想來自憂鬱症，通常，除非他們痊癒，不然的話，就是黑夜進入靈魂內，連續不斷地剝除一切，否則靈魂無法得到釋放⑰。

❹ 由於這些不潔的思想在靈魂內爆發戰爭，第三個起因是害怕它們。這害怕湧自突然間記起這些思想，這是從他們所見、所說和所想的事物引起的，生出這些不潔的思

16. 聖十字若望引證這個原則有三次：這裡，再來是《黑夜》第二卷第十六章第四節，和《愛的活焰》第三章第三十四節（二個版本都有）。在《黑夜》中沒有交代得很清楚，只說是哲學家，其實是指亞里斯多德。《活焰》中說得更普通：「如同哲學家們說的。」完全沒有提到亞里斯多德。不過，我們可以毫無困難地看到聖多瑪斯常引用這話：Summa I q.79，a，6 in Questiones disputatae, De anima, a 19. ad 2 m；a. 20 ag. 7；De virtutibus，a. 1，ad 12m。這是很正確的原則，聖十字若望學派的作家們視之為很重要，且常明顯地加以應用。

想，並非他們的過錯。

❺ 還有一些靈魂，他們的本性很敏感和脆弱。當他們從心靈或祈禱中得到滿足時，立刻隨之引起淫念的熱情；使之陶醉和撫弄其感官，好似已經捲入那個快感中，貪愛這個罪了。這個經驗持續下去的話，另一個會被動地繼起；有時會看出來，某些不潔和不馴的衝動發生了。理由在於這些本性，如我所說的，是脆弱和敏感的，遇有任何變動，他們的體液和血液就沸騰起來，接著就會發生那些衝動。因為當這些人被其他的擾亂或憂苦所激怒或騷動時，他們也會有這些感受。

❻ 還有，有的時候在靈修方面，如在靈修談話和修行神業時，念及眼前的人，記憶中浮現某種興致和優美儀表，自陷於空虛無益的滿足中。按照我們這裡所瞭解的方式，靈性的色慾也是由此產生的，這通常是有意志的欣然同意。

❼ 有的人在精神上對某些人會有情意好感，但這往往源自色慾，而非來自靈性。這個色慾的根源可以辨識出來，即如果在回想起這份情感時，對天主的記憶和愛沒有增加，反而得到良心的內疚⑱。

如果這情感增加，天主的愛也隨之增加，或如果回想起天主的愛，和回想這個情感一樣多，或如果這情感使靈魂渴望天主，一方的愛增加、另一方也增加；那麼，這個情感是純靈性的。因為這是天主之神的特點：好上加好，因為兩者之間的相似和一致。

可是，當這個愛來自我所說的感官的罪時，則有相反的效果；因為一方增加，另一

17. 憂鬱症：泛指情緒上的騷動不安，因黑膽汁分泌過多引起的，類似現代人所謂的內分泌失調。參閱《攀登加爾默羅山》序、第二卷第十三章第十六節；《黑夜》第一卷第九章第二至三節；及《聖女大德蘭的建院記》第七章。
18. 在 3446 號抄本「fol.15v」的邊緣寫：分辨這愛是在天主內的規則。下面一點寫：來自天主的效果。

方就會減少，而且記憶也減少[19]。因為如果這愛增加，立即看得出來，靈魂對天主的愛會冷淡下來，懷著對那愛的記憶，而忘記天主，良心也會有些內疚。相反的，如果靈魂對天主的愛增加，對另一個愛就會冷淡，而且忘掉。因為優勝的一方會窒息和消滅對方，使之更加得勢，如同哲學家所說的[20]。為此，我們的救主在福音中說：**由肉生的屬於肉，由神生的屬於神**（〈若望福音〉第三章第六節）。亦即，生於感官的愛，終止於感官，出自神的愛，終止於神，且使之增加。這就是這二種愛之間的不同，為使我們能加以分辨。

❽ 當靈魂置身於黑暗的夜中，這一切都會合乎理性；因為天主的愛加強且淨化，則另一個愛自會消除和消滅。不過在開始的時候，靈魂看不到雙方面的分別，如我們後來要說的。

第五章

談初學者所犯的忿怒罪宗上的不成全。

❶ 由於許多初學者對靈性的滿足懷有色慾，所以在忿怒的罪宗上有許多的毛病，這是非常普遍的。因為在靈性修持上的美味和滿足消失時，這些初學者自然感到很乏味，

19. 3446 號抄本「fol. 16r」，新的邊緣處，常常是同一抄寫者的字，上面寫：這愛不是來自天主的效果。
20. 參閱《攀登加爾默羅山》第一卷第四章第二節。

這個乏味無趣使他們做起事來怨聲載道，為了一點雞毛蒜皮的小事，很容易大發雷霆，竟至有時，沒有人受得了他們。這往往發生於祈禱中有了感官上收心的美味體驗之後，當這些滿足和美味消失不見，自然而然地，靈魂的感官會陷於乏味和沮喪。這樣像極了小孩子，當他們正在享受美味時，被人抱離母懷。只要這些靈魂不讓沮喪影響他們，其實這並非罪過，這是一個不成全的毛病，必須經過黑夜中乾枯和磨難的煉淨。

❷ 這些神修人當中，還有一些人陷於靈性的忿怒中，他們懷著焦灼的熱心，對別人的罪過發怒，指責別人；有時感受到譴責他人的衝動，甚至有時真的怒罵別人，自居為德行的主人。這一切作為都相反心靈的溫良。

❸ 還有一些人，看到自己的一堆毛病，很不忍耐，又毫無謙虛，生自己的氣。他們對這些毛病極不忍耐，巴不得能在一天之內成為聖人。

他們中有許多人，立下好多的計畫和偉大的定志。然而，因為他們既不謙虛，又仗恃自己，定志愈多，跌倒也愈多，而發怒更多。他們無法耐心地等到天主願意的時候，賜給他們所需要的恩寵。他們的態度相反於心靈的溫良，除非經過黑夜的煉淨，不然不得痊癒。不過，有的人在渴望前進上卻耐心十足，天主多麼不願看到他們這麼有耐心！

第六章
談靈性貪吃的不成全。

❶ 關於第四個罪宗，亦即靈性的貪吃，有許多可以說的。因為幾乎沒有一個初學者，無論他的行事做為多麼好，沒有不陷入這個罪的許多毛病中的。這些毛病的由來，係因初學者從修行的神業中找到了愉悅。

因為許多人被神業中的愉悅和美味所引誘，致力於尋求心靈的愉悅，甚於心靈的純潔和明智；然而，在整個靈修道路上，天主所看重和悅納的是心靈的純潔和明智。除了尋求這些愉悅的毛病之外，這些人所體驗的甜蜜美味，也誘使他們走向極端，越過了何為德行和修成德行的界限。

因為，由於被神業中得到的美味吸引，有些人會用補贖殺死自己；有的則以守齋使身體虛弱不堪，做許多讓身體更衰弱的神業。他們既沒有得到命令，也沒有得到勸導；相反地，設法隱瞞肉身的補贖，躲避他們該在這事上服從的人。有些人甚至膽敢擅做補贖，違犯命令。

❷ 這些人是最不成全的、沒有理性的人，他們把肉身的補贖放在順服和服從之上；然而，後者才是理性和明智的補贖。為此，也是天主更悅納和喜愛的犧牲，遠超過其他

的一切。沒有服從的肉身補贖，無異於野獸的補贖。他們也就像野獸一樣，做補贖是為了其中尋獲的欲望和滿足。因為所有的極端都是不成全的，在這種情形上，這些人所做的是逞一己的私意，因此助長的是惡習，而不是德行。由於這樣的做為，至少他們會招致靈性的貪吃和驕傲，因為他們沒有走在服從的道路上。

魔鬼故意增加這些初學者的滿足和欲望，激起靈性的貪吃，催迫他們中的許多人，以致他們不能避開服從時，就對所得的命令隨意更改、增加或變變花樣。在這個事上，他們對於任何服從都感到很不愉快，有的人甚至落到這麼糟的地步，只要是服從所要求的神業，就會使他們失去修行的渴望和虔誠。因為他們唯一的渴望和滿足是隨心所欲地行事，（而非因為受命行事）㉑，可能的話，他們什麼都不做反而比較好。

❸ 你會看到，有許多人非常的固執，苦苦哀求神師，許可他們做自己喜歡的事，最後幾乎是猛力強取，得到神師的認可。如果不是這樣，當他們的心願沒有得逞時，他們傷心得如同小孩子，而且顯露出非常反感。他們認為，不許他們隨心所欲時，就是沒有事奉天主。因為他們所依靠的是滿足和私意，奉之為他們的神祇。當這些都被神師取消了，且要他們承行天主的旨意時，他們感到很悲傷、頹唐和灰心。他們認為自己的滿足和滿意，就是事奉天主和使天主滿意。

❹ 還有一些人，因著（聖體的）甜蜜美味，他們非常不認識自己的卑微和可憐，對天主的尊威應有愛的畏懼和尊敬很不在意。他們毫不遲疑，非常頑固地，要神師許可

21.「12658 號抄本」加上括號內的這句話。

他們常常領聖體。還有比這更壞的，沒有得到基督的代表和分施者的許可和勸導，他們膽敢多次去領聖體。他們一意孤行，設法對他隱瞞真相。為此之故，由於巴望領聖體，草草率率地辦告解，貪婪地去領聖體，而非懷著純潔和成全的心領聖體。如果他們懷以相反的傾向，要求神師不要讓他們常領聖體，這樣對他們會更有益，也更聖善。雖然如此，比上述二種態度更好的是謙虛的順從。至於前述的大膽態度必會招致很大的禍患，因為他們的輕舉妄動而受懲罰。

❺ 有些人在領聖體時，消磨所有的時間想得到一些感受和滿足，而非謙虛地欽崇和頌揚臨在其內的天主。他們以此態度去領聖體，如果沒有得到任何可感覺的感受，就覺得一事無成。結果，他們對天主的判斷是非常卑劣的，不明白以感官取得的至聖聖體的恩寵，乃是利益最小的。因為所賜予的最大恩寵是無形可見的。天主時常除去感官上的愉悅和美味，使靈魂能以信德的眼光專注於無形可見的恩寵上。不只在領聖體時，而且在其他的神業上，初學者渴望感覺天主和品嚐天主，彷彿天主是可領悟和可接近的。這樣的渴望是極度的不成全，且非常相反天主的本質，因為在信德上很不純潔。

❻ 他們在修行祈禱時，也犯同樣的毛病，因為他們整個的祈禱活動，就在於尋獲感官的滿足和虔敬。如同人們所說的，他們使用雙臂的力氣求取這些感受，使他們的腦袋疲憊又勞累。當他們得不到感官的滿足時，感到非常沮喪失望，自認為什麼也沒做。由於這樣的尋求，他們失去真正的虔敬和靈性，這本在於以忍耐和謙虛，恆心到底，不依

待自己，只尋求悅樂天主。為此之故，一旦他們在祈禱或其他的神業中得不到愉悅，就會感到非常厭惡，很不願意再重新祈禱或修行神業，有時索性全部放棄。總之，如同我們所說的㉒，他們活像那些小孩子，不是靠理性的引導，而是靠愉悅而行事。

他們的所有祈禱都耗費在尋求心靈的愉悅和安慰，為此，他們閱讀書籍總嫌不夠，現在默想這個主題、一會兒又默想那個，一直在天主的事上尋找愉悅。天主非常正義、明智和慈愛地拒絕給他們愉悅。因為如果祂不這樣的話，由於他們的靈性貪吃和貪求美味，必會使他們陷於無數的災禍中。因此，最好是讓這些人進入我們所指出的黑夜裡，煉淨這個幼稚的行為。

❼ 像這樣一心一意尋求美味的人，還有另一個極大的毛病，亦即行走十字架苦路時，非常鬆懈和怠惰，因為尋求美味的靈魂，自然而然地，很厭惡捨棄自我的全然之味。

❽ 由於這個靈性的貪吃，這些人還有許多其他的毛病，到時候我們的主會藉著試探、乾枯和其他的考驗來治療他們，這些全都是黑夜中的一部分。為了避免冗長，我不願在此贅述，只是說，靈性的節制和淡泊會導致另一種非常不一樣的氣質；亦即在一切事上克苦、敬畏和順服，並且明瞭，其工作的成全和價值不在於做得很多、或其中尋獲的愉悅，而在於知道從中捨棄自我。這些初學者應該盡其所能地修持棄絕自我，直到主願意淨化他們時，把他們帶進黑暗的夜裡。為了要探討這個黑暗的夜，我要很快地交代好這些不成全的毛病。

22. 見本卷第五章第一節，第一章第三節。

第七章

談論靈性的嫉妒和懶惰的毛病。

❶ 關於另外二個罪宗，亦即靈性的嫉妒和懶惰，這些初學者也有許多毛病。至論嫉妒，他們中有許多人，當看到別人有好的靈修時，往往感到心情沉重；注意到別人在神修的道路上領先時，就會有感覺上的難過。他們不願看到別人受讚美，他人的德行使他們悶悶不樂。有時候，他們不能自抑地出言反駁，盡所能地破壞這些誇獎。他們的嫉妒之情倍增，因為得不到同樣的喝采，也因為他們想要樣樣優先。

這一切都相反愛德，如聖保祿說的，**與真理同樂**（〈格林多前書〉第十三章第六節）。如果說有愛德的嫉妒，這就是聖善的嫉妒。他們之所以難過，是因為自己沒有他人具備的德行，很高興別人有，欣喜於所有的人在事奉天主的路上都領先，因為他對天主的事奉是這麼不足。

❷ 還有，關於靈性的懶惰，這些初學者通常在較有靈性的修持上覺得很無聊，並且逃之夭夭。因為這些修持和感官的愉悅背道而馳。由於他們非常習於在靈性的修持上尋求美味，當他們體驗不到時，自會感到煩悶。一旦在祈禱中得不到所喜愛的滿足（因為畢竟這是個好事，天主取去滿足是為了要考驗他們），他們就不願再回來祈禱、或者有時

溜之大吉、或心不甘情不願地來祈禱。為此，由於他們的懶惰，他們把成全的道路棄置一旁（成全的道路，亦即，為了天主棄絕自己的私意和愛好），卻以謀求個人的愛好和愉悅為優先。就這樣，他們尋求自己的滿足遠甚於尋求天主。

❸ 許多初學者願意天主渴望他們所盼望的，可是，當他們必須渴望天主的盼望時，卻感到悶悶不樂，很討厭符合天主的聖意。因此，他們往往相信，那些不是他們所要的，或沒有感到愉悅的，就不是天主的聖意；反之，當他們滿意時，相信天主也滿意。他們以自己來衡量天主，而非讓天主來衡量他們。這是非常相反主在福音中的教導：**誰若為祂的原故，喪失自己的性命，必要獲得性命，誰若願意救自己的性命，必要喪失性命**（〈瑪竇福音〉第十六章第二十五節）。

❹ 還有一些初學者，當他們受命去做些乏味的事情時，感到很厭煩。因為他們尋求靈性的滿足和愉悅，對於應有的剛毅和達到成全的勞苦，他們非常鬆懈懶散。就像那些嬌生慣養的人，他們憂悶地逃離所有的困苦難事。他們討厭十字架，然而所有的靈性歡愉全在十字架上。愈是靈性的修持，他們愈感到厭惡；因為他們力求按照自我意願的放肆和滿足，投身於靈修事物的修持。進入基督所說的生命的窄路（〈瑪竇福音〉第七章第十四節），令他們感到悶悶不樂和極度反感。

❺ 關於這些初學者處於初步階段的許多毛病，我們在此的談論已經足夠了，為的是可以看出來，多麼需要天主來把他們安置在進修者的階段；亦即把他們導入我們現在要

談的黑暗的夜裡。在那裡，藉著完全的乾枯和內在的黑暗，天主使他們斷奶，不再吸吮美味和愉悅的乳房，除掉他們所有不適當的言行和幼稚的行為。使他們以非常不同的方式獲致德行。因為，無論初學者在行為和情感上，多麼盡力地修持克苦，除非等到天主以被動的方式，經由所說的夜的煉淨，他們絕不能大功告成，其實也做不了太多的事。願天主樂於賜給我祂的神光，使我能在這個事上，說些有益於靈魂的話。因為談論和解釋這麼黑暗的夜，和這麼難的事理，真的好需要天主的光照。所以，詩句如下：

黑夜初臨

第八章

開始解釋這個黑暗的夜。

❶ 這個夜，我們說是默觀。要知道，按照人的二個部分，感官和心靈，在神修人身上，導致二種黑暗或煉淨。所以，一個夜或煉淨是感官的，靈魂的感官因此而被煉淨，使之適應於心靈。另一個夜或煉淨是心靈的，靈魂的心靈藉此而被煉淨和剝裸，使之能適應且預備好獲得和天主愛的結合。感官的夜是很普通的，發生在許多人身上；這些人是初學者，正是我們首先要談論的。心靈的夜則非常少有，這些人已經受過考驗，且是

進修者，後來我們會加以談論的㉓。

❷第一個煉淨或夜，對於感官是很苦和可怕的，如現在我們要說的。第二個夜則是無可比擬，因為對心靈而言，是恐怖和驚駭的，如我們後來要說的。因為按順序來說，感官之夜是第一個夜，也是首先發生的，我們先要簡略地談談，因為這些是比較普通的事，且可以得到較多這些方面的著作。接下來則要詳細地談論心靈的夜，因為這些幾乎少有談及的，無論是實際講道或著書論述，甚至連親身體驗都非常少有。

❸那麼由於在走向天主的道路上，這些初學者的作風是卑劣的，非常接近自愛和享受愉悅，如上述解釋的㉔，天主願意帶領他們前進，除掉他們這種愛的卑劣方式，達到愛天主的更高等級，解放他們在感官和推理默想上卑劣的修持。如我們所說的，他們用這麼有限，這麼不適當的方式去尋找天主；所以，天主把他們放進心靈的修持中，因此而能更豐盛地，也更少毛病地和天主親密交往。天主這樣行事，是當靈魂在德行的道路上自我修持，且持續了一段時日、恆心於默想和祈禱之後。因為藉著在祈禱中所得的愉悅和美味，使他們超脫世物，且在天主內獲得一些靈性的力量。這力量多少幫助他們克制對世物的欲望；藉此，他們能夠為了天主忍受一點重擔和乾枯，不致回頭向後㉕。正是在這美好的時光中，修持神業時充滿愉悅和美味，他們認為神性恩惠的陽光照耀得最明亮時，天主使一切的光明變成黑暗，關閉門戶，封鎖甜蜜靈水的湧流，本來他們隨時，只要願意，都可以在天主內品嚐到的。因為他們還是柔弱和嬌嫩的，沒有門戶是對他們關

23. 聖十字若望在此所解說的，和《攀登加爾默羅山》第一卷第一章第二至三節一致。感官的被動之夜是從初學到進修階段的過渡標記；心靈的被動之夜，是從進修到成全的過渡標記。
24. 即第一至第七章。

閉的。如同聖若望在〈默示錄〉中說的（第三章第八節）。這樣，天主把他們留在如此的黑暗中，他們不知道感官的想像和推理要走向何方？他們在默想上寸步難行，不能像過去習慣地那樣默想，現在內在的感官已淹沒在這個夜裡。天主把他們留在如此的乾枯中，他們不只無法從神業和善工中得到美味和滿足，如同先前一般，得到愉悅和美味，而且，取而代之的，在所說的那些事上，他們得到的反而是無味和苦澀。如我說的[26]，當天主覺得他們已經有點長大時，為了使他們強壯有力，遂解開襁褓，讓他們離開甜蜜的胸懷，把他們從雙臂上放下來，好能習慣用自己的腳走路。他們對這一切極感驚奇，因為一切都轉變成相反的一面。

❹ 這些通常發生於收心的初學者，他們比其他人更快經驗到。因為他們比較沒有轉身後退的危險，也比較快整頓好對世物的欲望，而這正是進入這個幸福的感官之夜必須具備的。通常，在度過靈修生活的初步階段後不久，這些初學者就會開始進入這個感官的夜。他們中大多數的人都進入了這個夜，因為通常會看到他們陷於乾枯之中。

❺ 至論這個感官的煉淨方式，由於這是很普遍的，在此我們能夠引用大量的《聖經》經文，我們發現整部《聖經》中，尤其是〈聖詠集〉和〈先知書〉，可以找到許多引文。然而，我不願在此費時地引用經句，因為在這裡，最卓越的並非查閱《聖經》，誰若有這個夜的普通經驗也就已夠了。

25. 這是說，在罪根和毛病上的淨化不夠，沒有預備好讓天主把一個人導入被動的夜裡，這必須達到相當程度的成熟和剛毅，為能忍受那樣的磨難，而不致回頭向後退。參閱《愛的活焰》第二章第二十七至三十節。

26. 第一章和第二章。

第九章

談論神修人走在這個感官的夜與煉淨的道路上，其辨識的記號。

❶ 但是，因為這些乾枯多次可能不是來自感官欲望上的夜和煉淨，而是來自罪過和不成全、或怠惰和冷淡、或不好的情緒（bad humor）[27]、或身體的失調。我要在此列舉幾個記號，用以分辨這乾枯是否來自這個煉淨，或者來自其他的毛病之一[28]。

❷ 第一個記號是，由於這些靈魂無法從天主的事得到愉悅和安慰，從受造物他們也得不到什麼。因為天主把靈魂放在這個黑暗的夜裡，為的是要乾涸和煉淨感官的欲望。天主不讓靈魂在任何事上動心和找到愉悅。藉著這個記號，靈魂能夠大概地分辨出來，這個乾枯和乏味不是來自新犯的罪過和不成全。因為，如果這樣的話，在感官部分會感覺到一些本性的傾向或願望，想尋求天主事物之外的滿足。而且，當靈魂願意放縱欲望於某個毛病時，會立即感受到對那毛病的傾向；而毛病之多寡，則視對毛病的喜歡和愛戀的程度而定。

然而，因為缺乏對上天下地之物的興趣，可能來自一些不適和憂鬱症。這往往使人對什麼都興味索然，所以必須有第二個記號或條件。

❸ 第二個記號是，一個人可能自認為經驗到所謂的煉獄，記憶通常專注於天主，懷

27. Bad huomr：原文是 mal humor，略似現代人所謂的內分泌失調，引起的情緒問題，如憂鬱症。
28. 三個記號中有二個論及消極的經驗：在情感方面感到乾枯和乏味，對於所有的默想和推理方式感到無能為力和沒有興趣。第三個是積極的：痛苦地關心和憂慮是否好好事奉天主。這清楚地顯示出，超性生命的活動在此不眠地工作著。

著痛苦的關心和憂慮。靈魂自認為沒有好好事奉天主，而且又向後退步，因為覺察到在天主的事上這樣的乏味。由此顯然可見，這個乏味和乾枯不是來自鬆懈和冷淡；因為一個不熱心的人，對天主的事不會很留意，也不會有內在的操心。

因此，乾枯和冷淡之間有個顯著的差異。因為一個冷淡的人，在其意志和心神上是很鬆懈和散漫的，對於事奉天主也毫不在意。至於純煉淨的乾枯，如我所說的，通常伴隨著憂慮和痛苦的關心，恐怕沒有事奉天主。儘管有的時候，這個乾枯可能因憂鬱症或其他體質的影響，就像多次發生的，也不會因此而不在其欲望上產生煉淨的效果；亦即所有的滿足被剝除淨盡，唯獨關心著天主。因為，如果純粹是體質的緣故，最後的結果只是乏味，且傷害其本性，而沒有因煉淨的乾枯而來的事奉天主的這些渴望。雖然如此，靈魂感官部分的活動仍是很低沉、遲鈍和虛弱，因為感官從中得到的滿足很少，而心神則是敏捷和強壯的。（參閱〈瑪竇福音〉第二十六章第四十一節）

❹ 這個乾枯的理由是，因為天主把感官的恩惠和力量轉為心靈的。由於感官和本性的能力無法承受之故，因而存留在斷絕享樂、乾枯和空虛之中。因為感官的部分沒有能力接受純心靈的事物，所以心靈所享受的美味，身體則感到索然乏味，致使工作鬆懈懶散[29]。不過，心靈卻得到滋養，變得更強壯和更警覺，比從前更勤勉，小心不要辜負天主。如果剛開始時靈魂體驗不到心靈的滿足和愉悅，反而是乾枯和乏味，這是因為在此轉變時期的新奇經驗。因為靈魂的味覺仍習慣於那些感官的美味，仍然把眼睛盯在這

29. 參閱《攀登加爾默羅山》第二卷第十七章第五節的註解。

上面，也因為心靈的味覺尚未煉淨，還不能適應如此靈巧的美味。除非等到這個乾枯和黑暗之夜逐步預備好，否則靈魂不能體驗心靈的美味和恩惠。靈魂所感受的是乾枯和乏味，失去了先前那麼容易享有的滿足。

❺ 因為天主開始帶領進入曠野獨居的這些人，相似以色列子民。在曠野裡，天主立即從**天上給他們降下現成的食糧，具有各種美味**，如同那裡所說的（〈智慧書〉第十六章第二十至二十一節），「**適合各人的口味**」。然而他們卻貪求過去在埃及吃的鮮肉和洋蔥的美味，他們的胃口更習慣和偏愛那些，甚於愛天糧瑪納的甜蜜美味。所以在這些天糧當中，他們哭泣嘆息，要求吃鮮肉（〈戶籍紀〉第十一章第四至六節）。我們的欲望何等卑賤，竟致哭求渴望我們的卑劣食物，厭煩難得的天上美物。

❻ 不過，如我所說的，當這些乾枯來自煉淨感官欲望的生活[30]時，雖然開始時心靈沒有感受到美味，這是因為方才所講的那些理由，不過卻感受到工作的剛毅和活力，來自內在食糧的實體。這食糧是開始使感官黑暗和乾枯的默觀。通常這個默觀對領受的人來說，是隱藏和祕密的；而且導致感官的乾枯和空虛，賦予靈魂一個傾向，情願獨處和寧靜，不能想特別的事，也不願想。

所以如果有發生這樣現象的人，他們要知道如何保持寧靜，不去理會任何內在和外在的工作，也不憂慮此時什麼也沒有做。在此了無牽掛和悠閒之中，他們會立即微妙地體驗到這內在的小吃[31]。這個內在的小吃非常微妙，通常，如果靈魂執意和認真地要有此

30. 生活：原文 vida，寫於「3446 號抄本」和「328a 號抄本」，而首版本則為道路：via。
31. 小吃的原文是 refección，意思是小吃或便餐，就是指現成好吃的東西。

感受，這是行不通的。因為如我說的，當靈魂處於最悠閒和了無牽掛時，這個默觀才會運作。這就好像空氣一般，若要用手握住空氣，則完全溜逝。

❼ 由此可見，我們能明白新郎在〈雅歌〉中對新娘說的話：**轉過妳的眼去，不要看我，因為妳的眼使我迷亂**（第六章第四節）。天主以非常不同的道路引導靈魂，把他安置在這個境界中。如果靈魂想要用自己的官能工作，反而會阻礙天主所進行的工作，而非幫助。這和先前的一切非常相反。

理由是因為已經處於默觀的境界。亦即當靈魂離開了推理默想，進入了進修者的境界，是天主在靈魂內的工作。因此，天主約束了內在的官能，不讓理智有所依靠，也不使意志有什麼喜愛，記憶也無法推想。因為，在這個時候，靈魂使用自己能力的工作是沒有用的，如我們所說的，反而會妨礙內在的平安和工作。這是天主藉著感官的乾枯在心靈內所做的事。因為這個平安是靈性和微妙的，其果實是寧靜、柔巧、獨居[32]、滿足和平安，這與初學者其他一切的滿足非常不同。那些是很可觸知的，也是可以感受的。這就是達味所說的，天主在人的靈魂內說話，使他成為屬靈的（〈聖詠〉第八十四篇第九節）。這裡接下來要談的是第三個記號。

❽ 分辨這個感官煉淨的第三個記號，是不能使用內在的感官作默想或推理，如同過去一樣習以為常，雖然他已經盡了力。因為，天主在此開始親自通傳，不是經由感官，如同先前那樣，藉著推理來綜合和分析觀念；而是經由純心靈。其中毫無連續性的推

32. 獨居，「328a 號抄本」是 solitario；「3446 號抄本」則為關心，solícita。我們選擇「獨居」，似乎比較符合上下文意，雖然在第二個記號中，聖人也提到「乾枯煉淨」中特有的關心 solicitud，這是用以和冷淡作很好的區別。

理，藉著單純的默觀行動通傳給靈魂。靈魂低層部分的內在和外在感官都不能獲致這個默觀。在這裡，想像力和幻覺不能依靠任何的思想念慮，在其中也找不到可以立足向前的支持。

❾ 從第三個記號可以辨識出，這個感官不滿足的阻礙不是來自任何不好的情緒。因為如果是這樣，來自剛剛所說的情緒，那麼，靈魂只要用點心力，還是能夠再做從前的動作，從官能找到依靠。可是，在欲望的煉淨中則非如此；因為，在開始進入這個煉淨時，常常持續地不能用官能作推理默想。雖然，這是真的，有些初學者開始進入時，有時並非如此地持續，以致常被除去感官的滿足和推理默想。因為，很可能由於他們的虛弱，不宜於一下子就斷奶。總之，如果他們向前邁進，往往會更深入煉淨，並終止感官的工作。因為那些不是走在默想道路上的人，他們的作風是很不一樣的。這個感官上的乾枯之夜，在他們身上並非如此的持續，雖然有時有，但有時卻沒有。再者，雖然有時不能推理默想，但有時卻可以。天主把他們放在這個夜裡，只是為了要磨練和貶抑他們，整頓他們的欲望；因為不要他們在靈性的事物上培養有害的貪戀，但卻沒有要帶領他們達到靈性生命，亦即「默觀」——因為，所有決心在靈修道路上修行的人，天主並沒有把他們全都帶入默觀，甚至是不到一半的人。理由何在？天主知道——因此，對於這些人，天主從未使他們的感官徹底斷奶，離開思想念慮和推理默想的胸懷，除了某些短暫的時期外，如同我們已說過的。

第十章
談論在這黑暗的夜裡，這些人必須有的修持。

❶ 處在這感官之夜的黑暗時期中——如我們上面所說的，天主親自轉變，把靈魂從感官的生命帶進靈性的生命，亦即從默想到默觀。那時，靈魂無法用他的官能在天主的事上做什麼，也不能默想。如同我們一再說的——這些神修人，在此黑夜中，忍受極大的痛苦，倒不是因為所忍受的乾枯，而是由於他們疑懼迷失了道路。他們認為所有的美好靈修都完了，天主已經捨棄他們，因為在這些好事中，他們找不到任何意義，也得不到滿足。因此，他們很疲憊，力求找到一些依靠，如同他們習以為常的，在一個默想的主題上，全神貫注地尋找一些滿足。他們自認為，如果沒有這樣，也沒有體驗到所做的默想，就是一事無成。他們這樣的做為，不會沒有內在極度的沮喪和反感，因為他們更喜歡留在寧靜和悠閒中，不必使用感官工作。

如此，他們破壞了天主的工作，自己也沒有得到益處，由於尋求靈性，而失去使他們寧靜和平安的靈性。所以，他們就好像擱下已經完成的工作，為了要再重新做，或像離開某個城市，為了要再進城、或者也像放下獵物，再去追趕獵物。這在靈魂方面是沒有用的，因為已不再受惠於先前的默想方式，如同我一再說明的。

❷ 在此時期，如果沒有人瞭解這些人，他們要不是轉身後退，放棄所走的道路，喪失勇氣，至少就是，會阻礙自己的向前進步。因為他們非常勤奮地走在默想和推理的路上，在本性上疲憊不堪，工作過度，他們想像自己的處境是由於疏忽和罪過。這些對他們都是沒有用的，因為天主已經帶領他們走另一條路；亦即默觀之路，和先前的極不相同。因為一條是默想和推理的道路，另一條則不在想像和推理之內。

❸ 凡處於此境的人應該很有安慰，且堅心忍耐[33]，不要憂苦。他們要信賴天主，祂不會離棄以純樸和正直的心尋求祂的人，在這條路上，也不會不賜予所需要的。直到把他們帶入愛的明亮和純潔的光中，藉著心靈的黑暗之夜，天主會賜給他們這光，如果他們堪當天主把他們安置於其中。

❹ 在此感官之夜，必須有的修持是完全不要做推理和默想，因為這不是如此行事的時候，而是要讓靈魂留在安息和寧靜中。即使他們清楚地覺得自己什麼也沒有做，浪費時間，甚至以為由於他們的鬆懈，導致不願意想什麼。事實上，當他們忍耐地恆心於祈禱，而不做什麼時，他們已經做了很多。在這裡，他們唯一必須做的是讓靈魂自由，不使所有的觀念和思想來阻礙靈魂，致使靈魂疲憊，在此不要注意他們的思想和默想。他們要唯獨滿足於以愛和平安注視天主，他們必須處於不操心，不求功效，不願品嚐或感覺到天主。因為這一切的尋求都使靈魂不安和分心，以致失去這裡所賜予的默觀的安息寧靜和甜蜜悠閒。

33. 此時不宜給予勸告或作推理默想。聖十字若望只限於提出樸實和適宜的準則，重點是：信賴天主，在這條路上祂不會不賜予所需要的。在他一封充滿友情和靈性的信中（《信》第十九封），聖人給予相同的指導，只不過更廣泛和更理性。

❺ 雖然出現了更多的疑慮，感到正在浪費時間，最好去做點別的事，因為在祈禱時，不能做什麼，也不能想什麼，靈魂仍然要忍耐，並保持寧靜安息，彷彿來祈禱無非就是使人怡悅和心神悠閒。因為，如果想用內在的感官做點什麼事，也必會妨礙和失去天主的恩惠。這是藉著靈魂的平安和悠閒，天主安置並刻畫在其靈魂上的恩惠。這就好像畫家要繪畫或修飾一個面容，如果這個面孔扭動著要做別的事，這個畫家必定什麼也不能做，而且擾亂了他的作畫。所以，同樣地，當靈魂想留在內在的平安和悠閒中時，他那時若是想要有任何的動作、情感或留意，必會使他分心和不安寧，因而體驗到感官的乾枯和空虛。因為他愈尋求得到情感和觀念的支持，則愈感到缺乏，因為這是不能經由感官而補充的。

❻ 靈魂在此最好不要在意失去他的官能作用，反而要更喜歡快點失去。因為，這樣才不會阻礙天主賜予的灌注默觀的作用，使之能更平安多量地領受，導致他的心靈點燃和焚燒起愛，此乃碰觸和通傳給靈魂的黑暗和祕密的默觀。因為默觀無非就是從天主來的，一種祕密、平安和愛的灌注，如果有此默觀，靈魂會在愛的心靈內燃燒起來，於是靈魂在以下的詩句中暗示[34]這事，亦即：

懸念殷殷，灼燃愛情，

34. 本節中，聖十字若望首次使用「灌注的默觀」這個語詞。「灌注」、「超性」、「被動」這三個語詞的用法很近似。在此，他給「灌注的默觀」下定義。至於灌注的默觀在靈魂內產生的效果，他使用其的語詞，如煉淨、光照和結合。

第十一章

說明詩節的三行詩句。

❶ 雖然剛開始時，通常不會感受到燃燒的愛火，因為尚未開始著火。這是由於本性的不純潔、或者因為靈魂不瞭解，而沒有預備好平安的地方來領受。如我已說過的，雖然有時，無論情況如何，靈魂會即刻感到某種對天主的殷殷懸念，火勢愈旺，靈魂愈愛天主，也愈在天主的愛內燃燒，不知道、也不瞭解，那靈巧的愛和情感如何或從何產生的，只不過有時看到這火焰和燃燒熾烈到如此的地步，充滿愛的殷殷懸念，渴望著天主。正如達味處於這個夜中，用以下的話來說他自己：**因為我的心被焚燒；**亦即處在默觀的愛內，**我的肺腑也已轉變**。亦即我感官情感的欲望，已從感官生命轉變為靈性生命。這就是我們所說的一切的乾枯和斷絕；還有，他說，**我被化為烏有，也被滅絕，但我卻一無所知**（〈聖詠〉第七十二篇第二十一節至二十二節）。因為，正如我們所說的[35]，靈魂不知道要往何處去，對於上天下地過去曾使他滿足的一切，靈魂看到自己在這一切內已被滅絕，而且他只看到自己傾心迷戀，卻不知其所以然和為何如此。因為在心靈內愛的燃燒，有時更加熾烈。靈魂對天主的殷切渴慕變得如此強烈，好似他的骨頭在渴望中乾枯了，他的本性枯萎，由於這愛的渴望是活生生的，他的活力和力量因此而遭毀

35. 見第十章。

損，因為靈魂感到這個愛的渴望是活的。達味也有此體驗，他說：**我的靈魂渴慕生活的天主**（〈聖詠〉第四十一篇第三節）。這彷彿是說，我的靈魂所體驗的渴望是生活的。由於這個渴望是活生生的，我們能說，這渴望是致人於死的。不過，要注意的是，這樣猛烈的渴望並非持續，而只是有時會體驗到；雖然靈魂通常習慣性地感到某些渴望。

❷ 然而，必須注意的是，正如這裡開始說的，初學者起初沒有感受到這個愛，所覺察的是我們所說的乾枯和空虛；那麼，這個愛後來才會灼燃，靈魂反而處在官能的乾枯和空虛之中，懷著對天主的經常憂慮和關心，感到痛苦和疑懼，害怕沒有事奉天主。這是極其悅樂天主的祭獻，看到靈魂為了愛祂而心神哀傷和掛心。

這祕密的默觀在靈魂內導致這樣的憂慮和掛心，直到藉著把靈魂置於乾枯之中，稍微淨化其感官，亦即淨化其感官部分的本性力量和情感，這時候，才會在其心靈點燃這神性的愛。總之，在那時，就像一個人正在進行治療，在此黑暗又乾枯的欲望煉淨中，一切都是痛苦的。靈魂的許多不成全得以痊癒，並獲得許多的德行，因而使之能容納我所說的愛，如同現在接下來的詩句所要說的：

啊！幸福好運！

❸ 天主把靈魂放在這個感官的夜裡，目的是淨化其低層的感官部分，使之適應、順服，且和心靈的部分合一，導致推理默想的中斷，使之處於黑暗中。最後是淨化心靈，

為使它和天主結合，如同後來要說明的，天主把靈魂放在心靈的夜裡，靈魂得到許多益處㊱，雖然有時這對靈魂來說並非顯然可見的。靈魂認為離開了低層感官部分的圈套和磨難，達到上述的這個夜，是幸福的幸運，所以現在的詩句說：**啊！幸福好運！**

關於這事，我們該在此指明，靈魂在這個夜裡所得到的益處。因為由於它們，靈魂說，經過這一切是非常幸運的。所有這一切的益處都包括在以下的詩句，亦即：

我已離去，無人留意，

❹ 這個離去暗示著，在尋找天主時，由於靈魂必須屈服於感官，這低層部分的作用是如此的虛弱、有限和易於犯錯，每走一步就會被無數的不成全和無知絆倒，如同前述的七罪宗所指出來的㊲。這個夜使靈魂從這些罪宗得到解放，熄滅所有對上天下地的滿足，並使所有的推理默想陷於黑暗，在獲得德行上，使之蒙受無數的恩惠，如同我們現在所要說的。對於走上這條路的人來說，這是多麼愉悅，且又令人深感安慰的事，看到像這樣，靈魂認為崎嶇不平又相逆的事，而且那麼相反靈性的愉悅，卻能從中產生如此之多愛的恩惠。

獲得這些恩惠，如我們說的，是經由這個夜，靈魂離開對所有受造物的情感和作用，走向永恆的事物，這是極大的幸福和好運。其一，因為最大的福分是熄滅對一切事物的欲望和情感；其二，因為很少人忍受痛苦且恆心地進入**這個窄門**。因為**這是導向生**

36. 這裡開始敘述被動感官之夜的果實，這是個新的主題，形成本卷的第三個小部分。第十一章的結尾處大概地介紹這個主題，十二章陳述根本的果實，亦即認識自己和認識天主。到了十三章，述說這些特別的益處，確定在每個相反七罪宗的德行上。

37. 見第二至七章。

命的窄路，如同我們的救主說的（〈瑪竇福音〉第七章第十四節）。因為這個窄門就是感官之夜，為了要進入其中，靈魂被掠奪和剝裸，連接在信德上[38]。就是說，信德不同於所有的感官，為使他後來能走上窄路，亦即另一個心靈之夜，靈魂後來能以單純的信德走向天主，因為單純的信德是靈魂和天主結合的方法。由於這條路是如此狹窄、黑暗和可怕，很少人走上這條路，其黑暗和煎熬不是感官之夜可與之相比的。如同我們將會說明。然而，這個夜的益處，也遠非感官之夜能相比的。

現在我們要說點有關感官之夜的益處，為了繼續前進解釋另一個夜，在此我們將儘可能地簡潔。

第十二章

談論這個夜在靈魂內導致的益處。

❶ 這個欲望的夜和煉淨，對靈魂而言是很幸福的，帶給他如此之多的福分和利益——雖然，如我們已說過的，靈魂先前覺得這些都失去了——這就好像亞巴郎在兒子依撒格斷乳時，為他擺了盛宴（〈創世紀〉第二十一章第八節）。天堂上歡欣喜樂，因為現在天主已經脫去了靈魂的襁褓，從雙臂放下他來，讓他用自己的腳走路，同時也給他斷

38. 首版本：「被信德引導」，有的抄本：「建立在信德上」。

乳，拿走嬰兒吃的柔軟和甜蜜的食物，讓他吃硬皮的麵包，靈魂開始享用堅硬的食物。在此感官的乾枯和黑暗中，這個食物開始賜給心靈。這食物就是使所有感官的美味枯燥和空虛，也就是我們所說的「灌注的默觀[39]」。

❷ 這個枯燥和黑暗的默觀之夜導致的第一個和主要的益處是：認識自己和自己的可憐。通常，天主給予靈魂的一切恩惠都包裹在這個認識內。除此之外，這些感官的乾枯和空虛取代了先前的豐富體驗，靈魂在修德行善時遭遇的困境，使他認識自己的卑微和可憐，這是在他順利成功時顯露不出來的。

關於這事，在〈出谷紀〉中有個很好的描述。天主願意貶抑以色列子民，讓他們認識自己，遂命令他們卸下慶節的外衣和裝飾品，這通常是他們在曠野中穿戴的。天主說：**從現在起，你們要卸下慶節的裝飾品，穿上日常的工作服，好使你們知道你們所應得的對待**（〈出谷紀〉第三十三章第五節）。這好似說，由於你們所穿的衣服，是歡度慶節和喜樂的，這樣的情況，使你們沒有感受到自己實際的卑微，把它們卸下，使你們看到自己衣服的卑汙，認識你們不堪當得到更多，同時知道你們是誰。

因此靈魂認識了他可憐的真相，先前他對此是無知的。因為當他有如行走在慶節中，在天主內得到許多愉悅、安慰和依靠，他更加滿足和滿意，自認為多少事奉了天主。雖然這個事奉天主的觀念並非明顯地在意識裡，由於從神業的愉悅中取得的滿足，至少有些這樣的概念深藏在他內。現在靈魂已穿上其他的工作服，乾枯又無依無靠，先

39. 見第十章第六節。

前的光明變為黑暗。在此卓越和必須有的德行——認識自我——中，他擁有更真實的光明，他自視虛無，對自己感到毫無滿足之處，因為他知道，憑自己既做不了什麼，也不能做什麼。

像這樣很少有自我的滿意，且因為沒有事奉天主而感到憂苦無慰，使天主更加珍視，遠超過先前靈魂所有的一切事工和愉悅。無論那些事工可能如何好，全是使人陷於許多不成全和無知的機會。從這乾枯的外衣所得的益處，除了上述我們所說的之外，還有現在我們要說的和其他更多的益處；因為它們從自我認識中流溢出來，有如流自泉源。

❸ 第一，導致靈魂和天主交往時更謙恭和更有禮貌，這是和至高者天主交往時經常必須有的態度。這是處在滿足和安慰的順境中所沒有的。由於所感受的愉悅滿足，使他對天主的欲望過於傲慢和無禮，且不謹慎。正如在梅瑟身上所發生的，當他聽見天主對他說話時，那愉悅和欲望使他盲目。若非天主命令他停止和脫去鞋子，沒有多加思索，他膽敢靠近天主（〈出谷紀〉第三章第四至五節）。這個例子指示出，在與天主交往時，必須懷有尊敬和慎重，剝除欲望。因此，當梅瑟服從命令時，他是如此的謹慎和小心。《聖經》上說，**他不只不敢靠近，甚至也不敢前去觀看**（〈出谷紀〉第三章第六節；〈宗徒大事錄〉第七章第三十二節）。因為脫下欲望和滿足的鞋子，靈魂完全認清自己在天主面前的可憐，因為這樣才是聆聽天主話語的合適態度。

同樣，天主為準備約伯和祂談話所做的安排，不是在享有愉悅和光榮之中。亦即約伯說的，在他的天主面前所常享有的（〈約伯傳〉第一章第一至八節），而是在他赤身露體，**坐在糞堆上時，被他的朋友們捨棄，甚至迫害，充滿了憂悶和痛苦，遍地是蛆蟲**（〈約伯傳〉第二章第八節；三十章第十七節至十八節）。那時，**從糞土中舉揚窮苦人**（〈聖詠〉第一一三篇第七節）的至高者天主樂於降來，和他面對面地談話，且顯示祂智慧的崇高深奧和偉大。這是先前約伯處於榮華時，天主從未做過的事（〈約伯傳〉第三十八章至四十二章）。

❹ 因此，我們應該在此指出另一個卓越的益處，此乃來自這個夜和感官欲望的乾枯，現在我們已到了談論此事的時候了。亦即，在這個欲望的黑夜裡——由於應驗了先知所說的話：**祢的光明要在黑暗中照耀**（〈依撒意亞〉第五十八章第十節）——天主要光照靈魂，不只使他認識自己的可憐卑劣，而且也認識天主的尊威卓絕。因為除此之外，當感官的欲望、滿足和依靠熄滅時，理智得以純潔和自由地去理解真理——因為感官的滿足和欲望，即使在有關靈性的事物上，仍然會阻礙心靈，使之目眩——同樣，感官的窘迫和乾枯光照並振奮理智，如依撒意亞說的：**嘲弄使人明瞭**（〈依撒意亞〉第二十八章第二十二節）。然而，天主仍然藉此默觀的黑暗和乾枯之夜，超性地教導靈魂祂的神性智慧。這靈魂已是空虛和除掉障礙的，此乃為得到天主神性湧流必須有的條件，當靈魂處在先前的愉悅和滿足時，天主是不會這樣做的。

❺ 依撒意亞清楚地解釋這事說：**天主要將智識授給誰呢？向誰解釋啟示呢？是向**

方才斷奶和剛離開母懷的嬰兒嗎？（〈依撒意亞〉第二十八章第九節）這段經文說明了預備這神性的湧流，不是先前甜蜜的靈性奶水、也不是依靠靈魂享受的感覺官能愉悅推理的乳房，而是缺乏這個，除掉依靠那個。

為了要聽到天主，靈魂應該穩穩站立，不依靠情感和感官，就像先知親自說的：**我要立在我的守望台上**，亦即脫離欲望，**我要腳步堅定**，亦即我不要以感覺官能作默想推理，**為能默觀**，就是說瞭解，**天主對我所說的話**（〈哈巴谷〉第二章第一節）。

我們由此可見，自我認識首先來自這乾枯的夜，這個自我認識有如泉源，從中湧出其他對天主的認識。所以，聖奧斯定對天主說：主啊！請讓我認識我自己，那麼，我就會認識祢[40]。正如哲學家所說的，由一個極端熟識另一個極端[41]。

❻ 為了更清楚徹底地證實這感官之夜的有效性，由於夜的乾枯和乏味，如同我們說的，使靈魂從中得到天主的光明。我們要引述達味在《聖經》中的話，他清楚地說明這夜的很大德能，賦予靈魂對天主的崇高認識。他說：**在沙漠之地，沒有水，乾旱涸竭，沒有道路，我出現在祢面前，想要看到祢的威能和祢的榮光**（〈聖詠〉第六十二篇第三節）。

達味在此的教導是很美好的，他說認識天主的光榮，其準備和方法不在於他已得到的許多靈性的愉悅和滿足，而在於**乾旱沙漠之地**所指示的感官的乾枯和超脫。還有另一個美好的教導，他說感受和看到天主德能的道路，不在於神性的觀念和推理，而在於他

40.《獨白》*Soliloq.*，lib.2，c.1-PL32，885
41. 來自哲學家的格言：*Contrariorum eadem est ratio*。

無法形成任何對天主的觀念、或行走在由想像思慮產生的推理默想中，這就是沒有道路在此指示的含意。

所以，達到認識天主和自我的方法是這個黑暗的夜，及其乾枯和空虛。雖然這個認識不如另一個心靈之夜那樣豐盈和圓滿，因為這認識有如另一個的基礎[42]。

❼ 在此欲望之夜的乾枯和空虛中，靈魂也得到心靈的謙虛，這個德行相反第一個罪宗，亦即我們所說的靈性的驕傲。藉著上述的自我認識而獲得的謙虛，煉淨所有驕傲罪宗上的不成全，這是他在諸事順遂時所犯的過失。因為他那麼清楚自己的乾枯和可憐，連自視比別人更進步或更優越的想法都不會出現在起心動念時，如同先前所想的；相反的，他已了解別人總是更好的。

❽ 從這個謙虛生出對近人的愛，因為他會尊敬他們，也不會判斷他們。如同他先前常做的，那時他看自己熱心非凡，而看別人則非如此。

這人只知道自己的可憐，且把這事常放在自己眼前，時刻不忘，竟然沒有機會去注視任何人的做為。當達味處於這個夜時，以美妙的言詞表達出靈魂的處境：**我啞口無言，謙卑自下，我對善事保持緘默，我的痛苦不斷更新**（〈聖詠〉第三十八篇第三節）。他說這事，是因為自認為他靈魂的幸福已經告終；他不但不能說，也無話可說，而且他對自己的鄰人也緘默無言，且由於認識自己的可憐而感到痛苦。

❾ 這些人在靈修的道路上，也會變得順服和服從。由於深知自己的可憐，他們不只

42. 在此結論一般的益處，理當也結束第十二章。以下 7-9 節三段所談論的是特別的果實，本該和第十三章合併，形成談論其餘德行的另一單元。最初的編輯者在畫分章節時，在此犯了一個錯誤。

聽從別人的教導，甚至渴望被人指導，告訴他們應該如何行事為人。在他事事順利時，有時會有情感上的矜誇自負，現在也消逝了。到了最後，當他們繼續在此路上前進，我們在此指出的關於第一罪宗，亦即靈性的驕傲，這方面所有的不成全都會被掃除盡淨。

第十三章

繼談感官之夜的其他益處。

❶ 關於靈性貪慾上的不成全，即貪求各式各樣的靈性事物，靈魂懷著貪求從神業中得到的欲望和愉悅，從未滿足於這個或那個修持。現在處於這個乾枯和黑暗的夜裡，靈魂被徹底地革新了。因為靈魂得不到先前在靈性修持上的愉悅和美味，反而從中得到乏味和艱辛，所以使用時相當有節制。現在可能失之不及，不像先前那樣失之過於；雖然如此，對那被天主放在這個夜裡的人，天主通常賜給他們謙虛和敏捷，即使感到乏味，仍然只為天主之故去完成被命令的事，由於從中得不到愉悅，他們在許多事上變得很超脫。

❷ 至於靈性的情慾也是顯然可見的，由於靈魂在靈性的事物上體驗到感官的乾枯和乏味，靈魂從我們所指明的不純潔中得到釋放。因為我們說，它們通常是從心靈的愉悅

流溢到感官的。

❸ 然而，靈魂獲釋於這黑暗之夜的第四個罪宗，亦即靈性的貪吃。這前面已有說明，雖然在那裡並沒有完全列舉，這是因為多得不勝枚舉，所以我不再贅述。因為我願結束談論這個夜，為能進入到另一個夜，其中我們有很重要的言論和道理。

為了明瞭關於靈性貪吃的罪宗，靈魂在這個夜所得到的無數益處，我們說靈魂從所列舉的所有毛病，也從其他許多和更重大的罪惡和醜陋可憎的事中得到釋放。如我說的，這些上文並未一一列舉，有許多人陷於其中，如我們從經驗中獲知的，這是由於他們沒有在靈性的美味上整頓他們的欲望。

因為天主把靈魂放在這個乾枯和黑暗的夜裡，使靈魂如此地克制強烈的情慾（concupiscence）且壓制欲望（appetite）㊸，致使上天下地任何感官事物的愉悅和美味都不能使他飽飫。天主繼續不斷這樣地煉淨，使靈魂順服，重整且克制他的貪慾和欲望。結果，情緒和強烈的情慾失去力量，成為荒蕪的，得不到任何滿足，就好像習慣不從乳房吸奶，奶水自會乾涸。

一旦靈魂的欲望枯乾，藉此靈性的節制，除了所說的益處外，靈魂還會獲得許多美好的益處。因為欲望和強烈慾情都已熄滅，靈魂生活在靈性的平安和寧靜中。在那沒有欲望和強烈慾情駕馭之處，就不會有擾亂不安，而只有天主的平安和安慰。

❹ 隨之而來的第二個益處：在靈修的道路上，靈魂常常記得天主，並懷著戰戰兢兢

43. 強烈的情慾（*Concupiscencia* ／ Concupiscence）：指的是肉身方面強烈的情慾；欲望（*apetito* ／ appetite）：指的是對一切的欲求。

之情，害怕後退。如我們說的，這乃是個很大的益處；但在欲望的乾枯和煉淨中，這絕不是個最小的益處。因為靈魂得到淨化，那些不成全都已清除，那些不成全是經由欲望和情感使靈魂執迷，它們使靈魂遲鈍和迷糊。

❺ 在這個夜裡帶給靈魂另一個非常大的益處，亦即同時修持所有的德行。例如，在忍耐和恆毅方面，當靈魂處於空虛和乾枯時，沒有安慰和愉悅，仍能忍受且恆心於好好地修持神業。靈魂修行天主的愛德時，已不再受工作中所得的可口和誘人的美味所主導，而是唯獨為了天主。在此也修持剛毅的德行，因為在這些由工作所導致的艱辛和乏味，靈魂從虛弱中獲得力量，因此而變得強壯有力。最後，在這些乾枯中，靈魂在身體和心靈上修持所有的德行：三超德、四樞德和倫理道德。

❻ 在這個夜裡，靈魂得到我們所說的四個益處，亦即：平安的愉悅、時時記憶和關懷天主、靈魂的潔淨和單純，以及我們方才說的修持所有的德行。達味是這樣說的，他在這個夜裡經驗到相同的處境。他說：**我的靈魂拒絕受安慰，我懷念天主而得到安慰，且修持自我，我的心神衰弱無力**（〈聖詠〉第七十六篇第三至四節）。然後又說：**我的心夜間沉思默想，而我修持自己，掃除和潔淨我的心靈**（〈聖詠〉第七十六篇第七節），亦即除去所有的情感。

❼ 關於前面我們所說的其他三個罪宗的不成全，亦即忿怒、嫉妒和懶惰，靈魂也是在這個欲望的乾枯中得到煉淨，並修得相反這些罪宗的德行。因為靈魂由於乾枯、困難

和其他的試探、艱苦而變得柔順和謙虛，天主在這個夜裡磨練靈魂，使他對天主、自己和近人都很溫良。竟至使他不再以激動的忿怒對待自己和自己的過失，不會這樣對待近人的過失、也不會因為天主沒有趕快使他成全而不高興、或不禮貌地抱怨天主。

❽ 至於嫉妒，現在他也會對別人有愛德。因為如果他有些嫉妒，不會像過去那樣敗壞。那時當別人比他更被看重和更進步時，他感到很愁苦，然而現在他所愁苦的是看到自己的可憐。如果現在他有嫉妒的話，這是一個德行，因為他渴望效法別人，這樣做是很有德行的。

❾ 在靈性的事物上，靈魂的懶惰和厭惡，現在也不像過去那樣敗壞。因為過去的那些罪過來自靈魂有時體驗到的愉悅，而當他無所體驗時，則設法去謀求。然而現在的厭惡不是來自失去愉悅，因為在此欲望的煉淨中，天主拿走所有的愉悅。

❿ 除了上述的這些益處外，還有其他無數的益處，經由此乾枯的默觀而來。因為處於乾枯和困乏之中，許多時候，當靈魂最沒有想到時，天主通傳給靈魂心靈的甜蜜，非常純潔的愛和心靈的認識，有時非常靈巧細膩。每個這樣的通傳都更有益，也更珍貴，超過靈魂先前所享有的。雖然靈魂開始時並不這樣認為，因為在這裡所賜予靈魂的心靈湧流非常靈巧細膩，感官覺察不出來。

⓫ 最後，一旦靈魂的感官情感和欲望被煉淨，心靈因而得到自由，獲得聖神的十二個果實。還有現在他從三仇的手中得到解放。三仇即是世俗、肉身和魔鬼。因為當感官

事物的愉悅和滿足被熄滅時，無論是魔鬼、世俗或感官，都沒有武器或力量來對抗心靈。

12 所以，這些乾枯使靈魂懷著純潔行走在天主的愛內，因為主導他工作的不再是從中獲得的滿足和愉悅，如同過去，當他得到滿足時可能有的做為，而是只為了悅樂天主。他既不驕矜自負，也不自我滿足，如同他在順境時或許有的習慣，而是疑懼和擔心自己，並且沒有任何的自我滿足。這是保持和增加德行的聖善畏懼。這個乾枯也熄滅本性的情慾和興致，正如我們說的，現在，若非天主有時親自灌注給靈魂愉悅的體驗，要是靈魂靠自己的勤奮賣力，能從靈性的工作和修持中得到感官的愉悅和安慰，這才真是一件奇事，如我們所說的。

13 在這乾枯的夜裡，更增加靈魂對天主的關心，且懸念殷殷於事奉祂，因為就像逐漸乾涸的感官乳房，靈魂所追求的欲望藉感官而得以維生和養育，現在處於乾枯和赤裸中，唯獨懸念殷殷於渴望事奉天主，這是非常中悅天主的事，因為正如達味所說的：**天主，我的祭獻就是憂苦的心神**（〈聖詠〉第五十篇第十九節）。

14 由於靈魂知道，從所經歷的這個乾枯的煉淨中，他獲得如此之多，又如此寶貴的益處。就像這裡所提及的，詩節中所說的毫無誇張，其詩句如下：**啊！幸福好運！我已離去，無人留意。**亦即，從我的情感和感官的圈套和控制中離去，沒有被發現；就是說，上文所說的那三仇不能阻礙我。如我們所說的，這些仇敵和欲望、滿足在一起，有如設下圈套，拴住靈魂，阻止他走出自己達到天主之愛的自由。沒有這些欲望和滿足，三仇不能和靈魂作戰，如同我們所說的。

⑮ 由於不斷克苦修行，安撫了靈魂的四種情緒：快樂、痛苦、希望和怕懼。由於本性欲望的經常乾枯，靈魂的感官部分沉入睡眠。這些感官暫停工作時，感官和內在的官能達到和諧，停止推理的作用。如我們所說的，這些全是靈魂低層部分的家人和住所，也就是這裡所說的靈魂的居室。靈魂說：**吾室已然靜息**。

第十四章[44]

解釋首詩節的最後詩句。

❶ 當感官的居室已然靜息，亦即被克制了，情緒被熄滅，欲望靜息，藉此淨化感官的幸福之夜而沉入睡眠。靈魂離去[45]，開始走上心靈之路；亦即進修者的道路，另一個名稱叫作「明路」，或「灌注的默觀之路」。在此路上，天主親自餵養和養育靈魂，無須靈魂自己的推理和主動的幫助。

如我們所說的，這就是靈魂感官的夜和煉淨。至於那些後來必須進入另一個更沉重的心靈之夜，為能達到愛的神性結合——因為不是所有的人，通常只有極少的人達到——這個夜常常伴隨著沉重的困苦和感官的誘惑，會延長一段時間，而有的人延長的時

44. 本章為第一卷作了結論。指出感官的被動之夜可能落實的不同方式和程度。總結前面各章的敘述，在這些可能的方式中，有三種誘惑的情況：感官的、褻瀆的和多疑的。還能有更多其他許多的方式，而且其程度也各有不同。
45.「離去」（*salí*）這是主要的動詞，結合第一卷中先前和現在所有的段落。

間更長。

因為撒旦的使者（〈格林多後書〉第十二章第七節），也就是邪淫之魔，以可憎和強烈的誘惑襲擊某些人的感官、以醜惡的思想和栩栩如生的形像折磨心靈。有時候，他們感到這種折磨比死還難受。

❷ 另有時，在這個夜中添加褻瀆之魔，在他們的所有思想和觀念中加上無法忍受的褻神話語。有時這些褻瀆的話強烈地影響想像，幾乎迫使靈魂說出來，這是個極大的折磨。

❸ 有時是其他的可憎之魔，依撒意亞稱之為「昏神㊻」，這不是為陷害他們，而是為磨練他們。這昏神使感官黑暗，竟致使他們充滿無數的疑慮和迷惑。他們的判斷力混淆不清，對什麼都不能滿意，也無法接受任何的勸告和意見。這是感官之夜中最嚴厲的一種刺激和恐怖，非常相似心靈之夜所經歷的。

❹ 在這個感官的夜和煉淨中，如我說的，天主通常打發這些暴風雨和磨難給後來要被置於另一個夜的人；雖然不是人人都會達到另一個夜。天主這樣做是為了懲戒和打擊，逐漸地修持、預備和鍛鍊好感官和官能，為能達到和上智的結合；亦即在那個夜裡所賜予的。因為如果一個靈魂沒有經過艱苦和誘惑的試探、考驗和證實，其感官無法準備好接受上智。因為〈德訓篇〉上說：**沒有受過試探的人，知道什麼？未受過考驗的人，知道什麼事情？**（第三十四章第九節、第十一節）

46. 昏神意即使人昏眩、混亂和如醉酒般地搖擺，《攀登加爾默羅山》第二卷第二十一章第十一節所說的也是相同的神：天主在他們中間注入了糾紛與紊亂的昏神，意即誤解之神。

進入上智的最適當懲戒，就是我們這裡所說的內在的磨難。因為，這些磨難極其有效地煉淨靈魂感官上虛弱的本性所愛戀的一切滿足和安慰。在此，靈魂真的受到貶抑，以準備他的受舉揚。

❺ 然而，我們不能確定地說，靈魂留在這感官的齋戒和補贖中需要多久的時間。因為每人的經歷不同，所遭遇的試探也不同。這一切全按天主的聖意安排，也按每人必須被煉淨的多寡毛病而定。還有，也要看天主願意提拔靈魂達到何等的愛之境界，因而祂煉淨靈魂的方式有強有弱，時間上也有長短快慢的不同。

那些更強壯和更能承受痛苦的人，天主以更強烈的方式煉淨他們。然而，對於非常虛弱的人，天主給他們的試探減少也減輕許多，但他們留在這個夜裡的時間也會長久些。天主常給他們的感官一些小吃，以免他們轉身後退，所以在今世，他們很遲才達到成全的純潔。他們中有些人是絕不會達到的，因為他們既非全在這個夜裡，也不全在夜之外。雖然他們沒有進步，但為了使他們保有謙虛和自我認識，天主在某些時日以試探和乾枯磨練他們。可是卻又不時用安慰來幫助他們，以免他們乏力昏倒，而回頭尋求世俗的安慰。

天主對待其他更加虛弱的靈魂好像忽隱忽現似的，為的是在祂的愛內鍛鍊他們；因為如果沒有這些變換，他們學不會達到天主。

❻ 不過，透過經驗，顯然可知，凡繼續前行，達到如愛的結合那麼幸福和崇高境

界的靈魂，無論天主如何迅速帶領他們，通常都要在這些乾枯和試探中停留很長久的時間。現在時候已到，我們要開始談論第二個夜。

【第二卷】

本卷談論更深入的淨化，亦即心靈的第二個夜

開始談論心靈的黑夜，說明這夜是何時開始的。

第一章

❶ 天主願意帶領前進的靈魂，在離開了乾枯和困苦，即離開感官的第一個淨化和夜之後，至尊陛下不會立即把他放在心靈的夜裡。相反的，靈魂離開初學者的階段後，通常要經過很長的時間，許多年在進修者的階段中自我修行。處在這個新的階段，就好像一個人剛從狹窄的牢獄中解放出來，靈魂更自在和滿足地行走在天主的事上，比初學者懷有更豐富和內在的愉悅，超過尚未進入感官之夜以前。他的想像和官能對於推理和心靈的掛慮，已不再如同先前那樣拘束。因為無須推理默想的勞苦工作，靈魂極其容易在心靈中覺察到非常寧靜、充滿愛的默觀和靈性的美味①。

雖然如此，靈魂的淨化卻還沒有達到完美的地步，因為缺乏最主要的部分；亦即心靈的淨化——若沒有心靈的淨化，雖然感官的淨化極其強烈，也無法達到圓滿和成全。因為心靈和感官結合在同一的主體（*suppositum*）上——往往靈魂不會沒有一些困乏、乾枯、黑暗和磨難，有時比過去更為強烈，這些有如心靈黑夜即將來臨的徵兆和使者。雖然這些情況不會繼續不斷，如同處在所要來臨的夜中。在經過片刻、或稍久些，甚或幾天的這個夜和暴風雨後，很快會恢復到靈魂原來習慣有的寧靜中，天主用這樣的方式淨化某些靈魂，祂沒有要他們登上如此崇高的愛之等級。如同其他的靈魂那樣，祂間歇性地帶領他們進入默觀和心靈的淨化之夜，時而黃昏，時而黎明，互相更替；因而應驗了

1. 這個進修者的境界或時期，即是《攀登加爾默羅山》中所說的心靈主動的夜，其中論及三超德。那裡也說到主動的默觀，談論信德和望德；同樣也論及各種現象。

達味所說的話，**祂降下祂的水晶**——亦即默觀——**有如餅屑**（〈聖詠〉第一四七篇第十七節）。不過，這些黑暗默觀的碎屑從不會那麼強烈，如同我們所要談論的這個可怕默觀之夜，天主故意把靈魂放在其中，為了要帶領他達到神性的結合。

❷ 那麼，我們所說的這個內在的愉悅和滿足，在這些進修者的心靈中，他們豐富且輕易地獲得並享有。因為比先前更豐沛地通傳給他們，因此湧流進入感官，比起感官未淨化前通常所得的還要豐盈。由於靈魂的感官部分已更加純淨，能按其模式，更易於體驗到心靈的愉悅。

然而，靈魂的感官部分畢竟是虛弱的，而且無法承受心靈的強烈通傳。這些進修者，由於在感官部分經驗到如此的通傳，忍受許多的無能為力、傷害和胃口不良，因此導致心靈的疲憊。因為，如同智者所說的：**這必腐朽的肉身重壓著靈魂**（〈智慧書〉第九章第十五節）。因此，這些進修者的通傳不能很強烈，不能很激烈，也不能很靈性——這些是與天主神性結合必須有的——此係虛弱和腐朽的感官也分受這些通傳。

為此，我們才會有出神、神移和骨頭移位（脫臼）。這經常發生在當這些通傳不是純靈性之時；亦即不是只通傳給心靈，如那些成全者，他們已經被心靈的第二個夜所淨化。在成全者身上，這些出神和身體的痛苦已停止，他們享受心靈的自由，他們的感官既沒有損傷，也沒有移位[2]。

❸ 為了明瞭這些進修者何以必須進入心靈之夜，我們要在此指明他們會有的一些不

2. 參閱十三章的詳解。這裡指的是聖女大德蘭有關這些事的敘述，見《聖女大德蘭自傳》第二十章；《靈心城堡》第六章第四節至第六節。

成全和危險③。

第二章 續談進修者的其他不成全。

❶ 這些進修者有二種不成全的方式：一種是習慣的；另一種是當下的。習慣的，是指不成全的情感和習慣如同樹根一樣，仍然存留在心靈內，感官的淨化無法達到那裡。二種淨化的不同，有如拔樹根和砍樹枝、或除掉新鮮的汙點和老舊的汙漬，其間的差別。因為，如我們所說的④，感官的淨化，只是默觀的門和起點，為了要導向心靈的淨化。還有，如我們已經說過的，感官的淨化更有助於調適感官，使之順服心靈，甚於幫助心靈和天主結合。那些舊人的汙痕仍然存留在心靈內，雖然沒有顯露於外，也沒有被看出來。如果不用淨化之夜的肥皂和強效洗潔劑⑤除掉它們，心靈無法達到神性結合的純淨。

❷ 這些進修者仍有所謂的「愚鈍心智」，及所有的人因罪過而來的粗魯，還有心神渙散和怠慢的心靈。心靈必須經由這個夜的艱苦和磨難來光照，使之明瞭和收斂。凡沒有越過這個進修者境界的人，全都有這些習慣性的不成全；如我們所說的，這些不能和

3. 繼續第一卷的順序和進行方式：證明心靈之夜的必須性，強調尚未經過心靈之夜者的醜態，指出進修者的不成全。只是在這第二個夜，其對惡習的敘述，沒有那麼廣泛和翔實。並且也省略指出標記，因為那樣的混亂情況，無法列舉有效的標記，做為可靠的指導。
4. 見《夜》第一卷第十一章第四節。

愛之結合的成全境界並存。

❸ 並非所有的進修者都以同一方式陷於當下的不成全。有些人非常容易在感官上體驗到很外表的靈性事物，他們比我們所說的初學者碰到更多的阻礙和危險。因為，由於他們在感官和心靈上容易得到如此豐富的靈性通傳和領悟，時常看到想像和心靈的神見。因為這一切及其他愉悅的感受，多次發生在處於此境界的人身上，魔鬼和他自己的幻覺時常戲弄⑥這些靈魂；還有，由於魔鬼經常樂於唆使靈魂，刻印上所謂的領悟和感受，如果靈魂不謹慎小心，放棄這些神見和感受，且以信德熱心地防衛，他們極其容易陶醉和上當。

因為處於此境，魔鬼使許多人相信那些假的神見和預言。在這裡，處在像這樣的情況中，魔鬼設法使他們自以為天主或聖人和他說話，導致他們多次相信自己的幻覺。正是在這裡，魔鬼慣於使他們充滿自負和驕傲。還有，由於虛榮和妄自尊大的迷惑，他們以活像聖人的外表舉止讓人觀望，例如出神和其他的展示。竟至膽大包天，對天主傲慢無禮，喪盡聖善的敬畏，這本是諸德行的鑰匙和衛護。有的人往往增加如此之多的瞎話和欺騙，他們對此習以為常，根深蒂固。真令人相當懷疑，他們是否還能回頭，重返德行的純潔道路和純真的靈修？他們陷入這些不幸之中，係因對於這些心靈的領悟和感受，太過於有把握，這正好發生在開始要在這條路上進步的時候⑦。

❹ 關於這些進修者的不成全，有如此之多可以說的，還有他們是如何的無可救藥，

5. 除了聖十字若望對洗衣店洗濯法的個人經驗外，他也通曉《聖經》中這些「肥皂和強效洗潔劑」：〈耶肋米亞〉第二章第二十二節；〈瑪拉基亞〉第三章第二節；〈約伯傳〉第九章第三十節等等。
6. 「戲弄」原文為 *trampantojos*，就是 *trampa*（騙局），*ante*（在……之前），*ojos*（眼睛），意指在我們面前或眼前展現的騙局、詐術和圈套。
7. 聖十字若望在《攀登加爾默羅山》第二卷第十六章至三十二章中，以信德之旅的主動觀點，更詳細地談論這些事理。

因為他們自視為比初學者擁有更多的靈性恩賜，但我們願擱下不談這些。我只說，為了證實必須有心靈之夜，這是凡想前進者必經的淨化。沒有一個進修者，無論他如何全力以赴，會沒有許多本性的情感和習慣性的不成全。所以，我們說，首先必須經過淨化，才能前進達到神性的結合。

❺ 除此之外，我們在上面已經說過⑧，只要靈魂低層的部分也分享這些心靈的通傳，就不能如此地強烈、純淨和有力，如同神性結合所必須有的。因此，為了達到結合，靈魂必須進入心靈的第二個夜。在此夜中，剝除淨盡所有感官和心靈上不成全的領悟和愉悅，靈魂必須行走在黑暗和純潔的信德中，此乃靈魂達到與主結合應有和適當的方法。按照天主對歐瑟亞所說的：**我要聘娶你**，亦即與你結合，**以信德聘娶你**（〈歐瑟亞〉第二章第二節）。

第三章

繼續以下的註解。

❶ 這些靈魂已是進修者，此時，他們的感官已被甜蜜的通傳餵養，因而被心靈湧出的靈性愉悅所吸引和引誘，感官能被調適，且和心靈結合為一。靈魂的每一部分各按其

8. 見第一卷第二章。

方式，得到同一靈性食糧的養育，得到來自唯一主體和實體的同一道食品所餵養。這二個部分因此而結合，且和諧一致，共同預備好承受等待它們的嚴厲又持久的心靈淨化。因為處於這個淨化中，會徹底地淨化靈魂的這二個部分，亦即心靈和感官。因為二個淨化並重，缺少其中之一，另一個也無法完成其淨化。真正的感官淨化始於心靈。在此我們所說的感官的夜，更應該稱之為欲望的革新和約束，而非淨化。理由是因為感官部分所有的不成全和錯亂無序，都根源於心靈，從心靈中得到它的力量。所有好的或壞的習慣，全都牢固地存在於心靈中，所以，非等到這些習慣被淨化後，感官的叛逆和惡習無法完全被淨化。

❷ 接下來的這個夜，二個部分結合起來，同時被淨化。正是為此目的，該當經過第一個夜的革新，及從夜出來的風平浪靜。為此，感官以某種方式和心靈聯合起來，在此以更大的剛毅一起被淨化和受苦。為了如此強烈和持久的淨化，這是必須有的徹底準備。如果低層部分的虛弱沒有先經過整頓，而後在天主內藉著與祂甜蜜和愉悅交往的經驗所強化；那麼，本性既沒有力量，也沒有預備好忍受淨化的痛苦。

❸ 因此，由於進修者在與天主的交往和行動上，仍然非常低俗，非常本性，一個原因是，心靈的黃金尚未被淨化和光照，為此，他們仍然如同幼兒那樣瞭解天主和談論天主，也像幼兒那樣認識天主和感覺天主。按聖保祿所說的（〈格林多前書〉第十三章第十一節），因為他們尚未達到成全，亦即靈魂和天主結合；達到此一結合時，已經如同

大人了，會在其心靈成就大事。因為他們的工作和官能更是神性的，甚於是人性的。如後來我們將要說明的；天主願意替他們脫去舊人，穿上新人，這新人即是照天主所創造的，具有嶄新的感官（感受）。如保祿宗徒所說的⑨，天主脫去心靈和感官部分，及內在和外在的官能、情感和感官。祂使理智留在黑暗中、意志在乾枯中、記憶在空虛中，而靈魂的情感處於至極的愁苦、辛酸和窘難中，剝除靈魂的感受和滿足，這是先前靈魂從靈性的恩賜中所體驗的。因為這個剝除是必要的因素之一，使靈性的形式，亦即愛的結合，能導入心靈，且與之結合。上主藉著單純和黑暗的默觀在靈魂內完成這一切，如同第一詩節中靈魂所說的。雖然我們解釋這個詩節所說的是感官的第一個夜，但靈魂對它的瞭解，主要是心靈的第二個夜，因為這個夜是靈魂的主要淨化。因此，存念此事於心，我們這裡要再次加以說明⑩。

第四章

列舉並解釋首詩節。

黑夜初臨，
懸念殷殷，灼燃愛情，

9.〈哥羅森書〉第三章第十節；〈厄弗所書〉第四章第二十二節至二十四節；〈羅馬書〉第十二章第二節 。
10. 聖十字若望三次註解首詩節，每次都以不同的觀點說明：《攀登加爾默羅山》第一卷、《黑夜》第一卷、《黑夜》第二卷。這裡主要提及的是心靈的夜。

啊！幸福好運！
我已離去，無人留意，
吾室已然靜息。

解釋

❶ 現在我們已明瞭這個詩節所談的是默觀的淨化、或心靈的剝裸和貧窮，這些幾乎全是相同的一回事[11]。因此，我們可以來解釋這詩節，靈魂彷彿是說：

我靈魂的領悟完全處於貧窮、被捨棄、沒有支持中。亦即，我的理智處於黑暗中、我的意志於困窘中、我的記憶於憂愁和痛苦中，使我存留在純信德的黑暗中，此乃這三個本性官能的黑暗之夜。惟有我的意志被痛苦、憂愁和渴慕天主的愛所觸動，我離開自己。就是說，離開我卑劣的模式，我虛弱的愛之方式，及我在天主內尋獲滿足的貧乏和有限的方法，我這樣做，沒有被肉身感官和魔鬼所阻擋。

❷ 這對我來說是很大的幸福和極好的運氣，因為藉著滅絕和靜息我靈魂的官能、情緒、欲望和情感（這些使我在天主內的體驗和滿足成為卑劣的），我離開人性的交往和活動方式，而達到天主的活動和交往方式，亦即：

我的理智離開自身，從人性和本性變為神性的。因為，由於這個淨化而和天主結合，理智不再藉其本性的活力和光明來理解，而是以它所結合的神性上智。

11. 這個夜的默觀淨化等同於心靈的貧窮，及黑暗、純潔的信德。

我的意志也離開自己，變成神性的。因為，和神性的愛結合，它不再以卑劣的方式去愛，使用它本性的力量，而是以聖神的力量和純潔。因此，意志不是以人性的運作方式和天主交往。

記憶亦然，已轉變成光榮的永恆領悟。

最後，靈魂的所有力量和情感，藉此舊人的煉淨之夜，完全被天主神性的剛毅和愉悅更新⑫。詩行如下：

黑夜初臨，

第五章

開始解釋，何以這個黑暗的默觀對於靈魂不只是夜，而且也是痛苦和折磨。

❶ 這個黑暗的夜是天主進入靈魂內的一個湧流，煉淨靈魂本性和心靈上習慣的無知和不成全，亦即，默觀者所謂的灌注的默觀，或神祕神學⑬。經由默觀，天主隱密地教導靈魂，傳授給他愛的成全，但靈魂卻沒有做什麼，也不知道這是如何發生的。

只要灌注的默觀是天主那充滿愛的智慧，就會在靈魂內產生二個主要的效果：藉著煉淨和光照靈魂，預備他以愛和天主結合。因此，煉淨和光照天上榮福神體的這個充滿

12. 強調這個淨化的教導，係保祿所說的脫掉舊人，穿上新人。參閱《攀登加爾默羅山》第一卷第五章第七節；《黑夜》第二卷第三章第三節。
13. 聖十字若望所說的「神祕神學」，意指「神祕恩寵」，即灌注的默觀，參見：《攀登加爾默羅山》第二卷第八章第六節；《黑夜》第二卷第十二章第五節；《靈歌》第二十九章第十二節。後來這同一語詞指關於神祕恩寵的神學反省。

愛的上智，也煉淨和光照在此塵世的靈魂。

❷ 不過其中會有個疑問：既然這是個神性的光明，如我們所說的，光照且煉淨靈魂的無知；為什麼靈魂在此稱之為黑暗的夜呢？回答這個問題：為什麼這個神性的智慧對於靈魂不只是夜和黑暗，而且也是痛苦和折磨呢？理由有二：第一是因為神性智慧的崇高，超越本性的能力；第二，因為靈魂的卑劣和不純潔，因此而使靈魂痛苦、憂愁，而且對靈魂而言也是黑暗的。

❸ 為了證明第一個理由，我們必須先假定哲學家（亞里斯多德）的一個明確原則：神性事物的本身愈是清楚和明顯，對於靈魂自然地更加黑暗和隱藏⑭。光愈明亮，貓頭鷹就會愈看不見；人愈注視燦爛的太陽，太陽愈使視覺的官能黑暗，勝過視覺的軟弱，而使人看不見⑮。

因此，當默觀的神光侵襲一個靈魂，卻沒有完全光照他時，導致心靈的黑暗。因為它不只超越本性的理解動作，也奪去了靈魂的這個動作，且使之黑暗。為此之故，聖狄奧尼修斯和其他的神祕神學家，稱這個灌注的默觀為一道「黑暗的光」⑯。亦即，對靈魂而言，不是照明而是煉淨。因為這個超性的大光明勝過理智，奪去理智的本性活力。

達味也說，**濃雲和黑暗在天主的近旁，環繞著祂**（〈聖詠〉第十八篇第十二節）。並非其本身真是如此，而是由於我們虛弱的理智看起來是這樣，理智因為無法承受這麼燦爛的光，而變成盲目和黑暗。因此他接著又說：**在祂輝煌燦爛的面前，有濃雲經過**

14. 取自亞里斯多德的形上學。Aristotle，*Metaphysics,* 2．1，lib. Brevior，c.，ed. Diot，486。
15. 參閱《攀登加爾默羅山》第二卷第八章第六節。

（同上第十三節）。亦即，在天主和我們的理智之間。這道輝煌明光通傳給尚未神化的靈魂時，天主在其理智形成濃厚的黑暗。

❹ 顯然地，在這些初學階段，這個黑暗的默觀對靈魂是痛苦的。由於這個神性的灌注默觀有許多極好的特質，尚未煉淨的領受者，其靈魂都有許多的缺乏。因為兩相對立者，不能共同存在於一個主體內，靈魂一定會遭到折磨和痛苦。又因為，其不成全的煉淨，起因於這個默觀，靈魂遂成了個戰場，兩相對立者互相爭戰。我們要用以下的歸納方式加以證明：

❺ 至於人感到憂苦的第一個理由：因為這個默觀的光明和智慧非常輝煌和純潔，受光照的靈魂則是黑暗和不純潔；所以，一個人在己內領受時，會備受折磨。當眼睛生了病、不純潔，且虛弱時，如果有一道輝煌的明光照射過來，眼睛會感到痛苦。

靈魂因其不純潔，當天主的神光真的襲擊他時，他遭到無限的痛苦。當這道純淨明光侵襲而入，要驅逐所有的不純潔時；一個人自覺如此的不潔和卑劣，好似天主與他作對，而他也在反抗天主。

因為靈魂認為天主已經拒絕了他，他這麼哀傷和痛苦，這也是約伯感受的極大痛苦之一。那時天主這樣考驗他，如約伯說的：「為何叫我當祢的箭靶，使我成為祢的重擔」（〈約伯傳〉第七章第二十節）。藉著這道純淨的明光，靈魂清楚地看見自己的不純潔。雖然是在黑暗中，靈魂清楚地明白，他不配天主，也配不上任何受造物。最使他悲傷的，

16. Dionysios Areopagita：（六世紀）狄奧尼修斯，希臘人、以聖經中的「阿勒約帕哥（Areopagita）」為筆名，因此後代稱其為「偽狄奧尼修斯」（Pseudo-Dionysios）。著作中將基督聖名與基督信仰加以整合，日後影響多瑪斯的神哲學思想。六四九年在拉特朗所召開的地方會議及君士坦丁堡第三屆大公會議，均以其思想作為權威資料的運用。著有《論上帝的名稱》（*De divinis nominibus*）、《論天上的聖統》（*De coelesti hierarchia*）、《論教會的聖統》（*De ecclesiastica hierarchia*）、《論神祕神學》（*De mystica theologia*）等。以上資料來自《神學詞語彙編》。

則是他自視永遠都不配，且再得不到任何的福祐。這道神性和黑暗的光，使其心靈深深地沉浸在認識和感受自己的可憐與罪惡中；因為這道光把一切都呈現在眼前⑰，靈魂清楚地看到，靠他自己，絕不會有其他什麼東西的。我們可以這樣了解達味的話：**祢為了罰罪，而把世人懲治，祢像蛀蟲，把他的珍寶侵蝕**（〈聖詠〉第三十九篇第十二節）。

❻ 靈魂的第二種受苦方式，來自人本性、道德和心靈的軟弱。因為這個神性的默觀帶著幾分強勢，襲擊靈魂，為的是要征服和強化他。由於他的軟弱，他遭受這麼許多的痛苦，幾近於死亡，尤其當這光更強有力時。無論是感官或心靈，都好像在極沉重又黑暗的負擔下，忍受劇烈的掙扎和痛苦，靈魂會認為死亡是個解脫。曾經驗過這事的約伯先知說：「**我不願祂以許多的強力和我交往，以免祂以強勢的重負壓倒我**（〈約伯傳〉第二十三章第六節）。」

❼ 在這個重擔和壓迫的強力下，靈魂感到這麼不被恩待。他認為，而且就是這樣，甚至先前有的一些支持，連同其餘的一切，都告終了。沒有人同情他，因此約伯也說：「**至少你，我的朋友，可憐我吧！因為上主的手碰觸了我**（〈約伯傳〉第十九章第二十一節）。」

這是極令人驚奇和憐憫的事，靈魂在此這麼虛弱和不成全，雖然天主的手這麼柔軟與溫和，靈魂卻感到如此的沉重和拂逆。天主的手並沒有擠壓或重壓，而是只碰觸他而已；這是很慈悲的接觸，因為天主的目的在於給靈魂恩惠，而非責罰靈魂。

17.「把一切都呈現在眼前」，到了十章二節提到「全都置之於眼前」時，有更進一步的解說。

第六章

談論在這個夜裡忍受的其他各種憂苦。

❶ 靈魂在此忍受的第三種痛苦和憂心，來自神和人這兩個極端會合一起。神的極端是煉淨的默觀，人的極端則是靈魂，這個默觀的領受者。

由於神的極端打擊靈魂，為了要更新靈魂和神化他，藉著剝除靈魂，去掉舊人的習慣性情感和特質。這些習慣強烈地和靈魂結合，使之執著和順服。神的這個極端的打擊，這麼地使心靈的實體鬆解和熔解——使之專注在深奧的黑暗中——靈魂看見自己的可憐時，感到他正被一個殘酷的心靈死亡所融化和毀滅。他感到好像要被野獸吞下去，在黑暗的肚子裡被消化，他忍受著相似約納的極苦（〈約納〉第二章第一節至三節）。靈魂處在這個黑暗死亡的墳墓裡，是很合宜的，為使他得到所希望的心靈復活。

❷ 達味描述這個痛苦和折磨，雖然這真的完全無法言喻，那時他說：**死亡的嘆息環繞著我，陰府的悲傷纏繞著我，我在急難中呼求**（〈聖詠〉第十八篇第三節至第七節）。

然而，靈魂感到最深的悲傷是，確信天主已經拒絕了他，極其憎惡他，把他投入黑暗中。天主已經拋棄他的思想，是靈魂最悽慘和沉重的痛苦。達味當時也感受到這個痛苦，他說：我的床舖已設置在死人中間，像陣亡者躺在墓中常眠；祢已經不再記念，祢的手也不再照管。祢把我投入在幽暗的深坑，扔進暗無天日的深淵中。祢的憤怒重壓著我，祢的怒濤把我淹沒（〈聖詠〉第八十八篇第六節至第八節）。

確實，當這個煉淨的默觀壓抑一個人時，靈魂栩栩如生地感到死亡的陰影，死亡的嘆息和陰府的悲傷。這一切都反映出失去天主、被天主懲罰和拒絕的感受，感到配不上祂，而且也是祂發怒的對象。靈魂經驗到這一切，更有甚者，現在彷彿這個痛苦會永遠持續。

❸ 這個人也感到受造物，尤其是他的朋友們，拋棄和輕視他。達味接著又說：祢使我的知己離去，使我為他們所嫌棄（同上）。約納在鯨魚的腹中，他的肉身和心靈也同時遭到這個經驗。他證明說：祢將我拋入海心深處，大水包圍了我；祢的波濤和巨浪漫過了我，我曾說：我雖從祢面前被拋棄，但我仍要瞻仰祢的聖殿。（他說這話，因為天主淨化靈魂，使他能瞻仰祂的聖殿）大水圍困我，危及我的性命；深淵包圍我，海草纏住我的頭，我下沉直到礁底，大地的門閂永為我關閉（〈約納〉第二章第四節至第七節）。這個門閂意指靈魂的不成全，阻礙他不得享有這個默觀的愉悅。

❹ 黑暗默觀的另一個卓越優點，即是其尊威和崇高導致靈魂的第四種痛苦。這個特質使靈魂在自己內感到另一個極端——他自己極深的貧乏和可憐。此一認知是在此煉淨中，靈魂遭受的最主要痛苦。

因為，對於那使靈魂歡喜的三種事物，即現世的、本性的和靈性的，靈魂全都感到空虛和貧乏，而且意識到身處於相反的罪惡中，即不成全的可憐，知覺官能的乾枯和倒空，心靈被拋棄在黑暗中。

由於天主煉淨靈魂的感官和心靈的實體，及其內在和外在的官能，這是很適宜的。在這些部分，靈魂被帶入空虛、貧乏和捨棄之中，留在乾枯和黑暗中。因為感官部分由於乾枯而受淨化，官能則經由其知覺的空乏，心靈經由深濃的黑暗。

❺ 天主藉著黑暗的默觀來完成這一切。靈魂不只忍受從這些本性的支持和知覺而來的空乏和吊銷（這是很可怕的酷刑，彷彿懸掛在半空中，不得呼吸），而且還要受到這個默觀的煉淨。如同火銷毀金屬的瑕疵和銹斑，這個默觀毀滅、倒空並銷毀所有的情感，及不成全的習慣。由於這些不成全深深植根於靈魂的實體，除了這個貧乏和本性及靈性的空虛之外，靈魂通常忍受一種壓抑的破滅，和內在的折磨。為此，引述厄則克耳的話以資證明：**你要再加添木柴，點上火，把肉塊煮化，把湯熬乾，把骨頭烤焦**（〈厄則克耳〉第二十四章第十節）。他在這裡指出，在靈魂的感官和精神的實體中，所忍受的空虛和貧乏的痛苦。他接著說：**然後把空鍋放在火炭上燒熱，把銅燒紅，把其中的汙穢燒淨，把鍋銹燒紅**（同上第十一節）。這段引言指出，由於這個默觀的火導致的煉淨，靈魂忍受著沉重的痛苦。因此，先知說，為了燒盡情感的銹，靈魂這些與生俱有的激情和不成全，必須這樣地被毀滅和破滅。

❻ 因為靈魂在此熔爐中受淨化，彷彿黃金在坩堝中。如同智者所說的⑱。靈魂感受到其實體內可怕的毀滅，和至極的貧乏，好似已接近其終結。我們可從達味所說的話看出來：**天主求祢快來援救，因為大水已淹至我的靈魂。我已深陷泥淖中，不能自拔，我沉入深水中，慘遭滅頂。我因呼救而聲嘶力竭，喉嚨沙啞，我期待我的天主，望眼欲穿**（〈聖詠〉第六十八篇第二節至四節）。

天主極其貶抑靈魂，為的是後來要大大舉揚他。當這些感受在靈魂內激動起來時，天主如果沒有安排使之很快再入睡，短短的幾天內，這人會死去的。只有在暫停的時間中，靈魂完全意識到這些感受的強烈。有時這個經驗是如此地生動，好似靈魂看見地獄和毀滅展現在他面前。這些是下到地獄而仍活著的人（〈聖詠〉第五十五篇第十五節）。對他們而言，世上的煉淨相似煉獄。因為這個煉淨是必須在煉獄中忍受的。在此塵世受煉淨的靈魂，如果不是不下到煉獄，就是只在那裡停留很短的時間。因為靈魂在今世一個小時的煉淨，其所得的益處，遠超過在煉獄中的許多時間。

18.〈智慧書〉第三章第六節：「祂試煉了他們，好像爐中的黃金，悅納了他們，有如悅納全燔祭。」

第七章

繼續相同的主題，談論意志的其他痛苦和困窘。

❶ 意志的其他痛苦和困窘也是無法計量的。有時候，當他突然間記起，看到自己所陷入的罪惡時，這些痛苦穿透靈魂，他不確定能有什麼可以補救的⑲。

這個痛苦，再加上回憶往日的成功，因為通常進入這個夜的人，先前在天主內會有許多的安慰，並且奉獻給天主許多的服事。現在他們悲傷地知道，已經遠離這麼美好的幸福，也不能再享有。約伯同樣講述他的痛苦：**我原來富裕又有錢，卻突然窮困又破產，祂的箭矢四面射擊我，射穿我的腰，毫不留情，使我的膽傾流於地。祂將我撕裂粉碎，有如武士向我跑來。我縫麻衣包裹我的皮膚，使我的額角插入塵土。我的臉因哭泣發紅，我睫眉間滿是暗影**（〈約伯傳〉第十六章第十三節至十七節）。

❷ 這個夜的痛苦這麼多，又這麼重，可以引用的《聖經》章節如此之多，若要全部列舉，我們既沒有時間，也沒有精力做到這事。無疑地，即使說盡一切，也不足以表達這個夜的真相。藉著上述引用的經文，我們對此會有一些觀念。

為了結束本詩句的註解⑳，更進一步說明這個夜在靈魂內導致什麼，我要提出耶肋米亞對此的感受。因為他的苦難這麼至極，他淚流如注地暢述他的感傷：**在上主盛怒的**

19. 這個痛苦來自記憶，流溢到意志。
20. 聖十字若望從第四章開始解釋第一詩句，持續直到第十一章為止。

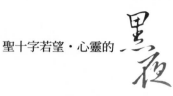

鞭責下，我成了受盡痛苦的人；祂引我走入黑暗，不見光明；且終日再三再四，伸手與我為敵；祂使我肌膚枯瘦，折斷我的骨頭；祂在我四周築起圍牆，用毒草和痛苦環繞我，讓我居住在黑暗之中，好像久已死去的人。祂用垣牆圍困我，不能逃脫；並且加重我的桎梏；我呼籲求救時，祂卻掩耳不聽我的祈禱。祂用方石堵住了我的去路，阻塞了我的行徑。上主之於我，像是一隻潛伏的狗熊，是一頭藏匿的獅子，祂把我拖到路旁，撲捉撕裂，加以摧殘；又拉開祂的弓，瞄準我，把我當作眾矢之的。祂用箭囊的箭，射殺了我的雙腰；使我成了萬民的笑柄，終日受祂們的嘲笑；祂使我飽食苦菜，醉飲苦酒。祂用砂礫破碎我的牙齒，用灰塵給我充饑。祂除去了我心中的平安，我已經忘記了一切幸福；於是我說：「我的光榮已經消逝，對上主的希望也已經幻滅。」我回憶著我的困厄和痛苦，盡是茹苦含辛！我的心越回想，越覺沮喪（〈耶肋米亞哀歌〉第三章第一節至第二十節）。

❸ 耶肋米亞哀哭的一切是他的痛苦和煎熬，他非常生動地描繪靈魂在此煉淨和心靈之夜的痛苦。

天主把靈魂放在這個既猛烈又恐怖的夜裡，我們對他應該極其同情。由於正在靈魂內完成的一切，可以說這個靈魂是幸運的，從這個夜會產生很大的福祐。如同約伯說的，**天主從黑暗中，會在靈魂內彰顯深奧的福祐，使死亡的陰影變為光明**（〈約伯傳〉第十二章第二十二節）。祂會這麼做，如同達味說的：**光明變成黑暗**（〈聖詠〉第一三八篇第十一節）。儘管如此，由於靈魂所忍受的極大困苦，且極不確定能得到補救，這靈魂應該得到很大的同情。如同耶肋米亞說的（〈耶肋米亞哀歌〉第三章第十八節），他相信自己的罪過永無終結。他感到如同達味，天主把他放在黑暗中，如同久已死去的人。他的心靈在自己內極度痛苦，他的內心擾亂不安（〈聖詠〉第一四二篇第三節至第四節）。

此外還有，因為這個夜導致的孤寂和淒涼。事實上，處在此境的人，無論什麼道理或哪一位神師，他都找不到安慰和支持。雖然，由於在這些痛苦中包含的福祐，他的神師可能指出許多理由來安慰他，他都無法相信這事。因為他深深地陷入，且沉浸在罪惡的心情中。為此，他這麼清楚地看到自己的可憐，他相信神師說這些事，係因為他們不了解他，看不到他所看見和感受的。不但沒有安慰，反而得到更大的悲傷，認為神師的道理對他的罪惡毫無補救。的確，這不是補救的良方，除非上主結束祂願意這樣煉淨靈魂的方式，對於他的痛苦處境是毫無補救的。由於在此狀況中，他能做的少之又少，他的無助甚至更為嚴重。他相似那被關在地牢中的人，手腳都被綁起來，動彈不得，既看不見，也感受不到來自上天下地的任何恩惠。他留在這個情況中，直到他的心靈謙卑、柔順和淨化，直到他變得如此靈巧、單純和純淨，能夠與天主聖神合而為一，按照天主以其仁慈，願意賜予的愛之結合的等級，相稱於此一等級，致使其淨化的強度有大有小，忍受的時間有長也有短。

❹ 然而，如果這個煉淨真的是有效果的，無論多麼強烈的煉淨，都會持續幾年的；

雖然暫停的期間，此時，這個黑暗的默觀停止以煉淨的方式襲擊靈魂，而且充滿光明與愛地照耀靈魂。那時的靈魂彷彿除去了束縛，從地牢中得到釋放，能享有無拘無束和自由自在，在很豐富，又隨時即有的靈性交往中，體驗平安的很大甜蜜，及與天主充滿愛的友誼。

這些光照對靈魂而言是個標記，標示出煉淨在靈魂內產生的健康，及靈魂所希望的豐富預嘗。有時這個經驗如此強烈，靈魂認為他的煎熬已經過去了。因為當恩寵以更純的靈性導入時，具有以下的特點：當它們是磨難時，靈魂認為，絕無法從中得到釋放，一切的福祐也都完了，如同前述的引言所說的；而當它們是心靈的美善時，靈魂相信他的罪惡都已結束，不再缺少福祐。如同達味，在獲知這些美善時坦承的：**我曾自誇說：我永不動搖**（〈聖詠〉第廿九篇第七節）。

❺ 靈魂有此經驗，係因在心靈中擁有對立的一面，會除掉當下擁有且知覺的另一面。這種情形不會發生在感官的部分，是因為其領悟能力的薄弱。不過，由於心靈尚未徹底地煉淨，還沒有清除來自低層部分的情感，只要仍受其影響，靈魂就會動搖且受苦；雖然只要是靈性的，是不會動搖的。我們看到達味動搖了（同上第八節），他經驗到許多的痛苦和罪惡，雖然在他豐盛時，他自認為，且說他永不動搖。由於靈魂看到他當下豐足的心靈美善，無法看到不成全和不純潔仍然紮根於其內，他以為磨難已經結束了。

❻ 不過，這樣的想法很少發生。因為心靈的淨化尚未大功告成時，很少會有這麼豐沛的寧靜通傳，得以把仍存在的根子隱藏起來，使得靈魂在其內感到一種不知是什麼的缺乏，或仍有些要做的什麼，使之無法完全享有舒緩。他覺得好像在自己內有個敵人，雖然已平靜且入睡，卻會醒過來和作亂。

而這是真的。因為當一個人感到最安全，最沒有期盼時，煉淨再回來，把靈魂捲入另一個更嚴厲的等級，比先前的煉淨長久、黑暗和悽慘，所拖長的時期，可能比第一次的煉淨還要長久。他因此相信，他的福祐永遠完了。第一次的磨難之後，他所享有的福祐，使他認為不再有什麼要受苦。但這不足以使他不在極苦的第二等級中，認為現在一切都完了，先前體驗的福祐永遠不會再回來了。如我說的，這個強烈的確信，係來自心靈當下的領悟，亦即在其內滅絕所有與此確信對立的一切。

❼ 正為此故，煉獄中的靈魂遭受很大的懷疑之苦，不知他們是否永遠無法離開、或是否他們的痛苦會有終結。雖然他們習慣性地擁有三超德（信、望和愛），失去天主和痛苦的當下感受，卻不許他們享有這些德行的當下福祐和安慰。雖然他們知道自己愛天主，這並沒有給他們安慰。因為他們認為天主不愛他們，而他們不堪當祂的愛。因為他們看到自己失去了天主，立足於自己的可憐中，他們感到，自己內實在有一切的理由，被天主拒絕和憎惡。

為此，雖然人忍受這個煉獄，他知道他愛天主，希望給出一千個生命獻給祂（他確實願意這樣，因為忍受這些煎熬的靈魂，至極熱切地愛天主）。他找不到舒解，這個認知更使他痛苦倍加。因為，這麼強烈地愛天主，以致其他什麼也引不起他的關心，且又知道他自己的可憐，他無法相信天主愛他。他相信，在自己內沒有，也永遠不會有什麼值得天主的愛，反而更有一切的理由，不只讓天主，也讓每一個受造物永遠憎惡。他傷心地看到，在他內活該被天主拒絕的理由，而天主則是他這麼愛和期盼的。

第八章

談論在此境界中折磨靈魂的其他痛苦。

❶ 然而，在此境界中，還有其他使靈魂很悲傷和折磨的事；亦即，由於這個黑夜阻礙他的官能和情感，他無法向天主祈求，也做不到向祂高舉心神和情感。好像是對耶肋米亞所做的，天主在靈魂面前放置濃雲，致使哀禱不能上達（〈耶肋米亞哀歌〉第三章第四十四節）。前述的引言也指出這個困難：他用方石堵住了我的去路，阻塞了我的行徑（同上第九節）。而如果有時候，靈魂真的哀求天主，他的哀求這麼沒有力量和熱心，他認為天主不會俯聽，也不會垂顧，如同耶肋米亞先知的哀嘆：我呼籲求救時，祂卻掩耳不聽我的祈禱（同上第八節）。

的確，這不是和天主談話的時候，而是如同耶肋米亞所說的，**該把自己的口貼近塵埃，這樣或者還有希望**（同上第二十九節），是忍耐地承受這個煉淨的時候。此刻在靈魂內工作的正是天主，為此之故，靈魂什麼也做不了。在這裡，既不能作口禱，也不能專心於靈修之事，更不能處理現世的事物和事情。不只這樣，他往往體驗到記憶上這麼的專注和深深的遺忘，很長的時間過去了，他卻不知道自己所做的或所想的。他不知道自己正在做些什麼，或要去做什麼，他也不能專注於手邊的工作，即使他想要也不成。

❷ 由於這個夜煉淨的不只是理智中的光明，意志中的情感，還有記憶中推理的認知，這也是合宜的，記憶在諸事中被滅絕，應驗了達味關於這個煉淨所說的：**我被滅絕，一無所知**（〈聖詠〉第七十二篇第二十二節）。達味的一無所知，指的是記憶中的忘記和沒有知識。這個心不在焉和遺忘來自內在的收斂，在此收心斂神中，這個默觀使靈魂專注凝神。

因為，為了使靈魂及其官能得到神性的調和與準備，以承受愛的神性結合，首先必須全神貫注於此默觀中的神性、黑暗的靈光，因而遠離所有受造物的情感和領悟。這個專注時間的長短，相稱於默觀的強度。

襲擊靈魂的神光愈單純和純潔，靈魂在對於上天下地的事物方面，其特殊的領悟和情感，也就更黑暗、空乏和滅絕。同樣，所照射的神光愈不是那麼單純和純潔，靈魂受到的剝除和黑暗也愈輕微。

這好像是不可置信的事，說這超性的和屬神的光愈明亮和純潔，對靈魂而言則是愈黑暗；這光愈不是這樣，這光對靈魂也就不那麼黑暗。之前我們根據哲學家的教導所證明的，如果加以深思，就不難清楚地明白這個真理：超性事理的本身愈清楚和明顯，對我們的理智則愈黑暗[21]。

❸ 在此，我們可舉出一個自然普通的光為例，以之闡明這事。我們看到太陽的光照射窗子，如果塵埃淨除，陽光則愈不易清楚地看見，要是玻璃中滿是灰塵，就會很容易清楚地看見陽光。理由乃是光的本身是不可見的，而是要藉著碰觸到的對象方得以看見；然而，也是當光反射於其上才能看得見。如果光不碰擊這些對象，則不會也不能看得到光。因此，如果一道陽光從一邊的窗子照射進來，穿過房間，再從另一個窗出去，如果完全沒有碰到什麼可以反射的對象或塵埃，這房間不會比先前更有陽光，這光也是無法看見的。更進一步地觀察，我們注意到，光所在之處反而更加黑暗，因為光趨散並使其他的光暗淡。而如我們說的，這光是看不見的，因為沒有任何使之反射的對象。那麼顯然的，這正是默觀的神光之所為。以其神光打擊靈魂，它超越本性的光明，因此暗淡和剝除所有本性的情感和領悟，這些情感和領悟是人藉本性的光明知覺的。不只使人靈性和本性的官能暗淡，也使之空乏。使靈魂這樣地留在黑暗和空虛之中，這光以其神性的靈光煉淨和光照靈魂，靈魂卻認為他沒有光明，且處在黑暗中。如同前述舉例說明的，如果房間內純淨、空無，沒有可反射的任何對象，即使陽光已在房間當中仍是不

21. 參見本卷第五章第三節。

可見的。然而，如果這道靈光碰到可照射的東西。亦即，當有什麼能以心靈的方式了解的，關於成全或不成全，無論是多麼微小的事，或對有些事情真或假的判斷，一個人會比從前更清楚地明白，他在這個黑暗中。所以很容易辨識出在他面前的不成全，一個人更加意識到他所擁有的這道靈光；因為這道光是黑暗和不可見的，除非有一隻手，或別的什麼東西擋住這光，那時才會認出來這光和對象。

❹ 由於這光是如此的單純、純潔，又這麼的普遍，不受任何特別的理智對象影響和限制。無論其對象是本性或神性的，因為在這些官能中，所有的領悟全被空乏和滅絕，靈魂以普遍的方式；且有很大的能力，徹悟所有呈現給他的任何上天下地的事物，即使是天主的深奧事理[22]。聖神藉著智者所說的話，適用於這個普遍又單純的智慧，亦即，由於她如此精純，而能滲透深入一切[23]。因為她沒有被任何分明的對象或情感個別化。

這正是心靈煉淨且滅絕一切個別認知和情感的特質：不在任何事上尋求滿足，也不個別地了解任何事，留守在其空虛和黑暗中，以周全的準備接納一切。聖保祿的話可以證實：**像是一無所有的，卻無所不有**（〈格林多後書〉第六章第十節）。像這樣的心靈貧窮堪當承受這個真福。

22.〈格林多前書〉第二章第十節：「可是天主藉著聖神將這一切啟示給我們了，因為聖神洞察一切，就連天主的深奧事理也洞悉。」
23.〈智慧書〉第七章第二十四節：「智慧比一切活動更為活動；她是如此精純，能滲透深入一切。」

第九章

雖然這個夜使心靈黑暗，卻是為了光照心靈，給他光明。

❶ 那麼關於所說的這個夜，在此還有些要說的，即使這個幸福的夜使心靈黑暗，這麼做只是為了給予對一切事物的光明。即使貶抑一個人，顯露他的可憐，這麼做只是為了舉揚他。即使這個夜使靈魂所有的一切和本性的情感赤貧和空乏，這麼做只是為了使他得以伸展，而能如同天主一般地，享有上天下地所有的事事物物，在萬有中懷著心靈的普遍自由。

那混合所有天然合成物的元素，它們必須不受任何個別的顏色、氣味和味道影響，因而能和所有的味道、氣味和顏色和諧並存。同樣，心靈必須單純、純潔，對所有本性的情感，無論是當下的、或習慣性的，都要赤裸；為的是能以圓滿的心靈自由地和神性的智慧交往。於此，由於靈魂的純潔，他以某種卓越的程度嘗到所有事物的愉悅。沒有這個煉淨，靈魂絕對不能體驗，也不能滿足於這一切靈性愉悅的豐盈。只要有一個貪戀、或一個個別的對象，當下或習慣性地束縛著靈魂，就足以使之無法感受，也不能享有這愛之心靈的靈巧和親密的愉悅，其中包含至極卓越的所有愉悅。

❷ 由於以色列子民貪戀曾在埃及嚐過的食物和肉（〈出谷紀〉第十六章第三節），

他們無法品嚐出曠野中的瑪納——天使之糧，亦即，如《聖經》所說的，其中**具有各種美味，適合各人的口味**（〈智慧書〉第十六章第二十節至二十一節）。同樣，一些當下或習慣的貪戀、或一些特別的認知、或其他任何的領悟，如果影響著心靈，則無法品嚐自由心靈的愉悅。

理由在於，成全心靈的情感、感受和領悟，由於是神性的，是屬於另類的層次，而且是這麼卓越，這麼的不同於本性，致使對於其當下和習慣所擁有的，需要滅絕和驅逐本性的情感和領悟；因為兩相矛盾的事物，不能共存於一個主體內。

因此，靈魂前進達及這些崇高的境界，默觀的黑夜必定先要滅絕他，破滅他的卑劣，置之於黑暗、乾枯、衝突和空虛中。因為傳達給靈魂的這道光，是極高貴的神性之光，超越所有本性的光，自然地，這不是理智所能容納的。

❸ 達到與神性之光結合的理智，在成全的境界中也變成神性的。這個黑暗的默觀，首先必定要煉淨和滅絕理智的本性之光，真的把它帶進幽暗中。這個黑暗會有多久，等同於驅逐與滅絕理智習慣性的理解方式，所需要的時間，這是很合宜的，因為本性的理智已經過長期的使用，而這神性的光和光照要來取代它的位置。由於理智的理解能力是本性的，它在此忍受的黑暗是深奧、可怕和至極痛苦的。這個黑暗好似黑暗的本體，因為是在心靈的很深的實體中感受到的。

在此愛的神性結合中賜予的愛之情感，也是神性的；因此，非常靈性、微妙、靈巧和內在，遠超意志的每一個情感和感受，也超過所有的欲望。為此，意志首先必須受煉淨，滅絕它的所有情感和感受，好能藉著愛的結合，體驗並品嚐神性的情感和愉悅，這是如此崇高，而非自然而然地屬於意志。靈魂被留在乾枯和愁苦中，相稱於其習慣性的本性情感（無論是對於屬神的，或屬人的事物），使種種的邪惡，在此神性默觀的火中虛弱、枯竭和精煉，如同多俾亞把魚心放在火上一般㉔。靈魂會變得純潔和單純，帶著煉淨過的，且健康的味覺，準備好去體驗神性之愛的崇高和神妙的接觸。驅逐了所有當下和習慣的阻礙後，它會看到自己在這些神性的觸動中神化。

❹再者，於此結合中，黑夜是個準備，靈魂在與天主的交往中，必定被賦予且充滿某種光榮的輝煌，包含無以數計的愉悅。這些愉悅超過靈魂能以本性的方式，擁有的所有豐足的愉悅。因為本性如此的虛弱和不純潔，不能領受這些愉悅。如依撒意亞所說的：**眼所未見、耳所未聞，祂所準備的是人心中未曾想過的**，等等（〈依撒意亞〉第六十四章第四節）。因此靈魂首先必須被置之於心靈的空虛和貧窮中，煉淨每一個本性的支持、安慰和領悟，無論是上天或是下地的。這樣的空乏，心靈真的是貧窮的，剝除掉舊人，因而能度嶄新和真福的生活，亦即與天主結合的境界，經由這個夜而獲得的㉕。

❺由於靈魂對所有神性和人性的事物，具有非常豐足和愉悅的神性感受與認知，這和他平常的經驗及本性的認知無關。那麼，按其平常和本性的經驗方式，他必須被精煉和磨煉，（因為現在他的眼睛所看的這些事物，和先前看的不一樣，就如心靈之異於感

24.〈多俾亞傳〉第六章第八節：「魚的心肝，若在魔鬼或惡神纏身的男女面前焚化成煙，一切惡魔都要從他身上逃走，永不再住在他內。」
25. 這裡的主要思想是心靈的貧窮，使舊我轉化成為新人，以及人而有限，和天主而屬靈，兩者之間本性的不一致。 在別處論及這些觀點時，若望也引用依撒意亞的這句話。參閱《攀登加爾默羅山》第二卷第二章第四節，第八章第四節；第三卷第二十四章第一節。

官，及神性之異於人性）。藉此煉淨的默觀，被置之於可怕的極苦和憂傷中。記憶必須從所有愉快和平安的認知中抽離，從內心感到對所有事物的疏遠，它會認為所有的事物已不同於往昔。

這個夜使靈魂離開他習慣的經驗方式，把他帶入神性的經驗中，這與所有的人性方式完全不同。靈魂認為，在這個夜中，折磨把他帶出了自己以外。有時候，靈魂很納悶，是否自己著了魔，他走來走去，非常驚奇於他所看見和聽見的。事事物物，看起來是這麼的不一樣，即使他一直都是老樣子。理由在於他的靈魂已漸走漸遠，他對事物的平常認知和經驗已大不相同；甚至被滅絕，使之能得到神性的通傳，這更是屬於來世，而非今生。

❻ 一個人忍受這一切心靈的痛苦煉淨，使之藉著神性的湧流，在靈性的生命中重生，透過這些痛苦，可帶來救恩，應驗了依撒意亞的話：**上主！我們在祢面前，也像懷妊痙攣，給大地帶來救恩**㉖。

再者，靈魂應該放開先前所有的平安，因為這個默觀的夜預備他，使他獲得內在的平安，這平安具有這樣的優質，如此的愉悅，如同教會所說的，超越一切的理解㉗。先前的平安不是真平安，因為仍附帶著許多的不成全；雖然對靈魂而言，行走在愉悅中好像是平安。這裡似乎有兩次的平安，感官和心靈的，靈魂在自己內看見靈性的豐足。這個感官和靈性的平安，由於仍然不成全，必須首先被煉淨；靈魂的平安必須被擾亂和驅

26.〈依撒意亞〉第二十六章第十七節至十八節：（思高聖經）「有如懷妊臨產的婦女，在苦痛中痙攣呻吟；同樣，上主！我們在你面前也是如此：我們也像懷妊痙攣；然而所產的竟是風，沒有給大地帶來救恩，世界的居民也未因此而得生。」

逐。我們所引述的經文證明對於這夜的憂苦，耶肋米亞感受到這個擾亂，痛哭他所失去的平安：**祂除去了我心中的平安，我已經忘記了一切幸福**（〈耶肋米亞哀歌〉第二十六章第十七節）。

❼ 這個夜是個痛苦的擾亂，包含許多的痛苦、想像和靈魂內在的掙扎。由於領悟和感受到自己的可憐，他懷疑自己已經喪亡，他的福祐已永遠失落了。其心靈的悲傷和呻吟如此之深，竟變成猛烈的心靈吼叫和吶喊，有時則發出聲來，並融化在眼淚中（如果他還有能力和力氣這麼做），雖然像這樣的釋放是很少有的。

達味也有這個考驗的經驗，他很清楚地在一首聖詠中提到：**我非常憂苦和受貶抑；我內心的呻吟在吼叫**（〈聖詠〉第三十八篇第九節）。這個吼叫包含很大的痛苦。有時候，由於突然且尖銳地記起他的卑劣，這個吼叫變得這麼大聲，情感滿滿的是痛苦和疼痛。除了聖約伯遭受此磨難時引用的比喻外，我不知要如何加以描述：**就像泛濫流溢的水，我的吼叫正是如此**（〈約伯傳〉第三章第二十四節）。正如水有時這樣的泛濫流溢，壓倒一切，這個吼叫和感受如此增長，竟至滲出且淹沒一切，使一個人的深度情感和活力，滿溢不可言喻的心靈極苦和折磨。

❽ 這些是這個夜在靈魂內產生的效果，把一個人對白天光明的希望遮蓋起來。約伯先知也說：**夜間我的口被痛苦刺透，那餵養我的人都不安息**（〈約伯傳〉第三十章第十七節）。這口指出意志被這些痛苦刺透，這些痛苦既不安息入睡，也不停地把靈魂撕成

27. 〈斐理伯書〉第四章第七節：「這樣，天主那超乎各種意想的平安，必要在基督耶穌內固守你們的心思念慮。」這一段保祿的話，當時是在將臨期第三主日，即喜樂主日的午時經誦唸的，為此而說「如同教會所說的」。

碎片；因為這些懷疑和害怕滲透靈魂，總不休息。

❾ 這個戰爭和搏鬥是很深的，所期望的平安也是非常深奧的。這個心靈的痛苦是最深入和精細的，因為靈魂將要擁有的這個愛也是非常親密和微妙的。其次，所完成的工作有多麼深入和純淨，其辛勞也必然是等量的深入、盡心而為和真實。同樣地，建築物有多麼穩固，相稱於其付出的力氣。如同約伯所說的，**靈魂在其內枯萎凋謝，內心極深處沸騰不安，毫無希望**（〈約伯傳〉第三十章第十六節、第二十七節）。

正因為這個成全的境界，乃經歷煉淨之夜達到的，靈魂必會達到，在其官能的實體，占有並享受恩惠和德行上無限無量的美善。靈魂首先必須以一種普遍的方式，感受到對這些美善的疏離、剝除、空虛和貧乏。他會認為自己已遠離這一切，由於這樣的確信，除了自認為一切美善都已完了，沒有人能勸服他、或使他相信別的。耶肋米亞在前述的引言中說：**我已經忘記了一切幸福**（〈耶肋米亞哀歌〉第三章第十七節）。

❿ 不過，現在我們要來檢視一下，這默觀之光，對靈魂本來是這麼柔和與友善的，也是靈魂必須與之結合的同一道光。從這光中，他會找到所渴望成全之境的全部美善。那麼，為何在初步的階段，當這光照耀靈魂時，造成這麼痛苦和無情的效果呢？

⓫ 我們能很容易地回答這個問題，重述已局部地解釋過的話㉘；亦即，在默觀或神性事物的湧流中，其本身不會給人痛苦。如後來要說的㉙，其實默觀給予的是甜蜜和愉悅。其之所以無法體驗這些令人愉悅的效果，理由在於靈魂當時的虛弱和不成全，他的

28. 見第二卷第五章。
29. 這話指出若望計畫註解全部的詩句，其最後的詩節寫的是結合。然而這部著作沒有完成。

準備不夠充分，所具有的資格和這光背道而馳。由於這些理由，當這光照耀靈魂時，他必須受苦。

第十章

使用一個比喻，徹底地解釋這個煉淨。

❶ 在此，為了更進一步地解釋這個煉淨，我們理當注意一下，所說的這個煉淨和愛的認識，或神性之火，在靈魂上產生的效果，和火對木頭造成的效果是一樣的。靈魂之被煉淨，預備好和神性之光結合，就像準備好木頭，焚化成為火。因為物質之火的第一個行動是使木頭乾燥，除掉所有的水份和溼氣。逐漸地燒黑木頭，使它漆黑和醜陋，甚至放出臭氣。待木頭乾燥後，火帶來光，除掉所有的醜和黑，這些附質是相反火的。最後，從外面增加熱度，燃燒木頭，焚化木頭成為火的本身，使木頭如同火一樣的美麗。木頭一旦焚化之後，除了它的重量和數量比火稠密，其自身不再有任何的主動或被動。焚化的木頭具有火的特性，且形成火的動作：它是乾燥的，也是熱的；它是熱的，且散發熱力；它是明亮的，發光照耀；它也比從前的重量輕得多。在木頭上導致這些效果的就是火[30]。

30. 這個比喻很貼切地描述整個的靈修生活中，天主在靈魂內的行動，尤其是在《黑夜》和《愛的活焰》兩本書中所陳述的，參閱《愛的活焰》序第三節；第一章第三節至第四節、第九節、第二十二節至第二十三節、第二十五節、第三十三節；《攀登加爾默羅山》第一卷第十一章第六節；第二卷第八章第二節。

❷ 同樣，對此默觀之愛的神火，我們應該以哲學的立場來探究。在神化靈魂之前，這火煉淨靈魂內所有的相反特質。這火導致黑暗和隱晦，呈顯出靈魂的醜陋；看起來好似比以前更糟糕，而且更醜陋和惡劣。這個神性的煉淨翻動所有卑劣和惡毒的情緒，這些情緒非常根深蒂固，穩穩地駐紮在靈魂內，這是他未曾注意到的。為此，他不知道自己是這麼壞；現在，為了要將之驅逐和滅絕，全都置之於眼前㉛。由於此神性默觀的黑暗之光照射，使靈魂這麼清楚地看見，雖然靈魂並沒有比過去更壞，無論是他自身、或他與天主的關係，都沒有更不好。但他現在清楚地感受到，自己是這麼壞，不只不堪天主注視他，更應該受到天主的憎惡。事實上，他現在感到天主真的厭惡他。這個比喻能使我們明瞭許多正在講解，及後來要說的事情。

❸ 首先，我們能了解，這充滿愛的光和智慧，要與靈魂結合，並使之神化的。正是開始時，煉淨和預備靈魂的同一道光，就好像火焚化木頭，先使木頭和火合併，準備好這個焚化。

❹ 第二，我們辨識出來，這些痛苦的經驗，不是來自這個智慧，因為如智者所說，**一切美物都伴她而臨於靈魂**（〈智慧書〉第七章第十一節），而是來自靈魂自身的軟弱和不成全。沒有這個煉淨，靈魂無法領受這神光，得到智慧的甜蜜和愉悅。正如尚未備妥的木頭，無法被施加於其上的火焚化。為此之故，靈魂這麼猛烈地受苦。〈德訓篇〉上說得好，證實了我們所說的，為了要和智慧結合，且享有智慧，所承受的痛苦，這樣說：

31. 參閱《黑夜》第二卷第五章第五節。

為著她，我的靈魂曾經奮鬥過；為尋求她，我五內不安；我現在得到了她，無異獲得了至寶（〈德訓篇〉第五十一章第二十五節、第二十九節）。

❺ 第三，我們能由此推論靈魂在煉獄受苦的情況。如果他們沒有使之受苦的不成全，那麼，用之於他們的火也會失去力量。這些不成全是使火燒起來的燃料，一旦除掉不成全，就沒有留下什麼可以燃燒的。所以，在此塵世亦然；當不成全除掉之後，靈魂的痛苦終止，留下來的是喜樂。

❻ 第四，我們從中推論出，正如這愛的火煉淨和淨化靈魂，更進一步地在愛內燃燒，正像火準備焚燒木頭時，使之更為灼熱。雖然如此，靈魂並非經常感受到這個愛的燃燒。而是有時候，當默觀沒有這麼猛烈時，靈魂得以觀察，甚至歡享已獲致的工作成果，因為那時這些好效果顯露出來。彷彿一個人停工，並從熔鐵爐中取出鐵來，看看所完成的是什麼。所以，靈魂能領會這個美善，這是當工作在進行時，無法獲知的美善。為此，當火焰停止撲向木頭時，就得以清楚地看到木頭燃燒的程度如何。

❼ 第五，我們也能從這個比喻推論出。如我們先前所說的[32]，為什麼經過這個緩和之後，靈魂再次受苦，且比過去更加激烈、更深入。因為經過那樣的顯示之後，神愛之火再度返回，更深入地灼傷靈魂必須淨化和銷毀的部分。於是，靈魂的痛苦更是刻骨銘心、微妙和靈性，相稱於必須清除之不成全的內化、精巧、靈性和根深蒂固。這個更深的淨化，相似火燃燒木頭的動作：就像火更深入地燒透木頭時，它的動作變得更強有

32. 見本卷第七章第四節至第六節。

力，也更猛烈地預備最深入的部分，使火侵佔木頭。

❽ 第六，我們從中獲知，何以靈魂自認為所有的美善都完了，自己罪惡滿盈。這時，除了痛苦之外，什麼也覺察不到。就像木頭的例子中，給予最多的是銷毀的烈火，而非空氣或其他的任何東西。然而，後來像先前一般，淨化與緩和一再重覆出現時，由於其更深入的淨化，靈魂的喜樂也更為內在。

❾ 第七，我們推論得知，當淨化很快再回來時，即使在這些休息的期間，靈魂的喜樂非常豐沛，如我們指明的，竟至有時使他認為再不會有痛苦了。這裡會有一個感受，如果人加以留意，而有時他不能不留意到這事，自己內仍存留罪惡之根。這個留神不容許人享有完全的喜樂，好似這個淨化快要來襲擊靈魂。當靈魂有了這個感受時，淨化很快再度回來。最後，更內在的部分仍有待煉淨和光照，無法被已淨化好的部分隱藏，就好像，仍需受光照的木頭最深部分，和已煉淨的部分，兩者之間的非常顯著的不同。當這個淨化再次更深入地返回時，靈魂會再次認為所有的美善都已告終，所有的福祐再也不會回來了，置身於這些更內在的痛苦中，他完全看不到所有外在的美善。

❿ 那麼，謹記這例子，以及首詩節第一詩句的註解，即有關這個黑夜及其可怕的特質。現在是合宜的時候，擱下靈魂的這些哀愁的經驗，開始探討靈魂流淚的果實，及其幸福的特點，他開始在第二詩句中詠唱：**懸念殷殷，灼燃愛情**。

第十一章

開始解釋首詩節的第二詩句，說明由於這些黑暗的困境，靈魂處在神性的猛烈熱愛中。

❶ 第二詩句談及愛火，如同物質之火在木頭上的行動，在此痛苦的默觀之夜中，穿透靈魂。雖然我們現在談論的灼燃之愛，有點相似在靈魂感官部分所發生的，但卻有所不同，其差別就好像靈魂之於身體、或心靈部分之於感官部分[33]。由於這愛的燃燒發生在心靈中。因此，靈魂在這些黑暗的衝突當中，生動且靈敏地感受到，他被強烈的神性之愛創傷，他對天主有一種感受和預嘗。然而，他卻毫無特別的理解，因為就像我們所說的，理智處在黑暗中。

❷ 心靈在此經驗到熱切又強烈的愛，因為這心靈的燃燒導致愛的熱烈之情。由於這愛是灌注的，是比較被動而非主動的，因此在靈魂內產生愛的強烈熱情。現在，這愛開始多少擁有一些和天主的結合，因而以某種程度分享這個結合的特質。這些特質是天主的行動，而非靈魂的行動，它們以被動的方式屬於靈魂。雖然靈魂在此予以同意。然而，惟有行將與靈魂結合的天主之愛，傳達出愛——或靈魂在此所說的燃燒——的熱與力、溫暖和熱情。這愛發現靈魂已準備妥當，可以接受在他內的結合和創傷，端賴其所

33. 在這幾章中，若望論及愛的各種等級。本書中，這些主要的等級是很明顯的：感官層面熱心的感受（《夜》第一卷第一章第二節）；對於事奉天主的充滿乾枯的掛慮（《夜》第一卷第十一章第二節）；感官層面灼燃的愛（《夜》第一卷第十一章第一節）；尊敬的愛（《夜》第二卷第十三章第五節）；心靈中充滿熱烈灼燃的愛（《夜》第二卷第十一章第一節至第五節，第十三章第三節至第九節）。

有的欲望達到何等的收斂、不看重和不占有，且沒有任何上天下地的事物能使之滿足。

❸ 這事非常特別地發生在此黑暗的煉淨中，如我們所說的，因為天主這麼地使滿足斷奶，這麼地收斂欲望，使之無法在任何的事物上尋得滿足。天主做這一切事，為的是，藉著使欲望脫離其他的事物，使靈魂在自己內收斂。祂堅強靈魂，給他能力得到這強烈的愛之結合，此乃藉此煉淨，天主開始賜予的。在此結合中，靈魂以其全部的力量，和所有感官與心靈的欲望，熱烈地愛天主。如果這些欲望因為滿足於其他事物而分散，這樣的愛是不可能的。為了獲得這個愛之結合的力量，達味對天主說：**我為祢保留我的力量**（〈聖詠〉第五十九篇第十節）。亦即，我官能的所有能力、欲望和力量，不要在任何除祢以外的事上使用它們，或尋求滿足[34]。

❹ 因此，我們能以某一方式深思，這個在心靈內的燃燒能夠是多麼明顯和強烈。天主集中靈魂內心靈和感官的所有力量、官能和欲望，致使這整個和諧組合的能力和力量能運用在這個愛上。靈魂因此能真正實行第一條誡命，既不輕視屬人性的事物，也不將之排除在這個愛之外，說：**你們應當全心、全靈、全力愛上主，你們的天主**[35]（〈申命紀〉第六章第五節）。

❺ 當靈魂受創傷、觸動且激起熱情時，他的全部力量和欲望都聚集在此愛的燃燒中。我們如何能了解，這一切的力量及這些欲望的行動和衝勁呢？當靈魂覺察到這個強烈之愛的火和創傷，即激起這些行動和衝勁時，雖然靈魂仍未擁有這愛，也沒有從中得

34. 參閱《攀登加爾默羅山》第一卷第十章第一節；第三卷第十六章第一節；《靈歌》第二十八章第八節。
35. 參閱《攀登加爾默羅山》第三卷第十六章第一節。這神性之愛整合人的所有能力。

到滿足，而是存留在黑暗和疑慮中。的確，如同達味說的，**痛苦的飢餓如同狗，這些靈魂在城市中遊蕩、狂吠和嘆息，因為他們沒有充滿這愛**（〈聖詠〉第五十九篇第七節、第十五節至第十六節）。

因為這個神性之愛與火的接觸，如此地使心靈枯竭，也如此地燃燒起靈魂的欲望，切願滿足對這神性之愛的渴望，像這樣的人，這些渴望成千次地縈迴在們的心思中，且以無限的方式思念天主。達味在〈聖詠〉中淋漓盡致地表達出這個情境，他說：**我的靈魂渴慕祢，我的肉身以許多方式切望祢**（〈聖詠〉第六十三篇第一節）；亦即，充滿著渴慕。而另一個譯本則說：我的靈魂渴慕祢，我的靈魂失落自己，或為祢而死[36]。

❻ 為此之故，靈魂在此詩句中說，懸念殷殷，灼燃愛情（*en amores inflamada*），而非懸念殷殷，處在愛中（*en amor inflamada*）。因為在所有的事情和思想中，及所有的事務和事件中，他以許多的方式去愛和渴望，同時也在他的渴望中，時時處處，以許多的方式受苦。沒有任何事使他安息，因為在此燃燒的創傷中，他感受到這個懸念，如同約伯先知解釋的：**有如奴工切望陰涼，傭工期待工資：這樣，我也只有承受失意的歲月，為我注定的苦痛長夜。我臥下時說：「幾時天亮？」我起來時又說：「黑夜何時到？」我整夜輾轉反側，直到天亮**（〈約伯傳〉第七章第二節至第四節）。

對這個靈魂而言，一切都變得狹窄：他在自己內沒有容身之地，在上天下地之間亦然。他充滿悲傷，竟至滿是黑暗，如同約伯在這裡所說的。此係以靈性的意義說的，且

36. 這是唯一的一次，十字若望提到另一個《聖經》譯本，很可能是古老的《七十賢士拉丁文譯本》。

是從我們的觀點說的。靈魂在此經歷的憂苦，是沒有安慰的痛苦，無法希望得到什麼靈性的光明和美善。

在此愛的燃燒中，這個靈魂的懸念和痛苦更為強烈，因為它們雙倍地增多：其一，藉著心靈的黑暗，靈魂深陷其中，因為懷疑和害怕而受苦。其二，至於天主的愛，使之燃燒且鼓舞，並以愛的創傷不可思議地翻攪他。

❼ 依撒意亞清楚地解釋，處於此境時，這兩種受苦的方式，那時他說：**我的靈魂在夜間渴慕祢**（〈依撒意亞〉第二十六章第九節），亦即，在此悲慘的情境中。這是在黑暗之夜受苦的一個方式。然而，他也說，**我們的心神在清晨尋覓祢**（〈依撒意亞〉第二十六章第九節）。這是第二種受苦的方式：在心靈的至極深處，懷著愛的渴望和焦心切望，這是心靈的感受。

然而，在這些黑暗的愛和憂苦中，靈魂在其內感到某種的陪伴和力量。這些內在的感受，這麼地陪伴靈魂，使他堅強有力，因為當這個艱辛的黑暗過去之後，靈魂通常感到孤單、空虛和虛弱。理由在於，因為襲擊靈魂的這個愛的黑暗之火，其力量和效果是以被動的方式通傳，且刻印在靈魂上的。當這個襲擊停止時，這個愛的黑暗、力量和溫暖也隨之終止。

第十二章

說明這個恐怖的煉淨之夜相似什麼，及神性的智慧如何光照在此塵世的人，且以同一光明煉淨和光照天上的天使。

❶ 因此，我們能明瞭，就像這個愛火的黑夜在黑暗中煉淨，也是在黑暗中，使靈魂燃燒起來。我們也能注意到，正如心靈在來生中，以黑暗的物質之火煉淨，同樣，在今生，靈魂被黑暗和充滿愛的靈火煉淨和潔淨。其不同之處在於：靈魂在來生中被火煉淨，然而在今世，只被愛潔淨和光照。達味要求這愛，那時他說：**天主，求祢給我再造一顆純潔的心**，等等（〈聖詠〉第五十一篇第十二節）心的潔淨無非就是天主的愛和恩寵。我們的救主稱「心地純潔」是有福的（〈瑪竇福音〉第五章第八節），而稱之為有福，也就是說，他們沉浸於愛，因為真福無非來自愛。

❷ 耶肋米亞清楚地指出，靈魂被充滿智慧的愛火光照而煉淨（因為沒有愛，天主決不會賜予神祕的智慧，由於是愛本身傾注給靈魂的），他說：**祂從上降下火來，深入我的骨骸**（〈耶肋米亞哀歌〉第一章第十三節）。而達味說，**天主的智慧是在火中精煉的純銀**（〈聖詠〉第十二篇第六節）[37]，亦即，在愛的煉淨之火中。這個默觀在每個靈魂內，各按其能力和需要，灌注愛和智慧。它光照靈魂，煉淨靈魂的愚昧無知，如同智者說

37.《思高聖經》〈聖詠〉第十二篇第七節：「上主的聖言是真誠的聖言，如同純銀經過七次的鍛鍊。」

的，智慧在他身上所行的事（〈德訓篇〉第五十一章第二十五節至第二十七節）[38]。

❸ 在此，我們也可以推論出，這個天主的智慧，煉淨且光照這些靈魂，也煉淨天使的無知，並光照他們，在他們不知道的事情上，賜予知識。這個從天主降下的智慧，從最高品級直到最末，級級相傳，再從最末的品級傳到人類。所以，確實地，真的可以說，在《聖經》中，天使的所有工作，及他們傳達的感召，也是天主所完成和賜予的。因為，通常這些工作和感召，經由天使，來自天主，天使們依次將之通傳而下，毫不遲延。這個通傳宛如一道陽光，射透許多的窗子，一個接一個。雖然真是這樣，陽光穿透所有的窗子；然而，每個窗子各按其品質，以某種程度，把這光通傳給另一個。根據窗子離太陽的遠或近，這個通傳也有強弱之別。

❹ 因此，那些高級的靈及其後較低級的靈，若是愈靠近天主，則愈受到更普遍的淨化，他們更被煉淨和潔淨，最末的靈所接受的光照也更微弱和遙遠。為此，這個充滿愛天主的默觀，其通傳到最後的是人，天主之如此願意，必然是各按其模式領受，以非常有限和痛苦的方式。

天主的光，以淨化和賜給他們愛的甜蜜，來光照天使，因為他們是純靈，已準備好接受這個灌注。至於光照人類，如我們所說的，是藉著使他們黑暗，給他們痛苦和困苦，因為就本性而言，人是不純潔又軟弱的。就像陽光照射在生了病又溼溼的眼睛一般。這個愛火使這些人傾心熱愛，既熱烈又痛苦，直到藉著淨化使他們改善和神靈化，

38.《思高聖經》〈德訓篇〉第五十一章第二十五節至第二十七節：「為著她，我的靈魂曾經奮鬥過；我在遵行法律上，無微不至。」

39. 若望並沒有如願地談論他計畫的這個部分。關於天使品級的光照，其理論基礎係根據偽狄奧尼修斯（Pseudo-Dionysius）的著作：《論天上的聖統》（*De coelesti hierarchia*）英文版譯名為《*The Celestial Hierarchy*》。

他們因而能寧靜地接受這個愛的灌注，如同天使，及那些已淨化了的人。賴天主的助祐，後來我們要解釋這個境界㊴。無論如何，在此愛的困苦和渴望中，靈魂同時得到這個默觀和愛的認知。

❺ 靈魂並非常常感到這個愛的燃燒和懸念殷殷；因為在開始煉淨心靈時，神性之火在於乾燥和準備木頭——亦即靈魂，而非加熱木頭。然而，隨著時間流逝，火開始釋放熱力，靈魂通常感受到愛的燃燒和溫暖。

在此，正如理智由於這個黑暗，更為煉淨，有時會發生這樣的事，這個神祕和愛的神學㊵，在燃燒意志外，同時以天上的光明和認識光照理智，創傷理智。如此的愉悅和柔巧，意志因此神妙地被熱烈燃燒起來。這神性之火在意志內燃燒——意志是被動的，好像一道活的火焰。由於通傳給他的活的認識，這個愛現在看來好像一種活火。達味在〈聖詠〉中說：**我的心在我內滾滾沸騰，我愈沉思愈覺得烈火如焚**（〈聖詠〉第三十九篇第三節）。

❻ 這個愛的燃燒，以及意志和理智二官能的結合，對靈魂來說是至極的富裕和歡愉。因為這是一種神性的接觸，也是已經開始了靈魂所希望的成全的愛之結合㊶。因此，若非經歷許多的磨難和大部分的淨化，人不得領受這個接觸；即這麼崇高的經驗和天主之愛的接觸。不過，對其他較低層次，較普通的接觸，則不需要這麼多的煉淨。

❼ 從我們所說的可以推論出，當天主灌注這些靈性的美善時，意志無需理智的理

40. 譯註：意即默觀。
41. 關於這神性的接觸，請參閱《攀登加爾默羅山》第二卷第二十四章第四節，第二十六章第三節至第十節，第三十二章第二節至第四節。

解，就能非常容易地愛，就像理智無需意志在愛，也能認識。由於這個默觀的黑夜包括神性的光明和愛，就像火散發光與熱，當這個充滿愛的光通傳時，有時藉著愛火，更多地創傷意志。那時，理智留在黑暗中，沒有被這個光創傷。有時，這個愛的光以理解光照理智，意志則留在乾枯中。這一切相似於感受到火的溫暖，卻沒有見到火光，或看到火光，而沒有感受到火的熱。上主以此方式工作，因為祂隨其心意灌注默觀[42]。

第十三章

論默觀的黑夜在靈魂內工作的其他愉悅效果。

❶ 由於這個燃燒的方式，我們能了解，默觀的黑夜正在靈魂內逐漸導致一些愉悅的效果。因為有時候，如同我們所說的，它在這些黑暗中發光照耀，**而光在黑暗中照耀**（〈若望福音〉第一章第五節），寧靜地通傳這個神祕的知識給理智，意志則留在乾枯中；亦即，沒有愛的主動結合。這個寧靜，對靈魂而言，如此的柔巧和愉悅，實在無可言喻。有時這樣感受到天主，有時則那樣地感受天主。

❷ 如我們說的，有時這個默觀同時在理智和意志上行動，卓越地、柔情地、強有力地燃燒起愛。我們已經指出，一旦理智受到更多的煉淨，這兩個官能有時結合一起；根

42. 參閱〈格林多前書〉第十二章第十一節：「這一切都是這唯一而同一的聖神所行的，隨祂的心願，個別分配與人。」

據兩者的煉淨程度，這個結合的特質，變得更加成全和有深度。然而，達到這個等級之前，通常在意志感到燃燒的接觸，多於理智上理解的接觸。

❸ 在此有個問題：既然這兩個官能要受到同樣的淨煉，為什麼開始時，在煉淨的默觀中，通常所體驗的是在意志內愛的燃燒，甚於理智中理解的燃燒？

我們可以這麼回答，被動的愛，尚未在意志上直接行動，因為意志是自由的，而這燃燒的愛，更是愛的激情，而非意志的一個自由行動。愛的溫情創傷了靈魂的實體，因此而被動地推動愛情。所以，稱這個愛的燃燒為愛的激情，而非意志的一個自由行動。惟有當意志是自由時，才能稱之為意志的行動。然而，由於這些激情和愛情，與意志有關係；就是說，如果靈魂充滿激烈的愛情，意志亦然。這是真的，因為意志成為俘虜，失去自由，被激情的衝勁和強勢帶走。為此，我們能說，這愛的燃燒發生於意志內，亦即，意志的欲望被燃燒起來。因此，如我們所說，稱此燃燒為愛的激情，而非意志的自由修持。由於理智被動領受的能力，只能接受赤裸裸和被動的知識，而除非理智已經煉淨，否則無法領受這個知識。所以，理智尚未煉淨之前，靈魂經驗到知識的觸動比較少，愛的激情反而比較多。為了感受到愛的激情，意志無須在激情上如此地受煉淨；激情甚至有助於靈魂體驗非激情的愛。

❹ 由於這個愛的火和渴望是靈性的，和我們在感官之夜論及的其他愛的燃燒，大不相同。雖然感官部分也分享這愛，因為感官不會不加入心靈的工作，這個渴望的根和銳

點，在靈魂的更高部分感受到了。亦即，在心靈中，如此地感受並了解所體驗的，及缺少這個渴望，在其內導致所有感官的痛苦，即使這個痛苦無比地超過感官之夜的苦。但是和心靈的痛苦相形之下，則算不了什麼。因為靈魂深深地在自己內意識到，缺乏了無限無量且無可比擬的幸福。

❺ 我們應該指出，心靈之夜開始時，並沒有感受到愛的燃燒，因為愛火還沒有開始點燃。雖然如此，天主從一開始即賜予一種極高超的崇敬之愛。如我們所說的，在這個夜的煎熬中，靈魂至極的痛苦，乃是憂慮地認為他已經失去了天主，也遭到天主捨棄。所以，我們常能說，從這個夜一開始，懷著愛的懸念被碰觸，有時是崇敬之愛，有時則是燃燒的愛。

靈魂知道，在這些煎熬中，他感受的最大痛苦就是這個害怕。如果這人能得到保證，並不是一切都完了，喪失了，而是他們所受的苦，都是為了更好。事實也是這樣，天主並沒有氣他們，他們就不在意這些痛苦；相反的，要高興地知道，自己正在服事天主。他們對天主的崇敬之愛如此強烈，即使是隱晦的，且對之無所覺察，不止樂於受苦，他們甚至甘心死許多次，以取悅天主。然而現在，當這火在靈魂內燃燒起來，結合已獲得的對天主的崇敬之愛時，這靈魂經常獲得力量、勇氣和對天主的渴望，及通傳給他的愛的溫暖。他懷著無比的膽量，不看是什麼事，也不顧及什麼，在愛與渴望的強力和迷醉下，不看所做的是什麼，不假思索地，表現出怪異和過分的行為，為的是，和他所愛的（天主）相會。

❻ 無論瑪麗德蓮過去怎樣，她無視於宴席中的群眾，不管是顯貴或是無名之輩；也顧不得在主耶穌的客人面前痛哭流淚有欠妥當。她唯一掛心的是到祂面前，她的靈魂已為祂而受創傷，且著了火，毫不遲延，也不等待更適宜的時間（〈路加福音〉第七章第三十七節至第三十八節）㊸。這就是愛的迷醉和勇氣：她知道心愛的主已在墳墓中，被一塊巨石封住洞口，而且為了避免宗徒們來偷祂的遺體，四周圍都有衛兵把守，靈魂還是不讓這事阻止她，天還沒有亮，她就帶著香液，要去傅抹耶穌㊹。

❼ 最後，這個愛的迷醉和懸念，催促她問那個人，她以為那人是園丁，說是不是他偷走了屍體，如果是，請告訴她，把屍體放在哪裡，好讓她能取回來（〈若望福音〉第二十章第十五節）。她沒有明白，按照正常的判斷力和理智，這是很愚蠢的。因為顯然地，如果這人偷了，當然不會告訴她，更不會讓她去搬回來。

因為愛的強勁和猛烈是這樣的，凡他認為可能的事，他以為人人也都會這麼做。他不想人家會有別的做法，或除了他所尋找和熱愛的那位，還會去找誰？他相信，再沒有什麼要渴望或專務的，而且人人都在尋找祂和愛祂。當新娘在廣場和城郊尋找她的愛人時，她想其他的人也和她一樣在尋找，對他們說，如果找到了，要告訴他，她因愛成疾（〈雅歌〉第五章第八節）。瑪麗的愛如此熱切，她想，如果園丁說出把祂藏在哪裡，她要去把耶穌取回，無論會有多大的阻撓。

43. 根據聖大國瑞，過去的拉丁教會，一般都認為，瑪麗德蓮即是路加福音中悔改的罪婦。
44.〈瑪竇福音〉第二十七章第六十四至第六十六節；〈馬爾谷福音〉第十六章第二節。

❽ 這樣的心境，正是當靈魂在此心靈的煉淨中前進時，所體驗的愛的懸念。靈魂在夜間起來，亦即，在此意志情感上煉淨的黑暗中，好像母獅或母熊，當小獅或小熊被抱走，找不到時，牠們焦急熱切地，到處尋找（〈撒慕爾紀下〉第十七章第八節；〈歐瑟亞〉第十三章第八節）。這個受傷的靈魂起來尋找天主，由於靈魂置身於黑暗中，感覺不到天主，覺得為了愛祂而快要死了。此乃焦急難耐的愛，若得不到所愛的，則會死掉，這愛是不能長久忍耐的。辣黑耳懷著這樣的愛，切望生小孩，當時她說：**你要給我孩子；不然，我就死啦**（〈創世紀〉第三十章第一節）！[45]

❾ 不過，在此要知道，即使靈魂自覺可憐不堪，這麼配不上天主，就如在這些煉淨的黑暗中，為什麼能有這麼大的膽量和勇力奔向與天主結合呢？

理由是這樣的；由於現在愛傳達出力量，靈魂因之而真的在愛。又因為愛的特性是尋求結合與連結、平等和同化於所愛的對象，為的是在愛的幸福中達到成全。靈魂在此是這樣的，因為還沒有達到結合，他飢餓且渴求自己所缺乏的，亦即結合，而愛在意志內傳達的力量，使之焦急無耐，因而導致燃燒起來的意志，大膽而英勇。然而，在理智方面，尚未受到光照，仍處於黑暗中，靈魂感到不配，且自知可憐不堪。

❿ 我不願略而不談，何以這神性之光，即使總是靈魂的光，為什麼不立即襲擊靈魂，賜予光照，如同後來所做的，反而造成我們所說的黑暗和痛苦？在這個事上，我們已經有所涉及[46]。不過，我們可以特別回答這個問題：當神性之光襲擊時，靈魂所感受的

45. 這個焦急難耐的愛是《靈歌》前十二詩節的主題。

黑暗和罪惡，不是這光的黑暗和罪惡，卻是靈魂自身的。正因為這神光的照明，使靈魂可以看見這些罪惡。從一開始，神性的光照耀靈魂，不過開始時，他只能透過這光看到離他最近的、或說看到他自己，亦即，他的黑暗和可憐。他因天主的仁慈而看到這些，而這是他之前所看不見的，因為這超性的光還沒有照臨於他。因此，在起初時，他只感受到黑暗和罪惡。由於對這些黑暗和罪惡的認知和感受，受到煉淨之後，他的眼睛會有能力看見這神性光明的好處。一旦所有的黑暗和不成全都逐出之後，靈魂在此幸福的默觀之夜，所獲得的至極益處和美善，好似開始出現。

11 根據前述所言，我們可以明白，天主如何賜給靈魂恩惠，使之得到潔淨和痊癒。祂用強烈的清潔劑和痛苦的煉淨來潔淨靈魂，在其感官和心靈的部分，淨化靈魂對現世、本性、感性和靈性的事物，所有不成全的情感和習慣。天主這麼做，是藉著弄暗內在的官能，倒空他們內所有的這一切事物，約束並乾枯感官和心靈的情感，削弱靈魂對這一切的本性力量。一個人絕對無法獨自完成這個工作，如我們將要說明的[47]。天主使他死於非天主本性的一切，剝光他的舊皮，使之能穿上新的。所以，**是祂使你的青春更新如鷹**（〈聖詠〉第一〇三篇第五節）；**穿上新的自我**，如同保祿宗徒說的，**成為按照天主的肖像所造的新人**（〈厄弗所書〉第四章第二十四節）。這一切事，無非是以超性之光，光照人類的理智，使之成為神性的，且與神性結合。把天主的愛灌輸給意志，使之不再亞於神性，而且絕不會以非神性的方式去愛，卻與天主的聖意合而為一。記憶亦然；還

46. 參閱《黑夜》第二卷第五章第二至第三節，第二章第九節。
47. 見十六章。

有情感和欲望，全都按照天主的意思，轉變成為神性的。因此，這個靈魂成為天上的靈魂，充滿天上的氣息，說他是人，其實更是神。

如同我們已漸漸看出來的，天主在靈魂內完成這個工作，是經由夜，以神性來光照他，燃燒他，只為了天主，而懷著殷殷懸念，而非為了其他的什麼。因此，理所當然的，靈魂加上本詩節的第三詩句：**啊！幸福的好運！**

第十四章

解釋首詩節的最後三行詩句。

❶ 這個幸福好運來自以下的詩句所說的，**我已離去，無人留意，吾室已然靜息。**其中的隱喻乃是，當人想把事情做得更好，不受到阻礙，會在夜間，在黑暗中出去，那時人人都在屋子裡睡著了⑱。

靈魂必須離去，以完成如此英勇和少有的偉業，在外面和他心愛的天主結合；因為除非單獨、在外面且處於獨居中，我們無法找到心愛的主。因此，新娘渴望獨自找到祂，說：**我的兄弟，誰能把你給我？使我能在外面單獨找到你，把我的愛傳達給你**（〈雅歌〉第八章第一節）。這個傾心迷戀的靈魂必須離開他的屋子，好能達到他渴望的

48. 若望在夜裡逃出牢房，似乎對這首詩有些影響，參閱《攀登加爾默羅山》第一卷第十五章第一節。

目的。他必須在夜間離去，當屋內所有的人都睡著了，亦即，當靈魂低層的官能作用、激情和欲望，都因為這個夜而入睡和平息，這些家人醒著的時候，不斷阻礙靈魂接受任何的美善，反對靈魂的離去，不讓他自由地享有幸福。因為我們的救主在福音中說，**人的仇敵，就是自己的家人**（〈瑪竇福音〉第十章第三十六節）。必須使這些人的操作和行動沉入睡眠，使得靈魂可以領受與天主愛之結合的超性美善。因為當他們清醒和活動時，無法完成此一結合。所有靈魂的本性能力，阻止而非幫助靈魂接受此愛之結合的靈性美善。所有本性的能力，不足以產生超性的恩惠，惟有天主以被動、隱祕的方式，靜默地灌注給靈魂超性的恩惠。所有的官能必會接受這個灌注；為此之故，它們都必須是被動的，不以其本身卑下的活動，及惡劣傾向，加以妨礙。

❷ 對靈魂而言，這是個幸福好運。因為天主在這個夜裡，使所有的家人入睡，亦即所有在感官和心靈部分的官能、激情、情感。天主使之入睡，使靈魂能離去，達到與天主成全之愛的靈性結合，而不被看見。亦即，沒有這些情感……等等的阻礙。因為在夜裡，這些家人都沉沉入睡，且得以克制，把它們置於黑暗中。所以，他們不能以其卑下、本性的方式觀看或體驗任何事，那會阻止靈魂離開自我及感官的居室。

❸ 啊！對靈魂來說，這是何等的幸福好運，從感官的居室得到解放！按我的看法，這個好運，只有親身品嘗過的人，才會明瞭。因為到那時，這樣的人會清楚了悟，當臣服於官能和欲望的活動時，他們是何等不幸的奴隸，又是多麼可憐！他們會了解，何以

屬靈的生命才是真正的自由、富裕且蘊含著不可勝數的恩惠。在以下的詩節中，我們要明確地敘述其中幾個恩惠，我們會更清楚地明白，靈魂詠唱上述這個恐怖之夜的旅程，是幸福的好運，是多麼貼切合理。

第十五章

黑暗中，安全行進，
攀祕梯，裝巧隱，
啊！幸福好運！
置黑暗，隱蹤跡，
吾室已然靜息。

❶ 靈魂在詩歌中繼續詳述，列舉一些這個夜的黑暗特質，再次述說從中而來的幸福[49]。他論及這些特點以答覆沉默的異議。他說，我們不該想，因為這個夜與黑暗，靈魂所經歷的痛苦折磨、懷疑、害怕、恐怖，如前所說的，這人更有危險喪亡。正好相反，在這個夜的黑暗中，這人反而得救。在這個夜裡，靈魂巧妙地避開他的敵人，他

49. 本詩節在夜的經驗上，並沒有陳述任何新的境界，只是相同主題的一個不同說法。

們總是反對他離去。在夜的黑暗中，他的衣服變了，他用三種不同的服裝和顏色打扮自己，後來我們會加以談論[50]，而且攀登非常隱密的階梯，家中所有的人都不知道。這個階梯[51]，正如後來我們也會說明的，是活的信德，藉此，他非常隱匿地離去，為了完成他的計畫。為此，他不能不非常隱祕地逃離。在此煉淨的夜裡，靈魂特別安全，因為他的欲望、情感、激情等等，都已沉入睡眠，得到克制和死去。這些就是家中的人，當他們醒著或活著時，都不同意這個離去。以下的詩句這麼說：**黑暗中、安全行進**。

第十六章

解釋靈魂行走在黑暗中，何以是安全的

❶ 靈魂在此所說的黑暗，我們已說過，是關於內在和心靈的欲望和感覺官能，因為這個夜使其本性之光黑暗，由於這光的煉淨，它們可以受到超性的光照。因為這些感官和心靈的欲望已沉睡且削弱，無法享受任何屬神或屬人的事物；靈魂的情感受到壓抑和約束，不得隨心所欲，也找不到任何支持；想像受到束縛，無法做任何好的推理；記憶中止；理智暗淡無光，不能理解任何事，因而導致意志也乾枯和受束縛，所有的官能空乏而無用。在這一切上面，有朵濃密沉重的雲，使他憂心愁苦，不得接近天主。為此，

50. 見第二十一章。
51. 見第十八章。

在黑暗中，靈魂說他安全地行走。

❷ **黑暗中，安全行進**，這行詩句的理由已詳細說明了。一般說來，靈魂絕不會失誤，除非由於他的欲望、滿足或他的推論默想，或因為他的知識或情感。因為對於這一切，通常不是失之太過，就是不足，不是變化無常，就是錯誤愚蠢，或經驗到錯亂的傾向。一旦這一切的作用和行動受阻礙，顯然地，靈魂會在這些錯誤中安全地行走。因為不只從中得到釋放，也從其他的敵人中獲釋，亦即從世俗和魔鬼。當靈魂熄滅其情感和官能作用時，世俗和魔鬼就無法對靈魂引發戰爭。

❸ 因此，靈魂愈是在黑暗中行走，空乏本性的官能作用，則愈安全地行走。因為，正如先知所說，**靈魂的喪亡只來自他自己**（來自他的官能作用，及其內在和感官的欲望）。至於**他的幸福**，天主說，**唯獨從我而來**（〈歐瑟亞〉第十三章第九節）。靈魂的諸惡，既受到阻撓，惟有與天主結合的諸善，傳入欲望和官能。這些欲望和官能，在此結合中，變成屬神的，屬天的。在此，處於這些黑暗的時期中，如果靈魂觀看，他們會清楚看出來，那些使欲望和感官分心的，無用且有害的東西是多麼少，他們又是多麼安全，避免虛榮，不陷於驕傲和自負，除去空無又虛假的快樂，得免於其他許多的罪惡。靈魂行走在黑暗中，不只免於誤入歧途，而且快速地前進，因為他逐漸獲得許多德行。

❹ 在此立即有個問題：既然天主神性的事物本身在靈魂內導致善，是有益的，且是確實的，為什麼在這個夜裡，天主使欲望和官能黑暗，使它們對這些美好的事物不得滿

足，像對其他的事物那樣，甚至更形惡劣呢？問題的答案是，在這個時候，對這些靈性的事物，不宜有官能的作用和滿足。因為靈魂的官能和欲望是不純潔、卑劣和非常本性的。所以，即使天主把超性及神性的愉悅和交往賜給這些官能，他們也無法領受，因為他們只會以自己非常卑劣和本性的方式領受。如同哲學家所說的，**凡所領受的全是按照領受者的模式而領受**[52]。

由於這些本性的官能不純潔，也沒有力量或能力，以超性或神性的模式領受，並品嘗超性的事物，而只根據他們自己的模式。如我們所說，是屬人的，也是卑劣的。這些官能也應該針對這個神性而留在黑暗中。因為，先使其本性的方式斷奶、煉淨和滅絕，自會廢除其以卑劣和人性的模式去領受和工作。這樣，靈魂的這一切官能和欲望，都已調適和準備好，能夠領受、體驗和品嘗崇高且超越的神性和超性的恩賜，如果舊人沒有先死掉，這是辦不到的（〈哥羅森書〉第三章第九節）。

❺ 因此，所有靈性的恩賜，**如果不是從上而來，從光明之父而來**（〈雅各伯書〉第一章第十七節），從超越人的自由意志和欲望而來，無論人的喜好和官能多麼專注於天主，無論從中得到多少滿足，他們都無法以屬神和屬靈的方式享有，反而以屬人和屬本性的方式享有。因為美好的恩賜，不是從人到天主，而是從天主降來給人。

關於這事，或許這是個合宜之處來說明，為什麼有許多人對天主或對靈性的事物，懷有許多的喜好、情感和官能作用。或許他們自認為這麼做是超性的，也是靈性的；然

52. 參見《黑夜》第一卷第四章第二節。

而，很可能，其行動和欲望無非是本性和屬人的。因為他們自然而然地，把欲望和官能作用轉向任何對象，他們之對待靈性事物，及從中取得的滿足，無異於對待其他的事物。

❻如果後來遇有良機，我們將加以說明，舉出一些記號，以資辨識，靈魂在與天主交往時，其內在的動作和行動，什麼時候是純本性的？何時是純靈性的？又何時是本性和靈性兼具[53]。在此，所說的已足夠了，知道靈魂內在的動作和行動，若是來自天主神性的推動，首先必須使其本性的能力和官能作用黑暗、沉睡且平靜，直到這些能力和作用失去力氣。

❼那麼，屬靈的靈魂哪！當你看到自己的欲望隱晦暗淡，你的情感乾枯又受壓抑，你的官能做不了任何內在的修行。這時，你不要為此憂心愁苦，反而要視之為運氣真好；因為天主使你得到釋放，從你身上拿走你自己的活動。無論你能修行到何等高境，由於其中的不純潔和笨拙，都修不到如此的徹底、成全和安全。如同現在，天主親手帶領你，在黑暗中引導你，好像你是個瞎子，帶你走到一個你不知道的地方。無論你有多好的眼睛和雙腳，都無法自己走到那地方。

❽還有一個理由，在黑暗中，靈魂不只安全地向前進行，而且得到的收獲與益處更多。係因當他以新的方式，領受一些更好的恩賜時，通常是以他最不了解的方式領受，所以他往往自以為迷失了。因為他從未體驗過那樣新奇的事，使得他離棄自己和盲目，

53. 關於這些記號，他一直沒有清楚說明。

對先前的領受方式感到惶惑，認為自己正邁向喪亡，而非達成目的和獲得益處。正如我們所知道的，所喪失的是他所知道和體驗過的，而走在一條他不知道也未曾體驗過的道路上。

這就好像一個旅行者，要到一個不知道的新地方，他不能以先前所知道的來引導自己，反而要懷疑，並尋求其他人的指導。顯然地，如果他不走這些前所未知的新道路，並放棄那些熟識的途徑，就不能到達新的地方，也不會知道得比先前多。正是這樣，凡對其工作或技能知道得愈詳盡的人，總是經由黑暗，而非藉著先前所知道的。因為，如果不把先前知道的放開，他決離不開，也不會有何進步。靈魂亦然，當有所進展時，他行走在黑暗與不知之中。

因此，如同我們已說過的[54]，天主是這個盲目靈魂的主人和指導者。現在他已明白了我們這裡所說的，他真的能歡欣雀躍，並且說：**在黑暗中，安全行進。**

❾ 靈魂在這些黑暗中安全行走，還有另一個理由，即他痛苦地向前邁進。因為痛苦的道路更為安全，甚至更有益處，超過享樂和做事的道路。其一，因為在痛苦中，天主賜給靈魂力量，而在享樂和做事中，靈魂運用的是自己的虛弱和不成全。其二，因為在痛苦中，靈魂修練且修成德行，使之得以淨化，而更有智慧，也更加謹慎。

❿ 不過，在此還有另一個更主要的理由，靈魂在這裡之所以安全地行走於黑暗中，係因為所說的這光、或說是隱晦的智慧，使靈魂這麼的專注，且凝神於此默觀的黑夜，

54. 見本章第七節。聖十字若望傳授的靈修輔導中，這是一個重要的因素。

把他安置在這麼靠近天主的地方，因而受到保護，得免於非天主的一切。因為，就像在這裡，靈魂正接受治療，以恢復健康，正是天主，至尊陛下親自給他規定飲食，戒絕所有的東西，破壞靈魂對這一切的欲望。就好像在那很重視治療病人的家中，他們把病人守護在裡面，不讓空氣和光線危害他，也不使他聽到腳步聲或耳語，供給的食物非常精緻，也很有節制，以食物的實質為主，而非美味。

⓫ 這一切的特性，都是使靈魂安全，保護靈魂，在他內導致這個黑暗的默觀；因為他已經處在更靠近天主的地方。因為，當靈魂愈靠近天主，由於他的軟弱，他愈感到濃厚的黑暗，深沉的隱晦。就像愈靠近陽光，由於眼睛的虛弱和不純潔，愈感覺燦爛的光輝造成的黑暗與痛苦。因此，天主的靈光這麼浩大無際，又這麼超越本性的智慧，當這光愈靠近時，導致本性的理智盲目和黑暗。

為此之故，達味在〈聖詠〉中說：**在祂四周有黑暗作幃帳，密雲黑水當作祂的屏障**（〈聖詠〉第十八篇第十二節）。這密雲黑水象徵這些靈魂內黑暗的默觀和天主的上智，如我們已說過的。當天主使他們與祂結合得愈靠近時，他們覺得這個黑暗就在祂的近邊，好像祂所居住的聖所。這樣，對天主來說，愈是卓絕的光和明亮，對人則愈是黑暗，如聖保祿所說的（〈格林多前書〉第二章第十四節）。又如達味在同一篇〈聖詠〉隨即說明的：**因為祂的面前輝煌燦爛，出現濃雲和洪水**（〈聖詠〉第十八篇第十三節）[55]。亦即，所出現的是覆蓋本性的理智的光明，如依撒意亞在第五章中說的：**光明遮蔽在密雲中，**

55.《思高聖經》譯文：「閃電在祂前輝煌，紅炭發出了火光」，和原文不同。

成了晦暗（〈依撒意亞〉第五章第三十節）。

⓬ 人生不幸的命運啊！我們活在這麼多的危險中，這麼難認識真理。最清楚和最真實的事，對我們卻是最黑暗和最可疑的。為此，我們逃避那最適宜我們的，擁抱那最明亮的和最滿足眼目的，追隨對我們最糟的事物，因而步步跌跤！人的生活中有多少的危險和恐懼。因為人本性眼睛的光，本該是他們的嚮導，卻首先在走向天主的道路上欺騙他們。如果他們要確實看到往何處去，則必須閉上雙眼，在黑暗中行走，方能安全地行走，防備他們自家的敵人，也就是他們的感官和官能！

⓭ 所以，靈魂在這個黑水中受到很好的隱藏和掩護，此乃靠近天主。因為，正如這黑水是天主的聖龕和住所，同樣，也有益於靈魂，是完美的掩護和安全，雖然使靈魂處在黑暗中，靈魂在此得以隱藏和掩護，避開自己，也避開來自受造物的損害，如我們所說的。

達味在另一篇〈聖詠〉所說的，也可用來說明這些靈魂：**祢將他們掩護在祢儀容的影下，免遭世人的重創；又將他們隱藏在祢帳幕的裏面，免遭口舌的中傷**（〈聖詠〉第三十一篇第二十一節）。這些話可以說明所有的掩護方式。掩護在祢儀容的影下，免遭世人的重創，就是指這個黑暗默觀的防禦，對抗所有能因人而來的事件。而又將他們隱藏在祢帳幕的裏面，免遭口舌的中傷，意指靈魂專注於這個黑水，此乃達味所說的帳幕。在此，由於靈魂所有的欲望和情感已斷奶，而且官能黑暗，所有違反心靈的不成全得到釋放，無論這些不成全是從自己，或從其他受造物而來。這個靈魂在此真的能說，**在黑暗中，安全行進**。

⓮ 還有另一個頗為靈驗的理由，有助於我們清楚明瞭「靈魂在黑暗中，安全進行」，亦即，為了使靈魂剛毅，從一開始就賜給靈魂這個來自天主的隱晦、痛苦和黑水。總之，雖然是黑暗，是水，卻在最適宜靈魂的情況下，使他重新振作和剛毅，雖然是在黑暗和痛苦中。因為，靈魂必然在自己內看到一個真實的決心和動力，不做任何明知故意冒犯天主的事，也不忽略任何自知是服事天主的事。因為，該做什麼、或不做什麼，以博得天主的歡心，這黑暗的愛，在靈魂內燃起不尋常的謹慎用心，及內在的勤勉。他深思細想，有否惹天主生氣，這思想成千次地盤旋在他的腦海裡。他比從前更用心，也更勤勉地做這一切，如同前述談及愛的切望時所說的[56]。因為在這裡，靈魂所有的欲望、力量和官能都避開其他一切事物，他的努力和力量只用來效忠天主。

就這樣，靈魂離開自己和一切受造物，朝向與天主甜蜜（又愉悅）的愛之結合：**黑暗中，安全行進**。

56. 見第十三章第五節。

第十七章

解釋何以這個黑暗的默觀是隱祕的。

攀祕梯，裝巧隱

❶ 我們要說明本詩句中的三個用語，其所包含的三個性質。其中兩個字「祕」和「梯」，指的是我們現在正談論的默觀的「黑夜」；第三個語詞是「裝巧隱」，指的是靈魂處在黑夜中的狀況。

至論前者，該知道，靈魂在本詩句中稱黑暗的默觀為「祕梯」。經由黑暗的默觀，靈魂離開而奔向愛的結合，乃由於在此默觀中具有兩個性質，是祕密的，也是梯子。我們要分別地談論。

❷ 首先，稱黑暗的默觀為「祕密」，因為如我們之前提及的[57]，默觀是神祕神學，神學家稱之為祕密的智慧，聖多瑪斯說，此乃經由愛通傳且灌注給靈魂的[58]。這個通傳對於理智和其他官能的工作是祕密和黑暗的。只要這些官能無所知覺，且是聖神在靈魂內的灌注和安置，如新娘在〈雅歌〉中說的，靈魂既不知道，也不明白這是怎麼回事，因而稱之為「祕密」。確實，不只靈魂不了解，而且也沒有人了解，甚至連魔鬼亦然。因為教導靈魂的老師（譯按：基督），實體性地居住在他內，無論魔鬼，或本性的感官、理智

57. 見第五章第一節。
58. 參見《神學大全》（*Summa Theologiae*）2-2．45．2。

都不能達到那裡。

❸ 默觀之稱為「祕密」，不只因為人沒有能力了解，也因為在靈魂內產生的效果。不只在煉淨的黑暗和磨難中，這愛的智慧是祕密的（因為靈魂無法訴說什麼），而且連後來處在光明中，得到更清楚的通傳時亦然。即使在那時，仍是非常祕密，不可言喻。靈魂也不願述說這個智慧，他找不到模式，也找不到方法或比喻來象徵如此崇高卓絕的領悟，如此巧妙的心靈感受。所以，雖然靈魂很願意講述這個經驗，絞盡心思加以比喻，往往還是祕密的，且是有待述說的。

由於這內在的智慧如此單純、普遍和靈性，進入理智時，沒有披戴任何感官的印象或形像，想像的官能無法形成觀念或使之定像，來予以描述。這個智慧不經過這些官能進入，官能也覺察不出其服裝和顏色，理智和想像都無法述說什麼，雖然靈魂清楚明白，他了解且享受這愉悅和非比尋常的智慧。就好像看到一個從未見過的東西，也沒看過與之相似的，即使能懂得，也能享受，卻無法為之命名或述說，無論如何努力也辦不到。對於經由感官覺知的事物，人們已感到難以描述，更何況非經由感官覺知的事物呢？豈不難上加難！天主的語言有此特點：對於靈魂非常深入親密，且是靈性的，超越一切能感知的事物，立即使內外感官所有的和諧組合（*harmonious composite*／*armonia*）與能力休止和靜默。

❹ 關於這事，我們有《聖經》中的話和例子。當天主對耶肋米亞說話時（〈耶肋米

亞〉第一章第六節），他顯出無法表達和敘述，不知要說什麼，只說：啊！啊！哎呀！梅瑟看到天主顯現在焚燒的荊棘叢，他在天主面前也作同樣的聲明，表示出內在的無能為力（〈出谷紀〉第四章第十節）。不只在和天主談話時，而且在談話之後，他不會也無法說話，如〈宗徒大事錄〉上所說的[59]，他不敢以內在的想像來思慮，他認為想像是很遙遠和變動無常的，既無法把在天主內所了解的變成形像，也不能領受這個認識。

由於默觀的智慧是天主對靈魂說的語言，是天主的純靈對著人的純靈，凡次於屬靈的一切，例如感官，都不得領受。因此，這個智慧對感官是祕密的，既不知，也無法述說，甚至也不願這麼做，因為是超越語言的。

❺ 所以，我們能了解，為何行走此路的一些人，想對神師述說這個經驗，既不會又不能訴諸言詞；雖然他們的神師是很好的，也是敬畏天主的人。若要講述其經驗，他們覺得很反感，尤其當這個默觀的經驗如此單純，這個靈魂幾乎知覺不到時。他們只會說，靈魂是滿意、寧靜和滿足的，或說他們感受到天主，覺得一切都很好。靈魂無法述說，他所找到的無非是相似的普遍名稱。當靈魂得到的通傳是特殊的，如神見、神性感受等等，則不是相同的一回事。獲得這些通傳係經由一些心像（Species），透過這些心像或相似的事物，感官得以領受且能描述。然而，純默觀是無法敘述的，如我們所說的，為此而稱之為祕密的。

❻ 不只為此理由，我們稱之為祕密，其本身其實就是祕密，也因為神祕智慧具有隱

59.〈宗徒大事錄〉第七章第三十二節。

藏靈魂於其內的特性。除了這個常有的特性之外，有時如此地攝住靈魂，使他沉沒在祕密的深淵中。靈魂清楚地明白，他被帶進最隔離和遠離一切受造物的地方。他往往認為被置於最深奧且空曠的孤獨中，在那裡，任何受造的人都無法涉足，就像置身於廣大無邊的沙漠，愈覺愉悅、美味和深情，也愈感到深奧、空曠和孤寂。他們體會到自己被提拔超乎一切受造物之上，也看到自己如此隱祕。

這個智慧的深淵非常提拔和舉揚靈魂，把他導入愛之科學的心臟。他瞭悟，一切受造物的境況和這至高的認識與神性的感受相比，是非常卑劣的。也明白，在今生用來述說神性事物的語詞和字眼，是多麼卑劣、不足和不適當。也知道，這是多麼不可能的事，經由本性的方式，無論以何等的智慧和高超的話語述說，沒有神祕神學的光照，則不可能認識和感受神性事物的本身。靈魂在此光照中看見這個真理，即他既不能領悟，也無法用普通的及人的話來說明，為此之故，稱之為祕密的。

❼ 神性默觀之具有祕密的、超越人本性能力的特性，不只因為其為超性的，也因為那是引導靈魂達到與天主完美結合的道路；此乃人所不知道的，走上這成全之道，從人性看來是不知，從神性來看也是一無所知。因為從神祕的觀點而言，如我們在此所說的，這些神性事物及成全，其本身之被認識，不是在尋求和尋找時，而是在已找到和獲得時。因為關於這事，巴路克先知說到這個神性的智慧：**沒有人認識她的道路，沒有人探得她的途徑**（〈巴路克〉第三章第三十一節）。在這條路上的聖王（達味）先知，在他

和天主的對話中也談及這種智慧：**祢的雷霆在旋風中發響，閃電也將整個世界照亮，大地驚慌失措而又搖盪。祢的道路雖然經過海底，祢的途徑雖然穿越大水，卻沒有顯露出祢的足跡**（〈聖詠〉第七十七篇第十九節至第二十節）。

❽ 就靈性的意義來說，這經文解釋了我們正談論的主題。天主的閃電將整個世界照亮，即是神性的默觀照亮靈魂的官能；大地驚慌失措而又搖盪，即是在靈魂內造成的痛苦煉淨。至論天主的道路和途徑，就是靈魂走向天主的路是在海中。祢的途徑雖然穿越大水，卻沒有顯露出祢的足跡。凡天主願意帶領到祂那裡，與祂的智慧結合臻於崇高之境的這些靈魂，天主留下的腳步和足跡是不可辨識的。為此，〈約伯傳〉強調這事說了以下這些話：**雲怎樣浮動，全知者的奇妙化工，你豈能明白？**（〈約伯傳〉第三十七章第十六節）這段經文指出天主舉揚靈魂的方式和道路，並且在祂的智慧中，使靈魂達到成全；這裡用雲來表示。因此，指導靈魂達到天主的這個默觀是祕密的智慧。

第十八章

解釋何以這個祕密的智慧也是個梯子。

❶ 那麼，現在我們要來看第二個性質；亦即，何以祕密的智慧也稱為「梯子」。關

於這事，要知道，有許多理由，我們能稱祕密的智慧為梯子。

首先，就好像登上梯子，進入堡壘，得到其中的美物和金銀財寶。同樣，經由這個祕密的默觀，不知怎樣，靈魂攀登而入，認識且占有天上的美物和寶藏。聖王（達味）先知清楚地指出來這事說：「**那接受祢的恩惠與助祐的人，真是有福。他們在心中已準備好他們的攀登，經過涕泣之谷，走向要去的地方。因為在此路上，總管法律的上主會祝福他們，他們的體力越行越有，彷彿級級上升，達到熙雍覲見至高上主**（〈聖詠〉第八十四篇第六節至第八節[60]）。」這就是熙雍堡壘的寶藏，這個寶藏即是真福。

❷ 我們也能稱此祕密的智慧為「梯子」。因為，就像梯子，同樣的階層可上升，也可下降；如同祕密的默觀，其通傳在天主內舉揚靈魂，也貶抑靈魂。因為真的來自天主的通傳有此特點：同時舉揚和貶抑靈魂。因為在此路上，下降即是上升，上升即是下降，**凡高舉自己的，必被貶抑；凡貶抑自己的，必被高舉**（〈路加福音〉第十四章第十一節）。除了謙虛的德行被舉揚之外，天主為了在謙德上訓練靈魂，往往使靈魂經由這個梯子上升，為使他下降，而使他下降，也是為使他上升。因此應驗了智者所說的話：**靈魂受舉揚之前，先被貶抑，被貶抑之前，先受舉揚**（〈箴言〉第十八章第十二節）[61]。

❸ 關於這事，現在從本性的觀點來說，不管靈性上靈魂的無所感覺，如果靈魂願意留心注意，他會清楚看到，在此路上，他遭受的許多高高低低。順利騰達之後，隨即就有暴風雨和痛苦。正是這樣，好似所給的寧靜幸福，是為了防備和堅強他，使他能接受

60. 原文和《思高聖經》的譯文不同。思高：「那以祢作為自己的助佑，居心朝聖的人，真是有福！他們把他們經過的乾谷變為水泉，並以初雨給乾谷披上祝福的衣衫。他們的體力越行越有，到熙雍覲見至高天主。」
61.《思高聖經》：「心傲是滅亡的前導，心謙是光榮的前驅。」

隨之而來的窮困。同樣地，不幸與折磨過後，跟著就是豐盈和幸福。這樣，靈魂認為，為了要慶祝佳節，先得守夜齋戒。靈魂尚未達到寧靜的境界之前，這就是默觀境界的一般情況和修行：靈魂一定不會停留在某一處，一切都是上升和下降。

❹ 理由是，因為成全之境在於天主的成全之愛和輕視自我，若沒有對天主和自我的認識，則無法達到成全之境，所以，靈魂必須先在兩方面同時修持。有時靈魂得到滿足和舉揚，有時則經驗到貶抑，直到獲得成全的習慣之後，上升與下降才會停止。因為那時靈魂已達到天主，且與祂結合。天主就在梯子的盡頭，祂是梯子的支持和基礎。

因為這個默觀的梯子，如我們所說的，係來自天主。好比雅各伯在睡夢中看見的那個梯子，天主的使者在梯子上，上去下來，從天主到人，從人到天主，天主立在梯子的頂端（〈創世紀〉第二十八章第十二節）。《聖經》上說，這一切都發生在夜裡，在雅各伯睡覺時，表示上達天主的道路和攀登是多麼祕密，多麼不同於人的知識。這事顯而易見，因為，通常會帶給人最大的益處，亦即失去自我，滅絕自我。然而，他們卻視之為最糟，最沒有價值的，反倒把得到安慰和享受視為最好的；其實，如果人有所留戀，往往是損失，而非獲益。

❺ 那麼，現在要更深入地談祕密的梯子，我們說，在此稱為梯子的第一個性質，係因為默觀是愛的科學，如我們說的，是天主之愛的灌注知識，既光照靈魂，也使靈魂傾心熱愛，提拔靈魂級級上升，上達天主，他的造物主，因為，只有愛使靈魂和天主結合。

所以，為求更加明瞭，我們將在此指出神性梯子的階層，簡潔地說明每一級的記號和效果，使靈魂能推測他處在哪一級。為此，我們要區分其效果，如同聖納德（St. Bernard）和聖多瑪斯（St. Thomas）[62]所做的。因為，如我說的，這愛之梯是這麼祕密，要認識這梯子本身，只有天主能衡量和審斷，我們無法經由本性認識。

第十九章

解釋愛之梯的前五級[63]。

❶那麼，我們說，靈魂級級攀登，上達天主的愛之梯，共有十級。

愛的第一級，是使靈魂獲益而生病。關於第一級的愛，新娘說：**我懇求妳們，耶路撒冷女郎！妳們若遇見了我的愛人，要告訴他：「我因愛成疾。」**（〈雅歌〉第八章第五節）」**然而這病不至於死，只是為彰顯天主的光榮**（〈若望福音〉第十一章第四節）。因為這個夜使靈魂憔悴的是罪過，和所有非天主的一切，而不是天主，如同達味印證的，他說：**我的靈魂渴慕祢的救援而衰弱**（〈聖詠〉第一一九篇第八十一節）。我的靈魂衰弱，是由於**在一切事上渴慕祢的救援**。因為，就像病人對所有的食物毫無食欲，一點也不想品嘗。首先改變的是他的氣色，在此愛的等級亦然，靈魂對一切事物失去興趣和

62. 接下來兩章中，聖十字若望採用的資料，既不是聖納德，也不是聖多瑪斯的，而是一位十三或十四世紀的道明會士，名叫 Helvicus Teutonicus，他的一本小冊子 *De dilectione Dei et Proximi*，「論愛天主與愛人」，其中包括了「*De decem gradibus amoris secundum Bernardum*」（根據納德論及愛的十個等級），也可在 *The Vives edition of Aquinas' works,* vol 28, Paris, 1889. 中找到。

欲望，改變過去生活的顏色和其他附質，過去的這些是他所愛的。如果沒有從上而來的超量熱力，靈魂不會得到這個病，如同達味的這段〈聖詠〉表示的：**天主！祢給祢的產業降下甘霖，他因之而衰弱**[64]（〈聖詠〉第六十八篇第十節）。

事事物物都導致害病和衰弱無力，這是走向天主最先的第一級，我們已在前面詳述過。那時我們說，當靈魂開始踏上煉淨默觀的梯子時，他明白這個滅絕[65]，無法在任何事上找到滿足和支持，也得不到安慰和安定。為此，靈魂立刻從這一級上升到第二級，亦即：

❷ 第二級促使靈魂不停地尋找天主。當新娘說，夜間在床上尋找祂，如同第一級衰弱無力的愛，新娘沒有找到，說：**我遂起來，尋覓我心愛的**（〈雅歌〉第三章第一節至第二節）。這就是我們所說的，靈魂不停地尋找，如達味的勸告，他說，**要時常不斷追求天主的儀容**（〈聖詠〉第一〇五篇第四節）。在萬般事物中尋找祂，不顧一切地，直到找著祂為止，如同新娘，向衛兵詢問祂之後，立刻走過去，留下他們（〈雅歌〉第三章第三節至第四節）。瑪麗德蓮甚至沒有注意到聖墓中的天使（〈若望福音〉第二十章第十四節）。

這裡，在這一級，靈魂如此殷勤地走動，在萬事萬物中尋找他心愛的主。無論想什麼，立刻想到心愛主，無論說或交涉什麼，立刻說到心愛主。吃飯、睡覺、守夜或做任何事時，他全神貫注於心愛主，如同前面談到愛的懸念時說過的[66]。

63. 本章及下一章標題是西文版編者加上的。
64.《思高聖經》譯：「天主，祢給祢的產業降下甘霖，因而復蘇了疲倦的人民。」
65. 見第十章第二節。
66. 參閱，例如，第十一章第六節。

這裡，靈魂在第二級的愛中，漸漸康復，獲得力量，立刻開始登上第三級，經過夜裡某種程度的新煉淨，如我們後來要說的，在靈魂內產生以下的效果。

❸ 愛之梯的第三級，是推動靈魂有所行動，賦予他熱情，不致後退。關於這事，聖王（達味）先知說：**凡敬畏上主的人，真是有福，因為在祂的誡命中，他們渴望做更多的工作**[67]（〈聖詠〉第一一二篇第一節）。那麼，敬畏使人成為愛的孩子，在他內引發這渴望勞苦的切願，要是愛的本身，將會如何呢？

在這一級中，靈魂認為，他為心愛主做的大事都是小事，認為他的許多工作都少得很，很長的服事時間，也是很短的，愛的熱火已燃燒起來。如同雅各伯，他服事了七年又七年，由於他的深愛，認為這好似沒有幾年（〈創世紀〉第二十九章第二十節）。如果雅各伯對受造物的愛能夠如此，在此第三級中，造物主的愛占有了靈魂，更將如何呢？

在這裡，由於靈魂對天主的深切熱愛，因為他為天主做的很少而傷心和痛苦；如果可以，他願意為天主千死萬死，而感到安慰。所以，他認為自己所做的一切，都沒有用，以為自己的生命毫無價值。

在此還有另一個令人欣羨的效果，亦即，他覺得自己確實比別的靈魂糟糕：其一，因為愛教導他，天主堪當得到的是什麼；其二，因為在此他為天主做了許多工作，卻又知道這些全是有缺陷和不成全的。這一切使他覺得慚愧，感到痛苦，明白為了服事如此尊高的上主，他的工作卻這麼卑劣不堪。在第三級中，靈魂遠遠避開虛榮、自大及譴責

67.《思高聖經》譯：「凡敬畏上主的人，真是有福，喜歡祂誡命的人，真是有福！」

怪罪他人。靈魂內產生這些殷勤掛心的效果，及其他這類的事，此即第三級，於是他鼓足勇氣和力量，上升到第四級，就是接下來的一級。

❹ 在此愛之梯的第四級，為了心愛主，在靈魂內產生一種經常的痛苦，但卻不疲乏。因為，如同聖奧斯定說的：**愛使一切大事、難受和繁重的事都顯得無足輕重**[68]。在這一級，當新娘渴望達到最後一級時，她向淨配說：**請將我有如印璽，放在你的心上，有如印璽，放在你肩上，因為愛情（亦即愛的行動和工作）猛如死亡，妒愛頑如陰府**（〈雅歌〉第八章第五節）。

心靈在此具有如此大的力量，能使身體屈服，輕看肉身，有如樹木之於一片葉子。靈魂在此絕不尋求安慰或滿足，不在天主內，也不在其他的事物上尋求；他既不渴望，也不向天主求恩惠，因為他清楚明白，自己已從天主得到很多恩惠。他全神專注的是，如何能些微悅樂天主，為了天主堪當得到的，及已賜予的種種恩惠，他能稍微服事天主，即使要付出很大的代價，也在所不惜。這人從他的心靈中說：「哎呀！我主我天主！多少人去向祢尋求安慰和滿足，渴望祢賜予恩惠和恩典，然而，那些渴望悅樂祢，付出自己一些什麼，不計個人私利的，少之又少。我的天主啊！並非祢不願賜給我們新恩惠，而是我們沒有把所得的恩惠全用來服事祢，卻又強迫祢繼續施恩於我們。」

這一級的愛相當高尚。因為，就像這一級的靈魂，懷著如此純真的愛，常常追求天主，充滿為他受苦的精神；至尊陛下亦然，許多次，且非常頻繁地，賜給他喜樂，以心

68. 見 *Sermo* 70，*De verbis Domini in Evangelium S. Matthei*，in Migne，PL 38. 444。

靈的美味和愉悅來探訪他。因為聖言基督的無限深情，不能長久忍受祂的愛人受苦而不迅速回應。天主藉著耶肋米亞肯定這事說：**我記起了你，憐憫你的青春時期，及你的溫柔，那時，你在曠野裡追隨了我**⑲（〈耶肋米亞〉第二章第二節）。從靈性的意義來說，這是指靈魂的內在不依靠一切受造之物，不在任何事物上止步或靜息。這個第四級這樣地燃燒靈魂，灼燃起對天主的渴望，使他上升到第五級，就是以下的一級。

❺ 愛之梯的第五級，賦予靈魂忍無可忍地渴望天主，切盼天主。在這一級中，愛人的渴望這麼猛烈，他要了解心愛主，並和祂結合。所有的遲延，無論多麼短促，他都感到漫長、無耐和難受，總是想著要找到心愛主；然而，當他看到自己的渴望受挫折，幾乎是步步因其渴望而憔悴，如同〈聖詠〉作者關於這一級所說的：**我的靈魂對上主的宮庭渴慕而憔悴**⑳（〈聖詠〉第八十四篇第三節）。處在這一級，不能不看見他所愛的，不然就會死；為此，辣黑耳由於極渴望有孩子，對他的丈夫雅各伯說：**你得給我孩子，不然，我就死啦**（〈創世紀〉第三十章第一節）！**他們像狗一樣忍飢挨餓，環繞天主的城**㉑（〈聖詠〉第五十九篇第七節）。在此飢餓的一級，餵養靈魂的是愛，因為所飢餓的，也是所滿足的。這樣，他能從這裡上升到第六級，產生以下的效果。

69.《思高聖經》譯：「我憶起你年青時的熱情，你訂婚時的戀愛；那時你在曠野裏，在未耕種的地上追隨了我。」
70.《思高聖經》譯：「我的靈魂對上主的宮庭渴慕及緬懷。」
71.《思高聖經》譯：「他們晚上歸來，狂吠如犬，他們環繞城池，四周圍轉。」

第二十章

繼續解釋其餘的五級。

❶第六級使靈魂輕快地飛跑奔向天主，且在天主內得到許多的接觸，由於所懷的希望，他的奔跑不會衰弱無力，由於這裡的愛已經堅固，使得他輕快地飛翔。依撒意亞先知也談到這一級：**仰望上主的聖人，必獲得新力量，必能振翼高飛，有如兀鷹，疾馳而不困乏**（〈依撒意亞〉第四十章第三十一節）。就像在第五級那樣。以下的這句〈聖詠〉，也是屬於這一級的：**天主，我的靈魂渴慕祢，真好像小鹿渴望溪水**（〈聖詠〉第四十二篇第一節）。因為口渴的鹿輕快地飛奔到水邊。

靈魂在這一級懷著輕快敏捷的愛，其理由是他已在愛德上大有進展，靈魂在這裡幾乎已全然受淨化，如同〈聖詠〉中也說到：**我無罪而奔跑**[72]（〈聖詠〉第五十九篇第五節）。另一篇〈聖詠〉：**我必奔赴祢誡命的路程，因為祢舒展了我的心靈**（〈聖詠〉第一一九篇第三十二節）。所以，靈魂立即從第六級被帶上第七級，一如下述。

❷梯子的第七級賦予靈魂猛烈的膽量。在這裡的愛，等待的意見毫無用處，也不接受勸告而退避，羞愧也不能予以控制，因為天主在此賜給靈魂猛烈的膽量。所以保祿宗徒說：**愛德凡事相信，凡事盼望，凡事忍耐**（〈格林多前書〉第十三章第七節）。當梅瑟

72.《思高聖經》譯：「我雖然無罪，他們卻跑來挑戰。」

向天主說：**求祢赦免他們的罪，不然，就把我從祢所記錄的冊子上抹去**（〈出谷紀〉第三十章第三十二節）！梅瑟是在這一級說的話。這些靈魂欣喜地得蒙上主應允所求。所以，達味說：**你只管在上主內喜歡，他必滿全你的心願**（〈聖詠〉第三十七篇第四節）。在這一級上，新娘膽敢說：**願君以口親吻我**（〈雅歌〉第一章第一節）。在這一級中，如果靈魂沒有蒙受國王向他伸出金杖的內在恩惠（〈艾斯德爾傳〉第五章第二節、第八章第四節），他不可以這麼大膽；因為他很可能從已登上的這一級跌下去，在此等級中，他要常常保持謙虛。

由於第七級中天主賜給靈魂的英勇和權力，使靈魂膽敢對天主懷著猛烈的愛，因而升到第八級。在這裡，靈魂深深著迷於心愛主，且與祂結合，如下所述。

❸愛的第八級，迫使靈魂緊緊抓住心愛主，不放祂走，如新娘說的：**我找著了我心愛的，我拉住祂不放**（〈雅歌〉第三章第四節）。在此結合的等級，靈魂的渴望得到滿足，然而並非持續不斷，因為有些人才把腳抬上來，立刻就退了下去。又因為在此停留，要在今生擁有某種程度的光榮；所以，靈魂在此停留的時間很短。由於達尼爾先知是個有渴望的人，天主命令他留在這一級說：**留在你這一級上，因為你是個有渴望的人**[73]（〈達尼爾〉第十章第十一節）。這一級之後，接下來是第九級，已是成全的一個等級，如我們隨後要說的，一如下述。

❹愛的第九級導致靈魂溫和地燃燒。這是個成全的等級，已在天主內溫和地燃燒起

73.《思高聖經》譯：「達尼爾，最可愛的人！」

來，由於他們與天主的結合，聖神在他們內造成溫柔和愉悅的熱心。所以聖國瑞（Saint Gregory）論及宗徒們說：**當聖神以可見的方式臨於他們時，他們內燃燒起溫柔的愛**[74]。

在這一級中，關於從天主來的幸福和富裕，靈魂的享受是無法言盡的；因為即使論著群籍，依然言不勝言。為此之故，也因為隨後我們還要說些別的事，我不在此贅述，只說接下來是愛之梯的第十級，也是最後一級，這已不是今世的生命。

❺ 此愛之祕梯最後的第十級，使靈魂完全肖似天主，由於靈魂清楚地面見天主，使他立即擁有這一級；當靈魂在今生上達第九級時，他已脫離身體。因為這些人——為數很少——已受到徹底淨化，他們不必經過煉獄。所以聖瑪竇說：**心裡潔淨的人是有福的，因為他們要看見天主**（〈瑪竇福音〉第五章第八節）。如我們所說的，這個面見是靈魂完全肖似天主的原因。聖若望說：**我們必要相似祂**（〈若望一書〉第三章第二節）。不是因為靈魂像天主那麼有威能，這是不可能的，而是因為他會完全相似天主；為此，藉著分享，他會被稱為天主，也將是如此。

❻ 此即在此所說的祕梯，雖然上面的四個等級，對靈魂來說並非很隱藏的。由於在靈魂內產生的大好效果，因而顯露許多的愛。不過，在這面見天主的最後一級；亦即，梯子的最後一級，天主就立在那裡，如我們已說過的[75]，什麼也阻擋不了靈魂。這是因為完全同化之愛；因此，我們的主說：**到那一天，你們什麼也不用問我了**，等等（〈若望福音〉第十六章第二十三節）。不過，還沒有到那一天之前，無論靈魂達到何等境界，還

74. 見 *Homilia 30 in Evangelium*，in Migne，PL 76. 1220.
75. 見第十八章第四節。

是留有隱藏的餘地，這相稱於他缺乏和神性本質同化的程度如何。

這樣，經由此神祕神學和祕密的愛，靈魂脫離萬事萬物和自己，上達天主。因為愛就像火，總是向上直冒，懷著欲望，投向火的中心領域。

第二十一章

解釋「裝巧隱」，述說在這個夜裡靈魂隱裝的顏色。

❶ 在說明了稱這個默觀為祕梯的理由之後，剩下來我們要解釋的，是本詩節的第三個詞語——裝巧隱，何以靈魂也說他是藉此「攀祕梯，裝巧隱」而上路的。

❷ 要了解這事，應該知道，裝巧隱，無非是把自己掩飾並隱藏在別的衣服和形像下。有時藉著藏在那些模樣和衣服之下，將內心的意願和目的顯露於外，以之得到所深愛之人的恩惠和垂愛；有時也是要躲過他的敵人，這樣，更能達成計畫。所以，他選擇那些最能代表和象徵其內心情感的衣服和裝扮，更能掩飾自己躲避敵人。

❸ 所以，靈魂在此由於愛淨配基督而被觸動，企望得到祂的寵惠，獲得祂的垂愛。在這裡裝巧隱地上路，穿上那更能鮮活代表其心靈情感的裝扮[76]，因而更安全地前進對抗他的對手和敵人，亦即魔鬼、世俗和肉身。所以他的裝扮有三種主要的顏色：白色、綠

76. 十字若望結束談論煉淨的默觀後，開始稱基督為「淨配」、「心愛主」或「新郎」，稱靈魂為「新娘」，這是比較相似《靈歌》的寫作風格，雖然這也是本詩的基本象徵。

色和紅色，代表三超德：信德、望德和愛德。他不只藉此得到心愛主的恩寵和垂愛，而且掩飾得很好，也很安全，避開他的三仇。

因為信德是如此潔白的長衣，使所有的理智盲目。所以，當靈魂穿上信德的衣服，魔鬼既看不到，也阻礙不到靈魂，因為信德把他掩護得非常好，超過其餘兩個超德，使之對抗最強勢和狡猾的敵人魔鬼。

❹ 為此，聖伯鐸找不到更好的掩飾，讓他能免於魔鬼（的攻擊），那時他說：**應以堅固的信德抵抗牠**（〈伯多祿前書〉第五章第九節）。為了博得心愛主的恩寵，與祂結合，靈魂不能有更好的長衣和襯衣。這信德的潔白長衣是其餘兩個超德的基礎和起始。如聖宗徒（保祿）所說的，**沒有信德，是不可能中悅天主的**（〈希伯來書〉第十一章第六節）。那麼，有信德就不可能不悅樂祂，因為祂親自藉歐瑟亞先知說：**我以忠實聘娶你**（〈歐瑟亞〉第二章第二十二節）。這好似說：靈魂，如果你願和我結合，和我成親，你要在裡面穿上信德的衣服。

❺ 靈魂穿上這信德的白長衣，進入黑夜，如我們前面所說的，走在內在的黑暗和窘困中。他的理智沒有任何安慰的光明，沒有從上而來的光明，因為好似天堂已關閉，天主也隱而不見；也沒有從下而來的光明，教導他的人安慰不了他。他堅貞忠誠，不屈不撓地受苦，歷經這些磨難，卻沒有昏暈衰竭和辜負心愛主。心愛主在這些困苦和患難中考驗新娘的信德，使她後來真的能說達味說的話：**因祂口中的言語，我持守了艱辛的道**

路[77]（〈聖詠〉第十七篇第四節）。

❻ 接下來，在信德的白長衣上，靈魂在此穿上第二種顏色的衣服，亦即綠色的背心。如我們說的，綠色象徵望德；藉著望德，靈魂必先得到釋放和掩護，脫免第二個敵人，亦即世俗。因為這個在天主內的綠色活望德，賦予靈魂如此的敏捷、活力和上達永生的事物，和天堂的希望比較起來，世上的一切，看起來真的顯得乾枯、了無生氣、沒有生命、毫無價值。在這裡，靈魂脫掉並除盡所有世上的衣服，不把心放在任何事物上，也不期望任何已有、或將會有的事物，他只穿上永生望德的衣服生活。因此，他的心如此高舉，超然世外，不僅世物無法碰觸和捉住他的心，甚至不能進到他的視線之內。

❼ 所以，藉此綠色的裝扮和隱裝，靈魂非常安全地前進，避開第二個敵人——世俗。因為聖保祿稱望德為「**救恩的盔甲**」（〈得撒洛尼前書〉第五章第八節）。盔甲是掩護整個頭的裝備，遮蓋整個頭，只留一點空隙，讓眼睛能看見。

望德是這樣的，遮蔽頭部所有的感官，不使它們專注任何世物，也不讓任何發自世俗的箭矢中傷它們。只留給靈魂一點空隙，讓眼睛能望向天堂，其他什麼也看不到。此乃望德在靈魂內的經常職務，亦即只有舉目仰視天主，如同達味說的，這事應驗於他時說：**我的眼睛不斷向上主瞻仰**（〈聖詠〉第二十五篇第十五節）。他毫不希望從別處得到什麼，而是，如他在另一篇〈聖詠〉中說的：**看，婢女的眼目怎樣注視主婦的手；我們**

77.《思高聖經》譯：「我依照祢的訓令，遵行法律的正道。」

的眼目也就怎樣注視著上主，我們的天主，直到祂憐憫我們為止（〈聖詠〉第一二三篇第二節）。

❽ 為此之故而穿上綠色的服裝（因為他總是注視著天主，而不轉目於其他事物，除了天主，他什麼都不滿足），靈魂如此地博得心愛主的歡心。真的可以說，靈魂從天主得到所希望的一切。因此，〈雅歌〉中的新郎對她說：**妳回目一顧，奪去了我的心**（第四章第九節）。沒有唯獨仰望天主的這套綠色裝束，無法使靈魂走上愛的尋求；因為他會一無所得，凡推動他，使他克勝的是堅忍不拔的望德。

❾ 靈魂以望德的服飾，裝巧隱地前行，經過黑暗又隱祕的夜，如我們說的，他這麼地淨除一切的支持和所有，除了天主，他的眼睛不注視其他的事物，也不關心，**他該把自己的口貼近塵埃，這樣或者還有希望**（〈耶肋米亞哀歌〉第三章第二十九節）。如我們之前引述的耶肋米亞的話[78]。

❿ 為了穿好隱裝和服飾，使之臻於完美，在白色和綠色的衣服上，靈魂在此穿上第三種顏色，亦即優雅的紅外袍。它代表第三種德行，即愛德，不只增加另外兩種顏色的優美，且提拔靈魂達到親近天主的地步，使他如此美麗和悅樂天主，致使他敢說：**耶路撒冷女郎，我雖黑，卻秀麗，為此君王愛了我，帶我進入了他的內室**[79]（〈雅歌〉第一章第五節）。

穿上愛德的服裝，也就是愛的裝束。在心愛主內導致更多的愛，不只掩護和隱藏靈

78. 見第八章第一節。
79. 這段經文來自榮福童貞瑪利亞日課中的對經。

魂，避開第三個敵人，亦即肉身（因為真愛天主之處，愛自己與愛事物都不得進入）。而且使其他兩個德行強健有效，給予它們有活力和力量來掩護靈魂，也賜給他恩惠和靈巧，以之悅樂心愛主。因為沒有愛德，則沒有一樣德行在天主前是優美可愛的，此即〈雅歌〉中所說的**紫錦墊褥**（第三章第十節），天主安息於其上。

靈魂穿上了這紅色的服裝，如我們在首詩節解釋的。那時他離開自己和一切受造物，走進黑夜，**懸念殷殷**，**灼燃愛情**，攀登默觀的**祕梯**，達到與天主愛的完美結合，天主是他心愛的救主。

⓫ 此即靈魂所說的隱裝，是在信德的夜裡，登上祕梯時所穿著的。這些是衣服的三種顏色；這些顏色是靈魂的三官能：理智、記憶和意志，與天主結合的最適宜準備。

因為信德使理智所有的本性領悟黑暗且空虛，預備理智與神性的上智結合。

望德空虛並隔離記憶中所有對受造物的占有，因為，如同聖保祿說的：**所希望的是那些尚未擁有的**（〈羅馬書〉第八章第二十四節）。這樣，使記憶隔離那些能占有它的，且使它專注於所希望的。因此，惟有「希望於天主」純粹地預備記憶與天主結合。

愛德亦然，空乏並滅絕意志內所有非屬天主的情感和欲望，且使之完全專注於天主；這樣，愛德預備這個官能，經由愛和天主結合。

所以，因為這些德行具有隔離的作用，使靈魂避開所有亞於天主的一切，因而能使靈魂與天主結合。

⓬ 所以，若非穿上這三個德行真實地行走，要達到經由愛與天主完全結合，是不可能的。所以，靈魂為了獲得所謀求的，亦即與心愛主深情愉悅的結合，靈魂在此穿上這些衣服和隱裝，是非常必要和適宜的。還有，要穿上裝扮，堅忍不拔，直到獲致所渴求的，達到目標，亦即愛的結合，這是他這麼切望的，是個很大的幸運；為此靈魂在這詩行中說：**啊！幸福好運！**

第二十二章

解釋第二詩節的第三詩句。

❶ 靈魂懷著一個這樣的意向出發，很顯然，這是**幸福的好運**，彷彿他已上路，擺脫了魔鬼、世俗和他的感性，如我們所說的，達到了心靈的自由。如此的珍貴，如此地為眾人所渴望，使他從卑下上達崇高之境，原是屬塵土的，變成屬天的；原是屬人的，變成屬神的，達到擁有在天堂的交談（參閱〈斐理伯書〉第三章第二十節），如同在此成全之境的靈魂所擁有的，也是我們正要談論的，雖然有些簡略。

❷ 因為這事極為重要，我之著手這個工作，主要的理由是對許多靈魂解說這個夜，他們經歷黑夜，卻又不了解，如同在序言中所說的[80]。我們已經適度說明和解釋了這

80. 這個序言指的是《攀登加爾默羅山》的序言，聖十字若望在序言的第三小節說了相同的話。由此，我們可以看出來，《攀登加爾默羅山》和《黑夜》是主題連續的同一部書。

事，雖然仍差強人意，沒有完全說出：夜帶給靈魂何等的美善，及經過夜是多麼**幸福的**好運。因為，當他們為了這麼多恐怖的艱苦而驚駭時，他們會振奮精神，而懷有確實的希望，從中得到天主這麼多，又這麼卓越的恩惠。

這也是靈魂幸福的好運，為此，他在接下來的詩句說：**置黑暗，隱蹤跡**。

第二十三章

談論在這個夜裡，靈魂置身於美妙的隱藏處所，雖然魔鬼能進入其他的高境，何以無法進入此一處所。

❶「隱蹤跡」，等於說是隱藏的，或遮蓋起來。因此，要知道，靈魂在這裡說，**置黑暗，隱蹤跡**地出發，是更徹底地表示本詩節首詩句說的很大安全。藉此黑暗的默觀，經由愛，在邁向與主結合的道路上，他獲得這個安全。那麼，說靈魂置身於「**黑暗，隱蹤跡**」；也就是說，由於靈魂如所說的那樣，在黑暗中行走，他隱瞞且躲藏起來，避開魔鬼及其詭計與圈套[81]。

❷靈魂在此默觀的黑暗中，得到釋放和隱藏，躲開魔鬼的陷阱。其理由在於，因為這裡得到的灌注默觀，係以被動和隱藏的方式灌注給靈魂的，避開感覺部分的內在和外

81. 本章中，聖十字若望解析魔鬼在靈修生活中的干擾，極其詳盡。

在的感官和官能。所以，在這裡，所避開的阻礙，不只是這些官能會有的本性虛弱，因而得以隱藏和釋放，也避開了魔鬼，因為如果沒有借助於感覺部分的這些感官，魔鬼既達不到，也不曉得在靈魂內有什麼事，或出了什麼事。因此，愈是靈性、內在和遠離感官的通傳，魔鬼對靈魂的領悟愈少。

❸ 所以，靈魂在其內與天主交往時，其感官留在黑暗中，一無所知，也一無所獲，這對靈魂的安全來說是非常重要的：其一，為了能有地方接受更豐沛的靈性通傳，不使感官部分的軟弱阻礙心靈的自由。其二，因為，如我們說的，靈魂可以更安全地行走，魔鬼無法達到如此深入之處。因此，我們能了解，關於這事，我們的救主（耶穌）以靈性的意義說的：**不要叫你的左手知道你右手所行的**（〈瑪竇福音〉第六章第三節）。這彷彿是說：那些發生於右邊的事，右邊即是靈魂的高層和靈性部分，不讓左手知道，就是，不讓靈魂低層的部分——感官知道，唯獨使之成為靈魂與天主之間的祕密。

❹ 這是非常真實的。許多時候，當靈魂擁有且經歷這些非常內在和祕密的靈性通傳時，雖然魔鬼不曉得是什麼，也不了解怎麼一回事，但由於有些通傳在其感覺部分的感官和官能上，導致很深的休止和靜默，魔鬼因此看出來，靈魂得到且接受一些好恩惠。由於魔鬼自知，無法達到靈魂的深處，阻擋這些通傳，遂極盡所能地胡鬧，擾亂感官的部分，這是牠能得逞的地方。有時以痛苦，有時以恐怖和駭怕，故意破壞寧靜，擾亂靈魂高層的心靈部分，那時心靈正在領受且享受那些好恩惠。

不過，許多時候，當那默觀的通傳只襲擊心靈，賦予心靈力量，則魔鬼勤奮地破壞其安寧，往往一無所獲，靈魂反而得到新的利益，及更深入且更安全的平安。這真是妙事！靈魂感受到敵人招惹的擾亂，卻不知道是怎麼回事，自己什麼也沒做，卻更深地進入他內在的深處，清楚地感受到，自己置身於確實的庇護之地。他知道，那是更遠避敵人和隱藏的地方，在那裡，魔鬼執意剝除的平安與喜樂，反而增多起來。因此，所有的害怕都落到外面去，靈魂清楚地感受到，且欣喜地看到這麼安全地享受，那來自隱藏淨配的寧靜平安和愉悅，這不是世俗或魔鬼能給予或拿走的。靈魂在此感到〈雅歌〉中，新娘關於這事所說的話是真實的：**看，六十勇士環繞撒羅滿的床邊……由於夜晚的恐怖**（〈雅歌〉第三章第七節至第八節）。他體驗到這個勇力和平安，雖然許多時候覺得外在的肉身和骨頭受到折磨。

❺有的時候，當靈性的通傳不是大量傳給心靈，也傳達給感官。魔鬼這時會比較容易經由感官，以這些恐怖來擾亂心靈，且胡亂作怪。那時在心靈內招惹的強烈折磨與痛苦，有時是不可言喻的。因為，就像赤裸裸的純靈對著純靈，惡靈在善靈內（我是說，在靈魂內）引起的恐怖，當牠的擾亂得逞時，是難以忍受的。〈雅歌〉中的新娘也表達這事，當時她說，每次當她渴望下到內心的收斂，享受這些恩惠，事情這樣發生於她。說道：**我下到核桃園中，要欣賞谷中的新綠，看葡萄樹是否發了芽，石榴樹是否開了花？不知不覺，我的靈魂因戰車而擾亂不安**（〈雅歌〉第六章第十節至第十一節）。亦即，因

阿米納達布的戰車和嘈雜聲，那就是魔鬼[82]。

❻ 有時會發生這樣的事，當天主的通傳經由好天使時，魔鬼看出來天主願意賜給靈魂的一些恩惠。因為，那些經由好天使傳達的恩惠，天主通常許可敵手獲知：其一，是為了使敵手可以盡其所能，按照公義，加以阻撓。那麼，魔鬼就不能為牠的權利辯護，說沒有給牠機會戰勝靈魂，如同牠關於約伯所說的（〈約伯傳〉第一章第九節至第十一節；第二章第四節至第八節）。事情可能是這樣，如果天主沒有准許靈魂內的兩個戰士某種程度的平等——亦即，好天使和壞天使在爭取靈魂時平等，致使無論哪一方獲勝都會更加珍貴，那在誘惑中忠心且得勝的靈魂，會得到更多的賞報。

❼ 因此我們要注意，就是這個理由，天主之對待靈魂的方法與模式，天主允許魔鬼以相同的方式對待他。如果有來自好天使的真神見——是以（神見）這種方式呈現，即使是基督顯現，因為基督幾乎很少以其本人顯現——天主也准許壞天使，能呈現同類的假象。因此，對於這樣的顯現，不謹慎的靈魂能夠很容易上當，就好像有很多人曾上過當一般。關於這事，在〈出谷紀〉中有個象徵性的說法（第七章第十一節至第十二節，第十九節至第二十二節；第八章第七節）。《聖經》上說，梅瑟行的所有真實標記，法郎的巫士顯然也都會；如果他變出蝦蟆，巫士也會；如果他把水變成血，他們也照樣會。

❽ 魔鬼不只模仿這類的肉體神見，在靈性的通傳上亦然。當這些（神見、通傳）來自天使時，如我們說的，魔鬼能辨識出來。因為，如約伯所說：**牠看見一切崇高的事物**

82. 參閱《靈歌》第四十章第三節。

（〈約伯傳〉第四十一章第二十五節）[83]。魔鬼予以仿造，並插手干預。雖然如此，對於那些沒有形式和形狀的（因為靈性不具有形式與形狀），魔鬼無法仿造和形成，如同其他在形像和形狀之下的那些顯現。牠這麼做，是為了攻擊靈魂，以靈魂所看見的相同模式，把牠那令人恐怖的靈呈現給靈魂，為的是以靈性攻擊且摧毀靈性。

當這事發生時，正當好天使通傳給靈魂心靈的默觀。靈魂無法這麼快躲進默觀的隱藏處，而不使魔鬼覺察出來，於是魔鬼把一些心靈的恐怖和擾亂呈顯給靈魂，有時讓靈魂非常痛苦。然而有時，靈魂能迅速避開，不留餘隙給惡神以恐怖造成印象。靈魂收斂於自己的內在深處，受惠於有效的靈性恩惠，這是好天使那時給予的。

❾ 有時，魔鬼大佔優勢，靈魂體會到擾亂和恐怖，這個恐怖帶給靈魂的痛苦之大，今生沒有別的折磨能與之相比。因為，這個恐怖的通傳是靈與靈的直接往返，有點像是赤裸裸的，和所有肉體的通傳顯然不同，超越所有感官的痛苦。這個心靈的痛苦不會延長太久；因為，由於與其他靈體的猛然交往，會導致心靈與肉身的分離。後來靈魂回想起這事，足以帶給他劇烈的痛苦。

❿ 我們所說的這一切，全是被動地發生在靈魂內，沒有他這方面要做或不做什麼。不過，在此應該知道，當好天使許可魔鬼以屬靈的恐怖領先奪取靈魂時。他之所以這麼做，為的是淨化和準備靈魂，使之藉此屬靈的守夜，得享有慶節和靈性的恩惠。天主從不會克苦人而不賜予生命、或貶抑人而不抬舉人的（〈撒慕爾紀上〉第二章第六節至第

83.《思高聖經》譯：「世上沒有可與牠相比的，牠一無所懼。」

七節〉；天主所渴望的是給予。這個恩惠不久就會賜下，靈魂按照所受的黑暗與恐怖的煉淨，會享有美妙和愉悅的靈性通傳，有時是這麼卓絕高超，不可言喻。先前惡神的恐怖，大大地精煉了靈魂，使之能接受這個恩惠。因為這些靈性的神見，比較是屬於來生，而非屬於今生，而今生所發生的，是為來世做準備。

⓫ 我們已經說明了，當天主藉著好天使探訪靈魂時，根據所說的，並非完全這麼黑暗與隱藏，致使敵人毫無所知。然而，當天主親自探訪靈魂時，本詩句就會得完全的應驗；因為完全處於黑暗中，而且隱藏起來，避開魔鬼，獲得天主的靈性恩惠。

理由是因為，至尊陛下實體性地居住在靈魂內，既非天使，也非魔鬼，能進入那裡，獲悉所發生的事，也不能認識在那裡，靈魂和天主之間親密且祕密的交往。因為上主親自賜予這些通傳，它們全然是神性和至高無上的，因為這一切全是靈魂與天主間，神性結合的實體性接觸。其中的一個接觸，由於這是至高等級的祈禱，靈魂得到更大的恩惠，超過其餘的一切。

⓬ 因為這些接觸是靈魂在〈雅歌〉中向祂請求的：**願祂以口親吻我**〈第一章第一節〉，等等。由於這事發生在與天主如此接近的親密中；在此，靈魂懷著這麼殷切的渴慕，珍視且強烈渴求一個這樣的神性接觸，超過天主賜予的其他所有恩惠。為此，在前述的〈雅歌〉中，新娘得到許多恩惠之後，她在那裡述說，她沒有得到滿足，要求這些神性的接觸說：**誰能把你給我，我的兄弟，使我能單獨遇見你，在吸吮我母親乳房的外**

邊，**以我靈魂的口，我能親吻你，而沒有人會輕視我，或攻擊我**（〈雅歌〉第八章第一節）。這段經文指的是，天主親自單獨給靈魂的通傳。如我們所說的，就是在外邊，並排除所有的受造物，這也就是說「單獨和在外邊吮乳」；亦即使感官部分欲望和情感的奶水乾涸和停止。這是當靈魂得到心靈自由時，不受感官部分的阻撓，魔鬼也不能藉感官加以反對，靈魂在親密愉悅和平安中，享受這些恩惠。那時，魔鬼不能襲擊靈魂，因為牠不能得逞，也無法了解在靈魂的實體內，天主愛之實體的神性接觸。

13 如果不經過最深的赤裸、煉淨，並以屬靈的隱藏避開一切受造物，沒有人能達此至極之境。這就是在黑暗中，如我之前已詳細說過的，至於本詩句中的蹤隱和躲藏，如現在我們說的，在躲藏中，靈魂經由愛，確定在與天主的結合中。因此，靈魂在本詩句中詠唱：**置黑暗，隱蹤跡**。

14 當這些恩惠在隱藏中賜給靈魂時，如我們說的，這只發生在心靈中。其中有些恩惠，靈魂通常體會出來，但卻不知何以如此。其高層的心靈部分和低層的感官部分，這麼的隔離和疏遠，他曉得自身內的兩個部分如此分明有別，認為兩者間互相沒有關連，好像非常遙遠的隔離；而且，真的，以某種方式來說，真的是這樣。因為，對於那完全是靈性的作用，不會在感官部分通傳，靈魂因此變成完全屬神的，在此結合默觀的隱藏處所，其心靈的激情和欲望徹底地清除淨盡。因此，說及靈魂的高層部分，靈魂於是說出最後這行詩句：**吾室已然靜息**。

第二十四章

結束解釋第二詩節。

❶ 這好似說：我靈魂的高層部分，也已經如同低層的部分，其欲望和官能都已安寧，我踏上與天主愛的神性結合。

❷ 至於在黑夜的戰爭中，如同所說的，經由兩種方式，亦即在感官和心靈部分，針對其感官、官能和激情，靈魂經過戰鬥和淨化，同樣也以兩種方式，亦即，按照感官和心靈這兩個部分，以其全部的官能和欲望，靈魂得到（雙重的）平安與安寧。因此，也像剛才說的，重覆說兩遍這個詩句，亦即，在本詩節和上一詩節；係由於靈魂的這兩個部分：心靈和感官。為了使靈魂踏上愛的神性結合，必須先整頓和清理這兩個部分，使之寧靜，如同亞當所具有的純真狀態。因此，這行詩句，在首詩節中，指的是低層感官部分的安寧；而第二詩節中，特別指高層的心靈部分，因此，靈魂重覆說了兩遍。

❸ 靈魂獲得的這個心靈內室的安寧和恬靜，是習慣性的，也是成全的。按照今世生命容許的情況，經由我們所說的結合的實體性接觸動作，並在隱藏和遮掩中，躲過來自魔鬼、感官和激情的擾亂。他得到這些來自天主神性的接觸，如我說的，靈魂從中得到淨化、安寧、剛強，使之穩定，而能恆久接受所說的結合，亦即靈魂與天主聖子間的神

婚（*Divino desposorio*）[84]。

一旦靈魂的這兩個居室達到安寧和剛強，並且室內的所有成員——官能和欲望——對於上天下地的事事物物，也都入睡和安靜。神性的智慧立即以擁有愛的新連繫，和靈魂結合，應驗了〈智慧書〉上所說的：**萬籟俱寂，黑夜已奔馳一半路程時，主啊！祢全能的聖言，由天上的王座降下**（第十八章第十四節至第十五節）。〈雅歌〉中的新娘也表達相同的事，說那些人**奪去了她夜裡的外衣，打傷了她，她才離開他們，就找到了她心愛的**（第五章第七節；第三章第四節）。

❹ 若沒有至極的純潔，人無法達到這個結合，若沒有徹底剝除一切受造物，且具有充滿活力的克苦修行，也無法達到這個純潔。這些象徵剝除新娘的外衣，在尋找和渴求新郎的夜裡，打傷她；因為沒有先剝除舊衣服，就不能把準備結婚的新外衣給她穿上。凡拒絕在夜裡出發，去尋找心愛主，剝除他的意志，且加以克制；反而在他的床上，舒適地尋找心愛主，就像新娘所做的（〈雅歌〉第三章第一節），必找不到祂。如同這個靈魂說的，他找到了心愛主，是當他在黑暗中出發，滿懷著愛的殷殷懸念。

84. 這個神婚指的是靈性的結婚 Spiritual Marriage，而不是靈性的訂婚 Spiritual betrothal。聖十字若望在《靈歌》中對此神婚解釋得較為詳盡，神婚之境即是成全之境。

第二十五章

簡略地說明第三詩節。

第三詩節

幸福夜裡，
隱祕間，無人見我影，
我見亦無影，
沒有其他光明和引領，
除祂焚灼我心靈。

❶ 靈魂仍繼續以世間的夜作為比喻和直喻，描述這個心靈的夜，還是列舉且稱讚夜的良好特性。經過這個夜，他發現且使用這些特性，為的是快速又安全地達到他渴望的目標，他在此列舉的特性有三。

❷ 第一，他說，是在此默觀的幸福夜裡，天主帶領他經由如此孤寂和隱祕的默觀，且這麼隔離和隔絕感官，沒有什麼屬於感官的事物，也沒有受造物的觸動，能達及靈魂的，致使在愛之結合的道路上，妨礙和耽擱靈魂。

❸ 第二個特性，他說是這個夜的靈性黑暗，靈魂所有高層部分的感官都在黑暗中，靈魂沒有看，也不看任何事物。在他走向天主的道路上，沒有任何外在於天主的事物能躭擱他；因為當他行走時，靈魂是自由無礙的，本性領悟的形式和形狀阻擋不了他。這些本性領悟往往阻止靈魂，不使他時常和天主的存有結合。

❹ 第三個特性是，靈魂行走時，不依靠理智上任何內在的特別光明，也不依靠外在的嚮導，以求在此崇高的道路上得到滿足，因為這些深濃的黑暗已剝除了這一切。惟有愛，在這期間燃燒著，內心殷切地追求心愛主，就是這愛，引導和推動靈魂，使他在孤寂的道路上，凌空飛向天主，卻不知是怎樣和以何種方式。

詩句如下：**幸福夜裡**㉟。

85. 本書於此結束。聖十字若望已達到他的目的，寫出了黑夜的淨化。

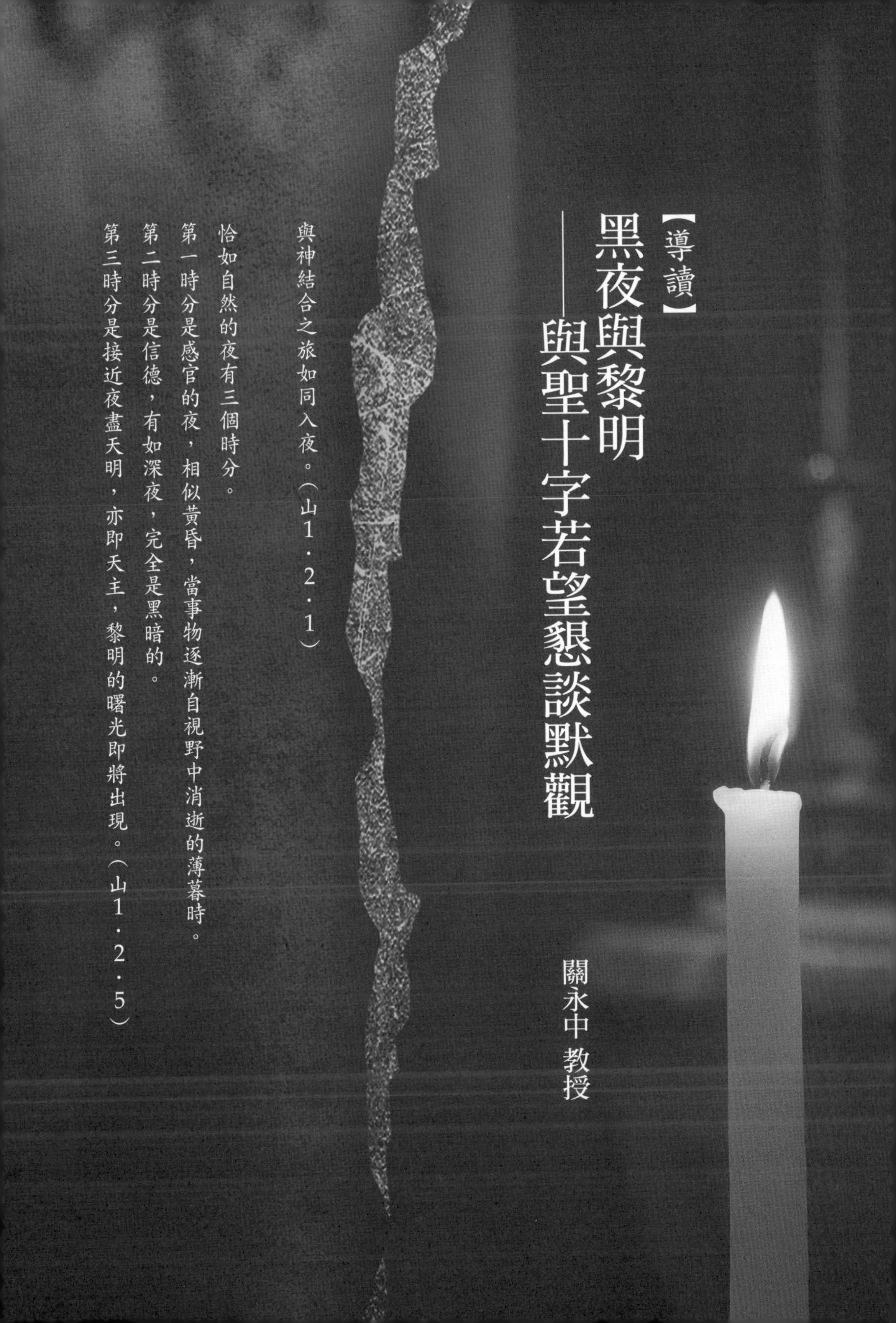

【導讀】黑夜與黎明——與聖十字若望懇談默觀

關永中 教授

與神結合之旅如同入夜。（山1·2·1）

恰如自然的夜有三個時分。

第一時分是感官的夜，相似黃昏，當事物逐漸自視野中消逝的薄暮時。

第二時分是信德，有如深夜，完全是黑暗的。

第三時分是接近夜盡天明，亦即天主，黎明的曙光即將出現。（山1·2·5）

一、引言：從默觀字義說起

「默觀」（contemplation），拉丁文動詞為*contemplāre*，*contempari*；意謂著察視、觀看、持續注目（to survey，to observe，to look at with continued attention）。其名詞為*contemplātus*，*contemplātio*；意謂著觀看、察視的活動（act of viewing，act of surveying），其原初義，乃意指預言家在占卜前騰出空間，以便觀察。*contemplātus*一辭中的*templ*，尤寓意著畫定界限，以此為聖域，供做觀想之用，遂引申為temple（廟宇）一字，與希臘文之*témnein*（to cut，割開）在意義上接近，暗喻著聖與俗之界線分隔，讓神修人有其靜觀之所。此辭漸而演繹為修行者經過持續的專注功夫，培養虛靜心態，好能靜觀超越界域。基督宗教靈修傳統遂定義之為「對神之單純直覺的凝視，以致在聖愛中孕育出空靈明覺」①。它是「單純的」（simple），即繁複思辯推理已經沉寂；它是「直覺的」（intuitive），即揚棄了感性知覺而讓「智的直覺」（intellectual intuition）湧現；它是一「凝視」（a gaze），意即非肉眼的觀看，而是靈智上的開悟；其中的見道／光照（illumination/enlightenment）是環繞在人神間的愛之契合中兌現。

中文譯名「默觀」，看來相當有啟發性。按許慎《說文》：「默，犬暫逐人也，從犬黑聲，讀若墨。」表面義指惡犬守門，生人勿近，以致鴉雀無聲；段玉裁注：「叚借為人靜穆之偁。」即消極地寓意著沉潛寂息。《說文》談「觀」，釋為「諦視也。」並連貫

1. A. Tanquerey, *The Spiritual Life : a Treatise on Ascetical and Mystical Theology*（Tournai : Desclee, 1930）, p. 649,「（Contemplation is）a simple, intuitive gaze on God and divine things proceeding from love and tending thereto」.

至《說文》之「宷，悉也；知宷，諦也。」藉此積極地寓意人從仔細觀看中辨悉真諦。「默」、「觀」兩字合併，投擲出一份「空靈明覺」之義，消極地意謂著沉潛止息，此謂「空靈」，積極地意指明心見性，此謂「明覺」。

以「默觀」一辭來註釋*contemplātus*一字，多少能讓我們連貫至西方中世紀神祕主義傳統，並容許我們正面地聆聽聖十字若望（St. John of the Cross, 1542-1591）對默觀所下的定義。

二、聖十字若望為默觀下定義

聖十字若望談神祕靈修經驗，尤特別重視「默觀」，還以它作為神修人在現世須努力的最高目標（山2．10．4）[2]。

十字若望在不同的篇章，為因應不同的需要，而給「默觀」下各式各樣的定義；但較具有代表性的定義有以下三者。

首先，「默觀」被定義為「理智的祕密而較高程度的知識」（secret higher knowledge for the intellect）（山2．8．6；靈歌27．5，39．12）

再者，「默觀」又被定義為「神對意志的祕密的愛的傾注」（secret inflow of Divine love on the will）（夜1．10．6）[3]。

末了，「默觀」又總括地被定義為「理智與意志共同保有的對神的祕密的愛的知識」

2. St. John of the Cross，*The Ascent of Mount Carmel*（2, 10, 4）in *The Collected Works of St. John of the Cross*. Translated by Kieran Kavanaugh & Otilio Rodriguez, with introductions by Kieran Kavanaugh.（Washington, D.C. ICS,1979）, p.131。下文，聖十字若望的作品簡稱如下：*The Ascent of Mount*；*Carmel*《攀登加爾默羅山》：山、*The Dark Night*《黑夜》：夜、*The Spiritual Canticle*《靈歌》：靈歌、*The Living Flame of Love*《愛的活焰》：焰。

3. 編者按：關先生引用《黑夜》若是和本譯本有所差異，為了尊重關先生，編者不予更動。敬請讀者留意。

（secret loving - knowledge of the Divine, pertaining to both the intellect and the will）（焰3・49）。

看來第三個定義最為完整，且涵括前兩個定義的要點。三個定義共同指出「默觀」是「祕密的」（secret），即屬神祕冥契的範疇；它聯繫著「神」（the Divine），即以體證神為其最高職志；它是「意志」（will）上「愛的傾注」（inflow of love），意謂著人神間的相愛，人的「意志」作為心靈的意欲功能，一方面體會神愛的傾注；另一方面對著神而發顯其嚮慕與投奔，而臻至心靈的結合；再者，它也是「理智」（intellect）上的「較高知識」（higher knowledge），「理智」作為靈的智悟功能，一方面領受神智慧的灌注，另一方面，在愛的昇華中洞察神的內蘊。以上述提示為基礎，我們可權宜地把定義調整如下：

默觀是人神間之祕密的愛的知識，維繫著意志與理智間的互動。

我們再從所整理出的定義凸顯出下列三個重點：

首先，默觀維繫著意志與理智間的互動

繼而，默觀是實現人神間愛的知識之歷程

再者，默觀是祕密的：消極地蘊含著「煉淨」

積極地蘊含著「結合」

雖然這三個重點的意義糾纏在一起，為方便解釋，我們分別闡述如下：

三、默觀維繫著意志與理智間的互動

聖十字若望主要是站在「意志」與「理智」間互動的立場來談論默觀（山3・16）。「理智」（intellect）作為「認知能力」，推動著「意志」（will）的好惡；而「意志」作為「意欲能力」，其好惡也反過來影響「理智」的認知。兩者相輔相成，而在默觀中造就「愛的知識」。為此，「意志」雖然主要地是意欲渴求的功能，但配合著「理智」時，也彰顯其認知面向，以致我們可分別體會其欲望面（appetitive perspective）與認知面（cognitive perspective）。

A. 意志的欲望面

十字若望認為人的「意志」包含四種主要的情緒反應：喜悅、希望、恐懼、悲哀（joy, hope, fear, sorrow）（山3・16・2，3・17・1）。

- 欲而獲得者引致喜悅
- 欲而未獲者引致希望
- 不欲而瀕臨引致恐懼
- 不欲而至者引致悲哀

聖人更進一步從產生喜悅的對象上，歸納出六種善（山3・17・2）：

- 暫世的善（temporal good），如金錢、地位（山3・18・1）

- ▼本性的善（natural good），如美貌、健康、才智（山3・21・1）
- ▼感性的善（sensory good），即中悅內外感官的事物，如美的顏色、音樂（山3・24・1）
- ▼道德的善（moral good），即德行、好習慣（山3・27・1）
- ▼超性的善（supernatural good），例如撒羅滿王的智慧，保祿宗徒所說的特恩，如信德、治病能力、行奇跡、講預言、辨別神類、講方言（格前十二9-10；山3・30・1）
- ▼靈性的善（spiritual good），指的是與神結合。這是終極的善（山3・33・1）

面對前五種善所應有的心態是：不留戀、不執著，否則心靈受束縛，不能自由高飛。至於第六種善，則是我們必須追求的終極目標，在默觀中逐步實現。

B. 意志的認知面

意志除了有其欲望面外，尚有其認知面，凡缺乏認知面的意志，則無異於盲目的衝動。換言之，知識不單是理智的事，且是理智與意志互動共同孕育的事。J. Kristo提示得很有意思：「腦」不能缺少「心」而有所洞見[4]。言下之意：意志的好惡，能左右理智的認知；厭惡某對象，等於拒絕以正面眼光去面對它；反之，喜愛某對象，則容許人以積極心態去體會它。為此，聖十字若望說：「理智不能缺乏意志的干預來接受或排拒任何事物／The intellect……cannot admit or deny anything without the intervention of the will。」（山3・34・1）在此，讓我們先看看理智與意志互動的「本性運作」（natural operation），然後再檢討其「超性運作」（supernatural operation）。

C. 理智與意志互動的本性運作

在普通日常生活中，理智與意志的配合可有以下幾點值得彰顯：

1）初遇一對象時理智先發動

當人初次與一對象接觸時，因為還沒有任何成見的因素，所以理智會搶先行動。為此，十字若望說：「意志無法去喜愛某對象，如果理智不首先認識它。」（靈歌26・8）

2）意志繼而直接干預人的認知

當理智一旦認識某物後，意志馬上尾隨地產生反應，而直接影響理智今後對同樣事物的認知。如上所述，理智並不缺乏意志來接納或拒絕任何事物（山3・34・1）；意志則會對理智的認知作干預，叫人喜愛適合自己旨趣的東西，與厭惡不討自己歡喜的事件。

3）有關意志的積極干預

有關意志對所喜愛之事物的積極干預，可以提出以下幾點：

4. J. Kristo, *The Interpretation of Religious Experience: What Do Mystics Intend when They Talk about Their Experience*? in *Journal of Religion* 62,（Jan, 1982）, p.29, "Mind does not see until it sees with heart."

a）意志推動理智去進一步認識某對象

面對所悅納的對象，意志會主動地引導理智作更進一步的認識。聖十字若望引用依撒意亞先知的話作例證：「如果你不相信，你就不會明白。」（依七9；山2・3・4）去相信，就是意志以積極接納的態度去正視某物，因而容許理智有力量去進一步理解；就如同你必須先相信幾何的原初定理，才可以進一步深入探討幾何一般。

b）意志使理智從一新的眼光去認識某物

進一步說，意志對一物的「同意」（consent）與附和，無疑是歡迎了此物進入個人的生命中，致使理智以同情的心態去「贊同」（assent）它，讓它參與並轉化一己的生命。以致聖十字若望說：「信德是……靈魂的一份贊同，透過聽取而達致。」（山2・3・3）藉此讓生命獲得轉化。

c）意志以愛的心態去認識一個人

當意志積極正視的對象是一個有靈性位格（personhood）的主體（subject），則容許人以愛的眼光去透視對方；我愈去愛一個人，就對他認識得愈深。聖十字若望稱之為「愛的認知」（loving – knowledge）（焰3・49）。雖然聖人指的是人神間的愛，但也同樣適用在人與人之間的主體際性關係（intersubjectivity）。人在愛的認知中，會達到一種超乎普通主客對立的認知程度：我不再以一個「他」（he /she /it）的立場來認識對方，而是把愛者體認為一個「你」（thou），一個能與我（I）融通的「你」。借用巴斯卡（Blaise Pascal, 1623-1662）《深思錄》（*Pensées*, § 277）的名句：「心有其理性，為理性所不識。」（The heart has its reasons, which reason does not know.）⑤。言下之意是：愛心有其認知，是普通的思辯理智無法達致的。這是我們從本性運作的角度來體會意志與理智的配合。然而意志與理智的互動，尚可從超性運作（supernatural operation）的面向上探討。

D. 意志與理智互動的超性運作

意志與理智的互動，可在人神間神祕冥合的過程中窺見。神祕家在接觸上主而經歷意識轉變的狀態下，其意志與理智超越了一般日常生活的本性作用，進而孕育「超性運作」，造就了人神間「愛的知識」，被稱為「默觀」。我們在對此作較詳細的分析之前，可預先提示以下的三個要點：

1）默觀肇始中，意志比理智首先被觸動

人在祈禱中，或在無預警狀態下，可被神觸及而深受感動，意志突然萌生起對神的愛慕，雖然理智尚不明其所以。聖十字若望說：「本性上，沒有事先瞭解所愛的，就不可能去愛。但在超性方面，天主能輕易地傾注並增加愛情，卻不用傾注或增加個別的認

5. 英譯本取自 Blaise Pascal, *Pensées*, § 277, in *European Philosophers from Descartes to Nietzsche*（New York: Random House, 1960）, p.124.

識。」（靈歌26・8）意志的超性觸動，讓人可以開始進行其默觀的歷程。

2）默觀進行中，意志與理智含三種配合

聖十字若望進一步指出，人進入默觀後，其意志與理智在合作中會有以下的三種形態：

其一，理智獲得光照，意志卻充滿枯燥無味（夜2・12・7；焰3・49）。

其二，理智處在黑暗中，意志卻充滿愛火（夜2・12・7；靈歌26・8）。

其三，理智獲得光照，意志也充滿愛火（夜2・13・2）。

此三種形態，可列表如下頁：

3）默觀程度的不同，引致意志與理智的互動各異

在較低程度的默觀，第二種形態比較常見。

在較高程度的默觀，第三種形態比較常見。

理由是：「除非理智經受煉淨，否則不能接受赤裸而被動的知識。靈魂在全煉淨之前，在獲得超性知識的經驗上，獲得愛的感受較少；因為人的意志不須經受徹底的煉淨即可感受到對上主的愛火。」（夜2・13・3）

雖然理智與意志的合作有以上的三種形態，兩者間的功用仍是彼此貫通的。《靈

歌》的一貫思想是：在默觀中，知識引致愛火，愛火導致更豐盛的知識。我們將在下文發揮這點，在此，為了要更湛深地體認其中要領，我們須較細緻地反思默觀之為人神間愛的知識這一歷程。

四、默觀是實現人神間愛的知識之歷程

在這個前提上，我們可扣緊三個重點來反思：

A. 默觀是為人神間的戀愛

B. 默觀是為人神間在愛中孕育知識

C. 默觀之愛的知識經歷一段發展的歷程

茲分述如下。

A. 默觀是為人神間的戀愛

默觀無異於人神間的戀愛，以達致深度契合為宗旨。在天人相愛的向度內，我們可權宜地首先分別從「人對神的愛」，及「神對人的愛」上去體會，再綜合地認證兩者是為一整體完型。

	一	二	三
理智（intellect）	光照（light）	黑暗（dark）	光照（light）
意志（will）	枯燥（dry）	愛火（love）	愛火（love）

1）人對神的愛

從「人對神的愛」之角度上言，如十字若望所詠嘆般，人可從山河大地的美中，體會造物者的美（靈歌5），從人間倫常有限的愛，洞察人神間無限的愛（靈歌7）；也可藉神祕靈觸的邂逅，嚮慕永恆的愛者（靈歌1）。種種機緣，叫人深深地察悉內裡的一份空缺，惟有神始能填補，以致聖奧斯定《懺悔錄》卷一第一章有言：「祢是為了祢的緣故而創造我，我的心除了安息在祢的懷抱內，再也尋找不到安息。」而聖十字若望《靈歌》開宗明義的詩句，首語就蘊含著同樣的歎息：「祢隱藏在那裏？心愛的，留下我獨自嘆息，祢宛如雄鹿飛逝，於創傷我之後；我追隨呼喚，卻杳無蹤跡。」

2）神對人的愛

然而，神又何嘗不在深愛著人！聖十字若望說：「如果靈魂在尋求天主，天主更是在尋找靈魂。」（焰3・29）借用普羅丁（Plotinus, 205-270）「流出說」（Theory of Emanation）來寓意，「愛渴望施予。」（*Enneads* 4・8・6）「太一」為「愛」而致傾流自己，與被愛者化作同一份洪流，藉此讓被愛者回歸愛的本源。誠然，吾主就以身作則地「愛我們到底」（若十三1）又說「最大的愛，不會超過為朋友犧牲性命。」（若十五13）。

3）圓融地看人神間的愛

整體地看人與神之間的相戀，馬賽爾（Gabriel Marcel, 1889-1973）對聖十字若望的體認，作了一個很好的詮釋：圓融地談「神對人愛的呼喚」，與「人對神愛的渴慕」，其實是同一個完型（gestalt）的兩面：上主在人心坎內播下了嚮往的種子，好讓人在切慕中尋獲祂[6]。人作為神的肖像（Imago Dei），乃肖似神地以愛作為其屬性，以致惟有在愛上增長始能達致圓滿，而人際間的愛，也惟有在人神間的愛上臻至完成。

純全的愛也蘊含著湛深的知識，在默觀中呈現。

B. 默觀是為人神間在愛中孕育知識

人在與神邂逅、相愛，而至結合當中，人愈愛著上主，則愈發在愛中認識到上主。借用佛洛姆（Erich Fromm, 1900-1980）的話語：「知識有許多層面，唯獨藉愛而獲致的洞察不停留在表面，而直指本心。」[7]而謝勒（Max Scheler, 1874-1928）也說：「真愛開啟人的靈眼，讓我們發現被愛者的更高價值。它容許人有洞察，而不叫人盲目。」[8]哲人們的見證向我們提示：愛不意謂著盲目，而意謂著以正面的眼光洞察被愛者的心靈，也容許對方在愛的滋潤下，綻放其最深底蘊。這提示不單適用於人與人之間的愛，也同樣適用於人與神之間的愛。為此，一方面〈創世紀〉[9]中稱男女間愛的結合為認識對方；另一方面，〈申命紀〉[10]也以梅瑟和上主間的往還作寫照，彰顯出人神間在愛中孕育知識，而成全的愛蘊含著圓滿的知識。

為神而言，神對人的愛是如此地徹底，以致祂完全地認識了人。但為人而言，人

6. Gabriel Marcel, *Being and Having*（New York: Harper, reprinted 1965）, pp.208-209.
7. Erich Fromm, *The Art of Loving*（New York: Bantam, 1956）, p.24, "There are many layers of knowledge; the knowledge which is an aspect of love is one which does not stay at the periphery, but penetrates to the core."
8. Max Scheler, *The Nature of Sympathy*（New Haven: Yale University Press, 1954）, p. 157,「 ……true love opens our spiritual eyes to ever – higher values in the object loved. It enables them to see and does not blind them……」
9. 創四 1，十九 8。
10. 申卅四 10。

對神的愛始終可以增加，以致在默觀的路途上，其「愛的知識」也經歷著一段發展的歷程。

C. 默觀之愛的知識經歷一段發展歷程

在默觀發展的歷程上，聖十字若望也按照傳統的分法，把它分為「煉路、明路、合路」（purgative way、illuminative way、unitive way），用以凸顯初學、進展、完成三個時份。這寓意著人神間的互相認識、神訂婚（spiritual betrothal）、神婚（spiritual marriage）三程度，展望著「全福」（beatific state）的來臨。（靈歌・主題1-2）若把默觀的進程放在「愛的知識」這前提來體會，我們則須首先交代下列的三個重點：

1）默觀肇始中的三徵兆及其中的愛與知識
2）默觀進展中的愛與知識
3）默觀成全中的愛與知識

茲分述如下：

1）默觀肇始中的三徵兆及其中的愛與知識

十字若望分別在《山》（2・13）和《夜》（1・9）中談默觀肇始的三個徵兆。

他指出：人從「默想」（meditation）到「默觀」（contemplation）的轉捩點上，若碰到以下的三個徵兆，則須停止一般日常思辯性的推理默想⑪，可以開始作默觀；即空掉身心之普通運作，而開始把自己開放在主的臨在面前，靜靜地體會其親在與愛的傾注。按《山》（2．13）的次序，這三個徵兆作如下的排列：

a）默想時感到神枯

第一個徵兆是：人在作默想時，感到神枯（desolation）。即在進行例行的推理默想當中，不論是思辯性地推論一端經文或義理的涵義，或利用想像置身於《聖經》中吾主的某一奧跡行實，都大不如前地不再感到曾經有過的神慰（consolation），反而感到厭煩乏味。導致枯燥的原因可以是多方面的，它可以是由於身體不適、或怠惰不忠等。但為忠於上主的靈魂而言，其中的原因主要有三：

i）人已取盡默想所帶來的益處

一般而論，當人尚能透過默想而獲取神益的話，當然會感到慰藉；反之，則可表示他已取盡了其中的益處，而再無引用的必要（山2．14．1）。

ii）已習慣地形成了對上主愛的嚮往

人在忠誠持續地作默想後，久而久之，已養成了對神有習慣性的愛的專注與嚮慕。他只須稍一收斂心神，即可感受到在上主跟前的平安與喜悅。此時，推理默想不單是多餘的，而且還有礙於人對神的一份寧靜的融通（山2．14．2）。

11. 十字若望沒有詳細地對「默想」（meditation）作分析，只簡略地稱之為以形像作推理（discursive act built upon forms）（山2．12．3）。籠統地說，它是引用理智作思考，以及引用想像力來構想景像以幫助思考；它引用理智的思辯性思考（speculative reasoning）來反省一端道理或經文，企圖理解其中的意義，藉此引申對上主的嚮往；或引用想像來思念主耶穌或聖經人物的事跡行實，並想像自己生活其中，與他（們）相遇、晤談、觀察、聆聽，藉此激發對吾主的愛火。參閱（山2．12-13）。

iii）一種適合默觀的認知方式開始出現

上主開始引領人靈以單純的默觀來與祂溝通，它不牽涉理智的思辯推理，也不與外五官或內感官（例如：想像力）拉上關係（夜1・9・8）。

b）對圖像或受造物乏味

第二個徵兆是：對於引用想像來構想神的形像，人靈感到索然乏味，也不被受造物吸引（山2・13・3；夜1・9・2）。其中的原因，不是由於個人不忠、不成全或犯罪，否則人靈會傾向貪戀受造物（夜1・9・2）。

c）對上主有愛的掛念

第三個徵兆是最有力的徵兆，叫我們停止用推理作默想。亦即人靈喜歡停留在對上主的愛的注視中，而不願作任何推理（山2・13・4）；他很介懷自己有沒有好好的事奉上主（夜1・9・3）。

有趣的是：在三個徵兆次序的排列上，《黑夜》（1・9）有別於《攀登加爾默羅山》（2・13）。《夜》以《山》的第一個徵兆作為其最後一個徵兆，而把《山》的第二、三個徵兆作為其第一、二徵兆。此外關於「對上主有愛的掛念」這一個徵兆，

《夜》（1·9·3）字裡行間表現出一份忐忑不安，唯恐自己因不忠而疏離了上主；反之，《山》（2·13·4）卻透顯出一份寧靜，耐心地等待吾主的眷顧。有見於此，我們可能會因而產生以下的三個問題：

其一是：十字若望為何要重複地談這三徵兆？

其二是：三徵兆在排序上為何兩組有別？

其三是：關於「對上主有愛的掛念」這徵兆，《夜》為何凸顯「憂戚」，而《山》卻呈現「安寧」？

我們可因上述的問題而有以下的構思。

首先，為回應第三個問題——《山》與《夜》在對上主有愛的掛念上，為何表態各異？——我們可聆聽到三種能有的說法。

第一種說法是較扣緊「感官」與「心靈」二辭的對比而引發。有部分人士覺得：聖十字若望在討論神修的層面時，會至少隱然地認為「感官」修練比「心靈」修練為初步，聖人既然分別在《夜》的感官之夜及《山》的心靈之夜說了三徵兆，以致部分讀者認定《夜》所談論的對象較屬「初學者」（beginner），而《山》則較屬「前進者」（proficient）。為此，在「對上主有愛的掛念」這一徵兆上，《山》指前進者在對神愛的注視中孕育一份安全感；反之，《夜》則凸顯開始者對上主愛的掛念，並懷疑自己可能對神不忠，以致體會不出神慰。不過，忠誠的開始者對有關上主的圖像感到乏味，這明顯地不來自個人神修上的鬆懈，因為半冷不熱的人並不關心自己有沒有好好事奉神（夜1・9・3）；前進者的安全感不在開始者身上出現。這種轉變是內心一種細密的轉變，人心靈發覺到上主的臨現，而他的感官卻處在乏味的狀態，這會使開始者懷疑自己是否不忠於上主；反之，前進者則不被過份懷疑所困擾。然而，我們也可能聆聽到另一種不同的說法。

第二種說法是較扣緊「主動」與「被動」的對比而立論。《山》把三徵兆放在「**主動的心靈之夜**」（active night of the spirit）的脈絡上考量，而《夜》則把它們放在「**被動的感官之夜**」（passive night of the senses）的前提上檢討。有人認為：「被動」一辭意謂著神修人已有相當進境，可領受神較積極的滌淨。即使神的「灌注」（infused）動作尚未明顯地出現，但至少已緊鑼密鼓地幫人清理感官上的不成全。如果靈修程度愈高，則人愈「被動」，而神愈「主動」的話，那麼「被動的感官之夜」在修為的進境上反而應比「主動的心靈之夜」為高。為此，《夜》所談的「對上主有愛的掛念」一徵兆，應被理解為人更意會神的主動干預、更深感自己的卑微不堪、更體認人神間存有等級的懸殊，以致敬慎憂戚之情溢於言表。不過，看來另有較折衷的第三種說法。

第三種說法是較圓融地體會「主動」、「被動」、「感官」、「心靈」等對比。有人認為：聖十字若望談靈修，不論是「主動」或「被動」修練，不論是「感官」或「心靈」煉淨，至少暗示它們往往是糾纏在一起，不容易分辨清楚，聖人只為了用言語來闡釋，勉強分開來做說明而已。反正「主動」與「被動」是相對應的，而人的「感官」和「心靈」又同屬一個整體，以致任何靈修都牽涉主動與被動面，而任何煉淨都維繫著感官與心靈，充其量只是在不同的進程中，各成分有不同的比重而已。有見於此，我們最好避免指明，《山》與《夜》兩組三徵兆的描述是為哪一個層級的神修人而設的，不如說，默觀肇始的時分是由神來安排，人無法揠苗助長。至於人對神的感受，「憂戚」與「安寧」兩者並不彼此背反，人可兼而有之，即情緒表面的「憂戚」，可不妨礙心靈湛深的「寧靜」；聖十字若望只分別站在不同的側面談同一件事實而已。看來第三種說法是較為周延，但前二種說法非全然無理，也有參考的價值。

至於上述的第二個問題——三徵兆在排序上為何兩組有別？有人或許會說：聖十字若望並沒有仔細考慮三徵兆的排序，只志在把三徵兆的名目帶出來而已。但也許有人認為，以聖人的條理分明，應不至於將其中的排序任意處理。首先，《山》在排序上先後牽涉（1）**對自己**的推理運作不靈光、（2）**對外物**圖像乏味、（3）**對上主**有愛的凝望。而《山》（2．12-15）的脈絡在於以人「想像力的本性運作」作為反思主軸，以致聚焦在個人的想像推理活動，再放眼於被推想的圖像，最後終於落實在對神的專注；這樣的安排是很順理成章的。反之，《夜》（1．9-10）一開始即以「被動」的感官煉淨作為探討前提，以致會（1）先談放棄對**感性圖像**的執著，（2）好轉向至**無圖像可表徵**之上主本身，因而標榜，（3）放下個人的**主動思辨運作**，被動地讓上主積極帶領；這樣的排列也很合乎主題的要求。總之，作者是因應不同的前提而對排序作出調整，其中的思路並非全然隨意。

至於第一個問題——三徵兆為何重複地被提出？我們的回應是：聖人一再重述也不是偶然的，他是希望藉此表達兩種不同的情境。首先，《山》的主題是「主動」的修練，以致追問人在怎麼樣的狀況下須「主動地」放棄推理默想。反之，《夜》的主旨在談「被動」的煉淨，以致追問上主是否已在「灌注」的途徑上露出端倪。總之，以聖人構思的縝密，則「三徵兆」的重述應事出有因，值得我們去辨別，而不應把《山》與《夜》兩組陳述混為一談。

但話須說回來，三徵兆的主題既然一再地被引述，自有其貫通之處，即兩組陳述自有其吻合的地方，兩者都聚焦在一個總問題：人須在什麼時分放棄「默想」而進入「默觀」？而聖人一貫的回應是：三徵兆齊備始可考慮轉向。換言之，十字若望認為我們須兼顧以上三個徵兆，始可調整或終止默想，而開始進入默觀（山2・13・5-6）。徒有第一徵兆，那可能是由於個人靈修上鬆懈所致；若只有第一和二徵兆，則可能是因為人在鬧情緒、或身體不適（夜1・9・2）；三者俱備，始可轉而導向默觀之途。

站在意志與理智的互動上看此一時機，意志在人的收心（recollection）中傾向上主，牽掛地愛著吾主，而理智卻處在黑暗中，罔然若失；意志不等理智的推理作前奏，即點燃愛火。反之，理智暫且無力運用思辯思考，而又尚未喚醒更高的直覺，以致黑暗無光，無所洞察。在此時機上，十字若望認為：三個徵兆既然齊備，其中包括意志對上主所發顯的善情，即使理智不能推理，也可安於對上主的投奔，在黑暗中體認上主在我內的臨在，而不要勉強持續地作思辯推理。意志只須在收心中持續地愛著上主，把這份愛心帶進日常生活中，愛火將帶動理智漸獲光照。總之，時機未成熟，不要揠苗助長；時機一旦成熟，則須當機立斷、停止推理、安於收心、持守心內的吾主、靜候吾主進一步的引動。

撮要地說，三徵兆分別維繫著「對己、對世、對神」三面向：

「對己」意謂著思辯運作不管用

「對世」寓意著不再受有形事象吸引

「對神」呈現著一份愛的純情與牽掛

三者俱備，則讓意志的愛火先行，暫勿介懷理智的黑暗，久而久之，默觀會愈發進展，而愛與光照將會互相牽引。

附帶地值得一提的是：三徵兆出現的時機，看來尚未明顯地彰顯出上主「灌注」（infused）的化工，而人對神所發顯的善情，還只是人力所能及的「自修」（acquired）

運作而已⑫。相等於聖女大德蘭（St. Teresa of Avila，1515-1582）所談的「主動收心祈禱」（prayer of active recollection）（全德28-29）⑬，而有別於寧靜祈禱（prayer of quiet）的「灌注收心」（infused recollection）（城堡4．3．8）。這是由「默想」轉捩至「默觀」的灰色地帶。為大德蘭而言，這還不能嚴格地算是狹義默觀的正式開始，而只是臨近「灌注」狀態的門限而已，但十字若望已把這一時機畫分為默觀的肇始；為此，有部分的神修學家在對照兩人的說法後，權宜地稱此時機屬「自修的默觀」（acquired contemplation），意謂著「灌注」因素尚未如此明朗。但人若從三徵兆上把握時機，而轉向「收心」，並存念吾主的臨在，則默觀會有進展，而「愛」與「知識」會進一步彼此牽動。

2）默觀進展中的愛與知識

如上所述，意志與理智在超性運作中的互動，因形態不同，而致「愛」與「知識」的配合情況各異，歸納為三種狀態：

其一，理智獲得光照，而意志處於枯燥

其二，理智處於黑暗，而意志點燃愛火

其三，理智獲得光照，而意志點燃愛火

換句話說，理智與意志間的互動，有時「各自為政」，有時「彼此吻合」，有時「互

12. 神修學以「灌注」一辭寓意著上主明顯地在人身上呈現的「超性」（supernatural）工程，它純粹是神的賜予，人只能「被動」（passive）接受，不應也不能揠苗助長。反之，「自修」一辭意指自己的努力作為所能「主動」造就的活動與成果。

13. 有關聖女大德蘭的重要著作，其簡稱如下：*The Book of Her Life*《自傳》：自傳、*The Way of Perfection*《全德之路》：全德、*The Interior Castle*《靈心城堡》：城堡

為因果」：

所謂「各自為政」（夜2．13．3），那就是理智與意志間缺乏配合，以致不同步，如上述之第一、二種狀態般；在較低程度的默觀中，第二種形態比較常見。理由是：除非理智經受煉淨，否則不易接受被動的知識；相反地，意志則不須經受徹底的煉淨，即可感受到上主的愛火。

所謂「彼此吻合」（夜2．12．6；靈歌27．5），那就是指在較成全的默觀中，上述的第三種形態比較常出現。人靈在愛中認知，也在認知中熱愛。換言之，意志在充滿愛火中蘊含光照，而理智在獲得智慧之光中，浸潤於愛火；理智與意志的運作彼此吻合，人靈被愛的光照所浸透。

所謂「互為因果」，那就是說，人靈在達到高度的成全以前，他不一定常經驗到理智與意志的結合；甚至在達到高度的結合之後，理智與意志有時會分開來產生作用。當它們不彼此吻合時，則最低限度是互為因果，即在默觀中，認知產生愛，愛引致更豐盛、更湛深的知識。

理智與意志間互動的不同情況，已多少隱晦著默觀的不同程度。有關默觀的進展程度，我們須首先交代「從上而下」與「從下而上」的兩個向度。誠然，默觀只有一種，「從上而下」地看，它常常是上主灌注於人靈的愛的知識（inflow of loving – knowledge from God）；反之，「從下而上」地看，它是人靈有進展地融貫於上主的愛，而產生智慧的明辨。不過，站在人靈的立場言，因不同的人有不同成全的程度，以致我們可以把默觀分為三個主要的階段：

a）開始階段——如上述，神修人碰到三個徵兆（例如：①神枯、②對圖像乏味、③對上主有愛的掛念），而停止推理默想，並開始作默觀。在開始階段，理智常處於黑暗之中，而意志則較多感受到愛與安寧，因為此時期的理智尚未完全煉淨，況且人靈尚未完全習慣默觀。理智與意志的感受都較微弱，人還在適應本性的運作及學習配合被動的灌注（山2・13・7）。

b）中期階段——默觀的經驗愈來愈強化，理智與意志之間在互動上彼此牽引：

i）經驗的強化：十字若望指出，人愈習慣默觀的定與靜，經驗就會愈為深刻，愛的知識愈增長，不需要特別操勞，就可感受到平安、憩息、甘飴、喜悅（山2・13・7）。

ii）理智與意志彼此引領：初級階段過後，理智愈來愈意會默觀的精妙。有時理智有光照，而意志不發覺有愛火，有時則相反，有時則兩者同時有感應（夜2・12・7，2・13・1-3）。但無論如何，當其中一個官能受推動，另一官能也至少受到間接的神益。超性智慧的增長也引致愛的延伸；而愛的加強，也連帶地使理智受到進一步的煉淨，使之更傾向於領受上主的知識。

度：

c）高級階段——理智與意志的超性運作常彼此吻合，愛的知識達到非常強烈的程

i）理智與意志常吻合：十字若望以「神婚」（spiritual marriage）一辭來稱謂高度的默觀。在其中，人與神心心相印，而人的理智與意志在運作上，也常常互相吻合，即人靈在認知上主中熱愛上主，也在愛的熾烈中孕育更豐盛的超性知識（靈歌26．11）。

ii）愛的知識達到高度的強烈：這份愛的知識是如此熾烈，以致人靈不知如何去稱呼它、形容它（山2．14．11；靈歌7．1，7．9）⑭。再者，人發覺自己對上主的體證是無止境的，人愈深入體驗上主的愛，就愈自覺有進一步的餘地，去開拓這份愛的知識（靈歌7．9，36．10）。

3）默觀成全中的愛與知識

從高階而成全的默觀上看愛與知識的典型，聖十字若望有這樣的描述：

正如暢飲擴散達及全身的肢體和血管，同樣，這個通傳實體地（subtantially）擴散，達及整個靈魂，或更好說，靈魂在天主內被神化（transformed）。在此神化中，她暢飲天主於她的實體和靈性官能中。她以理智暢飲智慧和認識；以意志暢飲最甜蜜的愛情；在榮福的記憶和感受中，她以記憶暢飲舒暢和歡愉。（靈歌26．5）

14.（山2．14．11）：這靈魂好似……「只知道天主，卻不知道自己如何知道天主。」為此緣故，新娘在〈雅歌〉裏說，從這個睡眠與遺忘在她內產生的效果中，她一無所知，當她下到祂那裡時，她說：「我不知也不覺。」（雅六10-11）。（靈歌7．1）：因為這個無限是不可名狀的，她稱之為「我不知是什麼」。（靈歌7．9）：對天主的某種高貴理解，無法訴諸言詞。因此，她稱這些為「不知是什麼」。

聖人並且強調：此時，人與神常深密地結合，即使其所有的官能不是經常處在結合當中，其心靈已實質地與神在一起（靈歌26・11）。在「愛」方面言，人對神的愛，比先前來得更湛深、甜蜜而持續（靈歌25・7-8）。在「知識」方面言，人因了愛而更充滿智慧，但人並不因為充滿著神的智慧，而抹殺其自修的科學知識。世間的學問由於融入神灌注的超性知識，得到了滋潤而成全，即使世間的知識在神的智慧面前，顯得如此微不足道（靈歌26・16）。然而，當人還活在現世，他仍未達致最後而絕對的圓滿，以致其心靈官能的運作與成果，仍有若干瑕疵有待改善（靈歌26・18）。

在先後分析了默觀維繫著意志與理智的互動，以及默觀之為人神間愛的知識後，讓我們進入聖十字若望在定義中所標榜的默觀之為「祕密」的（secret）經驗這個因素。

五、默觀是祕密的經驗，蘊含著煉淨與結合

對十字若望來說，「祕密」（secret）一辭，幾乎與「神祕」（mystical）一辭畫上等號，即使兩者不一定是同義辭，到底我們不能脫離「神祕」（mysticism）之前提來對「祕密」有所體認⑮。要瞭悟「祕密」之義，我們須在「神祕」一辭上著手探討。

在此，我們權宜地畫分以下的脈絡來作反思：

A. 神祕一辭的字義

15.（夜2・17・2）：「稱黑暗的默觀為『祕密』，……默觀是神祕神學，神學家稱之為祕密的智慧。聖多瑪斯說，此乃經由愛通傳且灌注給靈魂的。這個通傳對於理智和其他官能的工作是祕密和黑暗的。」

B. 聖十字若望在神祕前提下談默觀特質

C. 默觀在神祕修行前提下所蘊含的煉淨

D. 默觀在神祕修行前提下所蘊含的結合

茲分別敘述如下：

A. 神祕一辭的字義

從語言學上而言，外文**mysticism**（神祕主義）和**mystery**（奧祕）二字，同源於希臘文之*mysterion*一辭。*myst*（es）這名詞意指「神祕家」（mystic）或「領受入門者」（**the initiated**）；而**-erion**這偏詞則意謂「藉入門禮儀而被引進一奧祕以與之冥合」。此外，*myst*之動詞*myo*、*myein*有其消極意含——「隱閉」、「閉目」，即謝絕外道窺探，並揚棄對心、物之執著；也有其積極寓意，即全心投入所皈依的道，並在努力修行中與「道心」契合。為此，有部分學者譯之為「密契」[16]或「冥契」[17]，以顯其義理及音義。然「神祕」一辭之譯名，卻行之有年，最被廣用。「神」，許慎《說文》釋之為「天神引出萬物者也，從示申聲。」甲骨文、金文尤重其「申」義，寓意著「開顯」、「引出」、「心馳神往」等義。「祕」，《說文》釋之為「神也，從示必聲。」字裡行間，尤隱括著「隱蔽」、「幽奧」、「退藏於密」等義。「神」、「祕」兩字合璧，尤相應神祕經驗那份「出神」（*ekstasis*）與「內凝」（*enstasis*）的雙面體會[18]，以及祕密宗教之「謝絕外道窺探」

16. 參閱杜普瑞（Louis Dupré）著，傅佩榮譯，《人的宗教向度／*The Other Dimension*》（台北：幼獅，1986），ch. 2, pp. 473 ff.。
17. 參閱史泰司（Walter Terence Stace）著，楊儒賓譯，《冥契主義與哲學／*Mysticism and Philosophy*》（台北：正中，1998），譯序，pp.10-11。
18. 參閱聖文德（St. Bonaventura）《心靈向主之旅程／*Itinerarium mentis in Deum*》等著作。

與「全心融入正道」等義。總之，「神祕主義」或「神祕經驗」等辭，其核心義在乎人與絕對本體「冥合」（union），在「冥合」中，或出神地跳出小我而投奔大我，或「內凝」地返回自我深處，以與其絕對淵源相遇，也在「冥合」的路途上「煉淨」自己，以相稱於「道」。

B. 聖十字若望在神祕前提下談默觀特質

聖十字若望談神祕經驗，曾分門別類地畫分不同的類別與等級。從中分辨各式各樣的因素（山2・10・2-4）⑲。

1）靈性經驗的分類

從林林總總的經驗當中，聖人卻首要地把其中靈性經驗畫分為兩大類：

第一大類為「清楚／個別」（distinct／particular）類

第二大類為「黑暗／普遍」（dark／general）類

在清楚（distinct）和個別（particular）的超性認識中，有四種特別的領悟（apprehensions），無須經過身體的感官而傳達給心靈：神見、啟示、神諭、心靈的感受（visions, revelations, locutions, and spiritual feelings）。

19. 十字若望在（山2・10・2-4）及後文各章節中談論的超自然經驗種類很多，須另作專文處理。

黑暗、普遍的認識（dark and general），亦即默觀（contemplation），這是在信德內給予的，只有一種。我們必須引導靈魂達到此默觀，引導靈魂越過其他所有的認識，而且要在一開始就完全剝除它們。（山2．10．4）

2）兩大類經驗的異同

茲讓我們分辨此兩大類經驗的異同：

a）同：從《山》卷二第十章的分類上言，這兩大類經驗之「同」，則它們都至少具備以下的三個特性：

i）靈性的（spiritual）——不透過感性內、外感官而產生，而透過心智的靈官能。

ii）超性的（supernatural）——直接由超性界傳送過來。

iii）被動的（passive）——既出自超性界，人無法操縱。

b）異：第一類有別於第二類，在於前者是「清楚／個別」，而後者則是「黑暗／普遍」。茲闡釋如下：

i）第一類：「清楚」與「個別」，這兩個辭投射出以下的涵義：

甲、「清楚」（distinct）一辭，比較是從「能知」（subject knowing）方面來說的。心靈官能（spiritual faculties）之運作仍「清楚」，即我們仍可分辨以下的四種領悟：

靈的視覺——孕育出「理智的神見」（visions）

靈的聽覺——孕育出「神諭」（locutions）

靈的觸覺——孕育出「心靈的感受」（spiritual feelings）

靈的瞭悟——把握到「啟示」（revelations）

乙、「個別」（particular）一辭，是較從所知（object known）方面說及被把握的境界，從中指出仍有「個別」（particular）「具體」（concrete）之靈、境、事、物被把握。

ii）第二類：「黑暗」與「普遍」

此二辭寓意著一種經驗，那就是默觀經驗。對比著前者之「清楚」而「個別」，則後者投擲出的意義是：

甲、「黑暗」（dark）一辭，乃較從「能知」的面向上立論，消極地，意指認知官能的普通本性作用被吊銷，因而說是「黑暗」；但這並表示人失去知覺。

此外，尚有其積極義，積極地指示「明心見性」，即超性運作的出現。一方面，這是朗現更高的智的直覺（intellectual intuition），這就是「明心」；另一方面，則是體證神的本體實相，這就是「見性」。

乙、「普遍」（general）一辭，乃較從「所知」之境而言。或許我們在此不宜以「普遍觀念」（universal idea）的「普遍性」（universality）來作聯想。「觀念」之「普遍」（universal）意謂某核心本質（essence）（例如：人之為「理性動物」）可在同類事物內（例如：在人類中）放諸四海皆準。但十字若望在此處所引用之「普遍」（general）義，看來投射出一份滂沛、浩瀚、涵括一切、淹沒一切的義蘊，叫人在一整體氛圍內無從分辨彼我、來去、長、闊、高、深等對立狀態；在其中，一切都冥合在一個絕對「太一」之境內，而「玄同彼我」。為此，它至少蘊含三重意義：

——「小我」被「大我」銷鎔

——「時間」被「永恆」取代

——「空間」被「全在」統攝

茲分述如下：

第一義：「小我」被「大我」銷鎔

消極地說，這是人的「小我」被淹沒在神的浩瀚「大我」中，以致人神間的「主客對立」（subject – object polarity）被吊銷。

積極地說，它實現了神人間的結合（union），只不過，人在結合神當中，並不消失其個體自我，而只是完全被神充滿。聖十字若望以玻璃窗被陽光充滿為比喻，玻璃在被充滿中，仍不抹殺其個體，只不過玻璃不再與陽光對立，而是彼此融合在一起（山2．5．7）。

第二義：「時間」被「永恆」取代

消極地說，人在湛深的默觀經驗中，已不再體會與分辨現世普通時間的來去，為他，這經驗寓意著時間的消失。

積極地說，「永恆」（eternity）就在其中湧現。「永恆」寓意著時間的過去、現在、將來被兌現為一個充實圓滿的「永恆當下」（eternal now）。借用史泰司（Walter Terence Stace）在《時間與永恆》一書的話語：

> 永恆並不是時間的無止境延伸，它與時間無關。永恆是神祕經驗的一個特性。……這份永恆的體驗是非時間的，因為在其中再沒有先後的關聯與分割⑳。

為此，十字若望提示：人在湛深默觀中「出神」（rapture），他不再感到時間的流逝；旁人看他已神魂超拔了一段時間，他自己卻以為只過了幾秒鐘而已（山2・14・10-11）。

第三義：「空間」被「全在」統攝

消極地說，當默觀達到湛深濃烈的地步時，人已不再分辨世上空間的「地點」（situation）或「場地」（field）。

積極地說，在深入的默觀中，現世空間已被「全在」取代，即人已融入那「無所不在、處處都在」的神的氛圍（Divine milieu）。為此，十字若望借用保祿宗徒被提昇至三重天的經驗為例（格後十二2），當事人已無從分辨自己究竟在一己之內或之外，即普通空間經驗已被吊銷，取而代之者，是與「全在的神」共同充塞於宇宙萬物之間（靈歌13・6）。

或許，我們須在此作這樣的說明：聖十字若望在引用「黑暗」與「普遍」二辭來

20. Walter Terence Stace, *Time and Eternity*（New York: Greenwood Press, reprinted 1969）, p.76。

描述默觀的特質時，他並沒有刻意地解釋這兩個語辭的意思，一方面，因為日常語言已不足以達意，另一方面，有默觀經驗的人，不須解釋，也可從個人的體證中把握要領。然而，十字若望既把默觀從其他「清楚」而「個別」的經驗中區隔開來，我們也可從對比這兩套名詞中窺見其詳。況且，若參照和印證其他神祕家的理論與實踐，多少可發現「他山之石，可以攻錯」，或至少「雖不中，不遠矣」。

我們既已從「祕密／神祕」義的前提來體認默觀，並從中凸顯其「黑暗」與「普遍」之特性，到底尚未明顯地道破其兩個更基本的本質：「煉淨」（purgation）與「結合」（union）。換言之，要達到圓滿的人神間之神祕「結合」，人須經歷一段「煉淨」過程；甚至在高程度的「結合」當中，「煉淨」的因素仍會繼續存在，以致他們是神祕默觀經驗的一體兩面。「煉淨」是默觀的較消極／否定面，寓意著破除執著；「結合」則是默觀的較積極／肯定面，意謂著翕合真道。而十字若望也按著默觀的這兩個面向，而在其不同作品中，呈現出闡釋上的不同比重：

《登山》較注重主動的煉淨
《黑夜》較強調被動的煉淨
《靈歌》較敘述結合的歷程
《活焰》較扣緊結合的究竟

四者合起來是一個互相貫通的整體，內容互相浸透與涵括。
茲讓我們首先探討默觀的較消極面——煉淨。

C. 默觀在神祕修行前提下所蘊含的煉淨

為達到成全階段的默觀，人靈須經歷一段徹底的煉淨（purgation／purification）。十字若望稱之為「黑夜」，以寓意神修人的「死於自己，活於天主」。聖人以意象的方式陳述「黑夜」，它蘊含著「黃昏、深夜、黎明」三個時分，象徵著默觀的初階、進階、高階三者（山1・2・5）。在其間，人須經歷的煉淨，分為四個面向（山1・1・2，1・13・1），分別稱為：

1）主動的感官之夜（active night of the senses）
2）主動的心靈之夜（active night of the spirit）
3）被動的感官之夜（passive night of the senses）
4）被動的心靈之夜（passive night of the spirit）

如標題所示，感官與心靈的官能（意志、理智、記憶）各有其「主動」與「被動」的煉淨。「主動」意謂人能藉本性的能力（natural power）而作主動修行的克修

(asceticism)；「被動」則意謂人能力有所不及，必須經由神的超性力量（supernatural power）來施行滌淨的工作，人只能配合，而不能助長（山1·13·1）。

提綱挈領地說，此四者呈現以下的骨幹：

1）主動的感官之夜

a）其消極義在克制情欲，以防微杜漸

b）其積極義在遵主聖範，以步履芳蹤

2）主動的心靈之夜

a）其消極義在揚棄對靈異經驗的執迷

b）其積極義在唯獨活於信、望、愛三超德

3）被動的感官之夜

a）其消極義在於神給人克勝三仇，破七罪宗

b）其積極義在於引領人從推理默想轉入默觀

4）被動的心靈之夜

a）消極地滌淨各種不成全

b）積極地讓人靈爐火純青

大致說來，這四者都會普遍、反覆地並存在默觀的所有階段；但默觀程度愈初步，則主動的夜比重愈多（山1・1・2-3）。反之，默觀程度愈湛深，則被動的夜比重就愈激烈，尤其是心靈的被動之夜，會愈來愈白熱化，直至人靈徹底地煉淨為止（夜2・9・3）。茲較細緻地反思此四種煉淨的底蘊。

1）主動的感官之夜

聖十字若望主要是在《攀登加爾默羅山》卷一論述「主動的感官之夜」。他開宗明義地指出；神修人最終的目標，在於與神在相愛中結合（山・序）。為達到這目標，我們須在靈修的路途上剷除一切障礙，連最小的羈絆也要清理淨盡，否則徒勞無功。聖人以繩子繫鳥作比喻（山1・11・4）：小鳥不論是被粗繩或細線綁住，一樣不能高飛。為初學者而言，為首的步驟，尤須在感官上克制欲望（mortification of appetites）。

a）消極面：克制情欲，以防微杜漸

人若縱情聲色，貪戀世物，則被世俗同化，而致生命沉淪，對最後宗向麻木（山1・3・1，1・13・8）。借用老子《道德經》第十二章語：「五色令人目盲，五音令人耳聾，五味令人口爽，馳騁畋獵，令人心發狂，難得之貨，令人行妨。」欲望若不根治，則「星星之火可以燎原」（山1・11・5）。為防微杜漸起見，須緊守五官，克制欲

望，使之進入感官的夜（山1．3．2）。誠然，修行如同逆水行舟，不進則退（山1．11．5），我們不可不慎。

然而，光是消極地克己復禮，尚嫌不足；我們仍須積極地效法基督。

b）積極面：遵主聖範，以步履芳蹤

所謂近朱者赤，修德最重典範，以吾主及聖者們作芳表，則知所取法。若在行事作為上，常感念吾主耶穌，以祂為師，努力效法，則可穩走成德之路。為此，聖十字若望勸勉我們，要習慣性地渴望效法基督，並為愛主的緣故，克制欲望（山1．13．3-4）；也以吾主為榜樣，處處承行天主的旨意，以奉行主旨作生命之糧（若四34），久而久之，將愈與基督認同，愈肖似基督（山1．13．4）。

初學者（beginner）若能盡忠職守，克制欲望，遵主聖範，並持之以恆，則可跨越「第一個夜」，邁入進修者（proficient）專注的「第二個夜」（山1．1．3），稱之為「主動的心靈之夜」

2）主動的心靈之夜

人不單須在內、外感官上對治其欲望，也須在其心靈的官能（spiritual faculties）上修持，使之達於正軌。心靈的官能包括：「理智」作為「認知官能」；「意志」作為「意

欲官能」，及「記憶」作為「庫存官能」。對治此三官能的消極面，在於揚棄對靈異經驗的執著。

a）消極面：揚棄對靈異經驗的執迷

心靈的三官能，除了有其日常生活的本性運作（natural operations）外，尚且會發顯其超能力，而引申各式各樣的超性運作（supernatural operations）。按十字若望在《攀登加爾默羅山》卷二與卷三的整理，人的一切官能，包括內外感官及心靈的三官能，所能引申的超性運作，可提綱挈領地表列如下[21]：

談及眾多的超自然經驗，聖十字若望的建議大多數勸勉我們不要執著它們，他從一開始就警惕地指出：除非情況例外，且須由明智的神師分辨（山2・11・13），否則我們應忽略它們（山2・11・2-7），理由是：

其一、關於經驗本身

——愈外在，則愈難確定來源

——愈外在，對人靈的好處愈少

——愈外在，愈容易被邪靈利用

其二、關於人靈

——愈沉迷，愈容易引發自大、虛榮、錯謬

21. 茲因其中項目種類繁多，須另行探討，於此暫且存而不論。原典脈絡參閱《攀登加爾默羅山》卷二與卷三。專題論述參閱 George Morel, *Le sens de l'existence selon saint Jean de la Croix*（Paris: Aubier, 1960-61）。在心靈的三官能前提下，十字若望之所以談各種經驗（包括感性超越運作），那是因為一切經驗都經由理智所理解。再者，聖人在「三官能主動運作」的前提下談超性經驗，即使超性經驗含「被動」因素，（即被超越力量推動），到底人仍可「主動地」拒絕或接納它們。

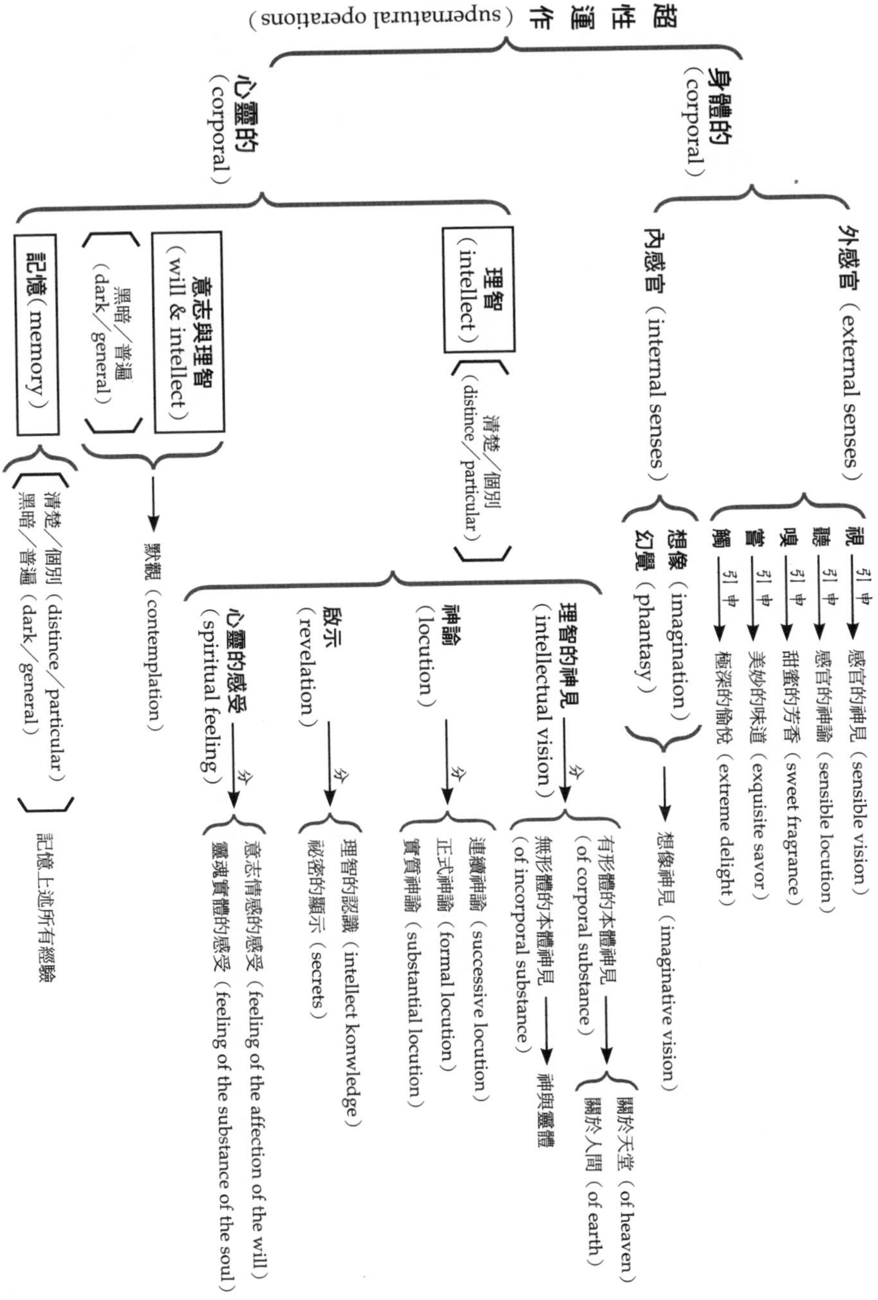
超性運作（supernatural operations）
身體的（corporal）
外感官（external senses）
視 引申 感官的神見（sensible vision）
聽 引申 感官的神諭（sensible locution）
嗅 引申 甜蜜的芳香（sweet fragrance）
嘗 引申 美妙的味道（exquisite savor）
觸 引申 極深的愉悅（extreme delight）
內感官（internal senses）
想像（imagination）
幻覺（phantasy）
想像神見（imaginative vision）
心靈的（corporal）
理智（intellect）
清楚／個別（distince／particular）
理智的神見（intellectual vision）
分
有形體的本體神見（of corporal substance）
關於天堂（of heaven）
關於人間（of earth）
無形體的本體神見（of incorporal substance）
神與靈體
神諭（locution）
分
連續神諭（successive locution）
正式神諭（formal locution）
實質神諭（substantial locution）
啟示（revelation）
分
理智的認識（intellect konwledge）
祕密的顯示（secrets）
心靈的感受（spiritual feeling）
分
意志情感的感受（feeling of the affection of the will）
靈魂實體的感受（feeling of the substance of the soul）
意志與理智（will & intellect）
黑暗／普遍（dark／general）
默觀（contemplation）
記憶（memory）
清楚／個別（distince／particular）
黑暗／普遍（dark／general）
記憶上述所有經驗

其三、關於上主

——如果超性經驗從神而來，即使你把它退去，也不會減少其影響力，類比著皮膚接觸火一般，不論你渴求與否，也同樣被神的愛火灼熱（山2・11・6）

然而，聖人並不叫我們放棄所有的超性經驗，他至少鼓勵我們珍惜六種體證神本質的經驗：

其一是「揭示神本質的理智神見」（intellectual vision of the incorporal substance of God）（山2・24・2-4，2・16・9-10）。這意謂著神本質的自我顯現，被人靈所瞥見。此時，神不再借助外物現象來表象，或藉想像圖像來象徵自己，而是神的靈體赤裸裸地展現。十字若望還從《聖經》引用三個例子說明，分別為上主對梅瑟的顯現（出卅三18-22）、上主顯現給厄里亞（列上十九13）、顯現給聖保祿宗徒（格後十二2、4）。

其二，「有關造物主之智性認知的啟示」（revelation of intellectual knowledge of the Creator）（山2・25・2-3，2・26・1-10）。在各種類的啟示中，十字若望特別珍惜這份「神本質的啟示」。它是理智對造物主之本質（essence）與其屬性（attributes）有清晰的認知（山2・26・3-10）；即人對神的其中一個特性，如愛、善、美、全能或甘飴等有湛深的體會（山2・26・5）。人在此體會中，經驗到上主的臨在，因而整個心靈充滿喜悅。上主這種啟示是如此崇高，以致非筆墨所能形容。

其三是「實質神諭」（substantial locution）（山2・31・1）。此指人靈之聽覺接受到神清晰而有實質效力的言語。例如，聽到上主說：「成善／Be good !」，而實質地成善；或說：「不要怕／Fear not !」，馬上就充滿勇毅與安寧。如同〈福音〉中主耶穌向病人說：「治癒！起來！」病者馬上被治好而起死回生。

其四是「靈魂實體的感受」（feeling in the substance of the soul）（山2．32．2-4）。此為靈的觸覺實質地碰觸到神，在極度崇高的喜悅中，體會神的臨在，因而獲得脫胎換骨的轉變；人惟有在信賴神的引領中，把生命獻托給神。

其五是「默觀」（contemplation）。如前述，它是人神間祕密的愛的知識，維繫著意志與理智的互動。（我們仍繼續在闡釋默觀）。

其六是對上述五種經驗的記憶（memory）。十字若望勸告我們，不要保留其他超性經驗的回憶，唯獨上述五者是例外。因為它們都給我們揭露了神的本質，而我們可在回憶中，重溫這份人神間的結合（山3．14．2）。

概括地說，除了上述的六種經驗外，對於一般的靈異經驗，十字若望勸我們勿執著、勿沉迷，以免本末倒置，阻礙進步。這份消極的破執，其實同時蘊含著一份積極的作法──活於信、望、愛。

b）積極面：唯獨活於信、望、愛

聖人的意思是，讓心靈的三個官能進入黑夜，人主動能辦到的步驟是──理智惟馴服於「信」、記憶惟生活於「希望」、意志惟致力於「愛主愛人」（山2・6・1-4）。

i）理智惟馴服於「信」——理智走進黑夜，意謂人不再執著於思辯智巧，而只藉「信」來連結神及其奧跡。十字若望引用依撒意亞先知（依七9）的話說：「如果你不相信，你不會明白。」（山2・3・4）意思是：人信了才會理解。這份瞭解是首要地建基在人神間愛的融通，其中蘊含著人對神的信任與忠信，而非首要地把它約化為信條予以贊同。借用馬賽爾的分辨：「信及」（believing that / *croire que*）有別於「信任」（believing in / *croire en*）㉒。「信及」只處在「主客對立」的觀點，把奧祕（mystery）約化為「問題」（problem），企圖作肯定；反之，「信任」則處在「主體互通」的關係中，體證其「奧祕」的豐盈。在互愛中孕育出「信」與「忠信」（faith & fidelity）。在「玄同彼我」中，獲得洞見㉓，而並不首要地在乎智巧辯證上的「澄清」（山2・6・1），卻在智巧的「黑暗」中認證，以致聖十字若望稱之為「信的黑暗」（山2・6・1）。

「信」固然拘連著「愛」，但也拘連著「望」。十字若望還引用聖保祿之言：「信是所希望之事的擔保，是未見之事的確證。」（希十一1；山2・6・1），為此，我們有餘地體認記憶之藉望德而進入黑夜。

ii）記憶惟生活於「望」——記憶走進黑夜，意謂著它不再執著於過去，而寄望於神所許諾的將來（山2・6・1），如同聖保祿宗徒所說：「忘盡我背後的，只向我

22. 馬賽爾對「信及」與「信任」做了很深入的分析，很能發揮十字若望這論點。Gabriel Marcel, *Creative Fidelity*（New York: Noonday Press, 1964; reprinted 1967）, p. 134。
23. 有關馬賽爾對「信與忠信」的分析，參閱拙著「馬賽爾筆下的信與忠信」，收錄於《愛、恨與死亡》（台北：商務，1997）pp. 377-431。

在前面的奔馳，為達到目標，為爭取天主在基督耶穌內召我向上爭奪的獎品。」（斐三13-14）十字若望把「記憶」與「希望」相提並論，是件明智之舉。他藉此向我們表示：「記憶」在意識「過去」的同時；也讓我們意識到「時間性」這回事。只是我們通常只注意到「記憶」所存念的「過去」，而不留意其所展望的「將來」。就在這份意會上，聖十字若望勸我們不要把自己牢固在過去，而讓自己向未來釋放。若把自己封閉在過去，就無法進步；與其執著過去的事理，包括曾經有過的靈異經驗，倒不如一心盼望末世的圓滿，讓最高的目標帶動我去力求上進。然而，當我們扣緊「希望」一事，就會體會到「希望」本身有其幽暗面，要求我們去面對。借用馬賽爾的提示：生活在「希望」中，就是還生活在幽暗中，如果我們已擁有所渴望的圓滿，就不用去「希望」了。為此，「希望」蘊含著一份困境有待救援[24]。聖十字若望深明此理。以致他引用保祿宗徒（羅八24-25）的話來強調：「我們得救，還是在於希望。所希望的若已看見，就不是希望了；哪有人還希望所見的事物呢？但我們若希望那未看見的，必須堅忍等待。」（山2·6·3）固然，只消極地停留在困境本身，並不構成希望，希望的積極義在於主動地迎向那尚未顯露的光芒。人神間圓滿的結合，就是那份仍隱而未顯的光，有待在末世圓滿的全福中實現，其來臨與否，不由我來操縱，而我也不容揠苗助長。我惟有以謙虛、忍耐的心，去迎向所期待的恩賜。誠然，愈意識自己的卑弱，就愈能叫我懇切地活在對上主的希望中。

24. Gabriel Marcel, *Homo Viator: Introduction to a Metaphysic of Hope*（New York : Harper Torchbook, reprinted 1962）, pp. 30-31.

望德不單如上述般拘連著對上主的信，也以愛主愛人作為其根基，以致我們有餘地體會意志所致力的愛。

iii）意志惟致力於「愛」——意志走進黑夜，意謂著它不再執著於「亂情」（inordinate affections），而死於對世物的貪戀，一心惟愛天主在萬有之上。並為主的緣故，愛人如己；也只以神的愛心作基礎，去愛宇宙萬物。

所謂不執著於「亂情」，就是意志不再本末倒置，把世物偶像化，作為自己追求的最終目標，而惟主至上，以結合於神為第一要務（山2・16・2）。在這個前提上，十字若望引用〈路加福音〉十四章33節說：**人若不捨棄他的一切所有，就不能做我的門徒**（山2・6・4）。如前所述，意志面對著六種善而應知所先後，擇「至善」而固守（山3・17・2）；面對前五種善：暫世的善、本性的善、感性的善、道德的善、超自然的善，都須以割捨的心態來退讓給第六種善——靈性的／究極的至善：與神結合；惟有投奔向神、與神結合，才是我們的最後宗向（山3・33・1-2），人須放下其他一切來賺得這塊珍寶。

然而，聖十字若望也意會到這樣的一份吊詭：我們是透過愛德工作，在愛近人中，發顯與實踐愛主至上之舉。聖人引用〈雅各伯書〉二章20節指出：**若無愛德工作，則人的信德是死的**（山3・16・1）。只不過，愛世人須建基在愛主至上的前提上，關於這事，十字若望還引用〈申命紀〉六章5節的最大誡命佐證。至於人如何在愛主、愛人，以至愛世物的次序上拿捏得當，而不本末倒置，或矯枉過正，那就是我們需要終身學習的課題。

3）被動的感官之夜

十字若望主要藉《黑夜》一書探討「被動之夜」。借用聖艾笛・思坦（St. Edith Stein）的提示：進入「主動之夜」，如同背負十字架（carrying the cross）。處於「被動之夜」，則意謂神主動的參與，好讓我們完成「被釘十字架」（crucifixion）的工程[25]。在「被動的感官之夜」方面，聖十字若望的主要反思是，神如何介入我們的感官層面，幫助我們「克勝三仇」，及「破七罪宗」。

「三仇」，即「魔鬼、世俗、肉身」[26]。神在協助我們克勝此三仇的同時，要求我們作自己的責任分擔，好讓我們不至於阻撓神在這方面的化工。在此，我們所須負的責任是：活於「信、望、愛」。我們活於「信」，有如穿上白色內衣，耀眼奪目，不單叫「理智」不能正視，就連「魔鬼」也無從觀看，或敢於攻擊（夜2・21・4）。活於「望」，有如套上綠色外衣，讓「記憶」不再寄望於「現世」，而轉目盼望「將來」永恆的至善（夜2・21・6）。活於「愛」，好比加上紅色長袍，保護「意志」免於「肉身」上的私慾偏情，好把「亂情」轉化為對神的戀慕（夜2・21・10）。如此一來，天主會因應著我們的配合，而一方面協助我們，從外克勝三仇，從內煉淨心靈的三官能（理智、記憶、

25. St. Edith Stein, *The Science of the Cross*, Hilda Graef, trans.（London: Burns & Oates, 1960）p. 33。
26. 十字若望主要在《黑夜》第二卷第廿一章內反思「克勝三仇」。在此之前，他已暢談「被動的心靈之夜」，但聖人早已在《黑夜》第一卷為首的「註解・2」（Explanation 2）中提到神主動地出擊，對治三仇，並指出這是在感官層面開始著手。為此，我們可確定聖人的意思是：「克勝三仇」的工程，始於「被動的感官之夜」，而延伸到「被動的心靈之夜」，它同時連貫了肉身與心靈官能的煉淨過程。

意志），使我們不論裡外都能翕合神的心意（夜2・21・11）。

至於破「七罪宗」（seven capital sins），參照〈若望一書〉（二16）的提示，人的敗德（vices）有七，總歸三類：

第一類是「生活的驕傲」，統攝著「驕傲」（pride）、「嫉妬」（envy）、「忿怒」（anger）。

第二類是「肉身的貪慾」，涵括了「貪饕」（gluttony）、「迷色」（lust）、懶惰（sloth）。

第三類是「眼目的貪婪」，那就是「吝嗇」（avarice）。

此七者寓意著人根深蒂固的劣根性，不因獻身於修道而徹底根治（夜1・1-7）。例如：「驕傲」，神修人即使除去了世俗人的妄自尊大，到底仍免不了喜歡教訓別人，多於接受教導。又例如「吝嗇」，修道人即使放棄了私有財產，還是不免傾向於搜羅聖物，據之為己有。凡此種種不勝枚舉；如果神不來幫我們清理，把劣根連根拔起，我們終究無能為力。在此，我們惟有被動地接受神在感官層面給予的挫折與磨練，好能因而死於自己，活於天主。這是「被動感官之夜」的較消極面向；而其較積極義則是：我們有待神的引領，好能逐步離開較感性的默想，踏上靈性的、神祕的默觀。（有關此點，我們先前既已提及，於此從略）。

「被動之夜」，除了感官方面的煉淨外，還有心靈方面的煉淨，聖十字若望稱之為「被動的心靈之夜」。

4）被動的心靈之夜

「被動的心靈之夜」，意謂著神容許人靈進入痛苦的心靈磨練，以滌除內在各種的不成全，好使心智在高度煉淨中得以純全。其中的苦難，包括意識自己的卑微（夜2．7．5．5）、被世俗遺棄、被友人誤解（夜2．6．3）、感覺被神捨棄（夜2．7），使得人靈求救無門，甚至無力舉心向上等等（夜2．8．1）。此等痛苦極度湛深劇烈，並且持續不斷，直至人靈徹底被煉淨為止（夜2．9．3）。在苦難中，人靈唯一的支柱是他自覺仍能深深地愛著吾主（夜2．19-20），以此作為微弱的燈火，支撐起他在黑夜中所走的步伐。

在此，尤值得提及的是：人對神的愛與情傷，被十字若望比喻為攀上十個梯階的煉苦（夜2．19-20）。於此，我們不必逐一分析每一梯階的個別景況。在某意義下，十梯階共同構成一個主題——愛的鄉愁。人愈親嘗到神的愛，就愈渴望與神在一起，但人現時始終是在世上流徙的「旅途之人」（*homo viator*），尚未到達天鄉與上主圓滿地團圓，以致他目前不論如何密切地與神冥合，到底這份結合是不恆常地持續。正因為尚未臻至圓滿，以致人對神國的鄉愁無從間斷。這份愛的鄉愁，甚至會與人神結合的濃度成正比，也構成了「被動的心靈之夜」中，一份極度湛深難耐的煎熬，類比著煉獄的靈魂對天鄉的懇切渴望（夜2・12）。

聖十字若望還以「火燒木柴」為比喻，寓意神賦予人靈的「被動之夜」（夜2・10・1-2）。神的愛彷彿烈火，而尚未成全的人靈如同潮溼的木柴。他受到神的愛火燃燒時，經歷了重重痛苦的煉淨，好似溼的木柴經歷了水分的蒸發、臭味的擴散、黑煙的冒出、木柴的炭化等等，承受著各式各樣的鍛鍊與煎熬，直至與烈火化為一體，在愛內脫胎換骨為止。十字若望說：當所有的不成全被燃燒淨盡後，人靈的痛苦將轉變為喜樂（夜2・10・5），並達到現世所能享有的成全結合，十字若望稱之為「神婚」（spiritual marriage）（靈歌22・3）。誠然，默觀的積極目標在於「結合」（union），「煉淨」（purgation）只是它的消極面而已，所以，從神祕修行的前提下，我們可轉而談論默觀所蘊含的結合義。

D. 默觀在神祕修行前提下所蘊含的結合

專家們談論神祕主義，大致上都體會到這樣的一個重點：神祕主義即使派別眾多，到底可聚焦於一個核心義，那就是——「結合」（union）。例如，柏連達（G. Parrinder）說：「神祕主義這概念的基本涵義在於結合。」㉗齊那（R. C. Zaehner）說：「以基督宗教的辭彙言之，神祕主義意謂著與神結合。在神教以外的場合言之，意謂著與某原理或

27. Geoffrey Parrinder, *Mysticism in the World's Religions*（London: Sheldon Press, 1976）, p. 13,「Basic to the idea of mysticism is union.」

境界結合。那麼，它是一冥合的經驗：與某個體或一己以外的某事物合而為一。」㉘艾德豪（Evelyn Underhill）說：「神祕家成功地在心靈與『唯一實體』之間建立起直接的溝通，這『唯一實體』就是那非物質而究極的本體，有些哲學家稱之為絕對者，而多半的神學家稱之為神。」㉙聖十字若望的作品，乃西方中世紀神祕主義的高峰，也呈現著相同的看法，只不過他落實在「默觀」經驗上談論這份「結合」而已。從「默觀」立場談人神間的「結合」，我們至少可從十字若望的作品整理出以下幾個重點：

1）初步分辨：本性結合與超性結合

初步言之，人神間的結合可分「本性結合」（natural union）與「超性結合」（supernatural union）兩者（山2．5．3-4）：

a）本性結合——「本性結合」又被命名為「本質結合」（essential union）（山2．5．3）㉚。這意謂神內在於萬物，也內在於每一個人（包括惡貫滿盈的大罪人），以保持其存在，免化為烏有。然而，聖十字若望所指的神祕結合，並不是這一種「本性結合」，而是「超性結合」。

b）超性結合——「超性結合」意謂人生活於寵愛的境地（state of sanctifying grace），與神建立起友誼，向著高度的愛之認同中邁進，以「肖似結合」（union of likeness）為最高的理想（山2．5．3）。「肖似結合」後來在《靈歌》及《活焰》

28. R. C. Zaehner, *Mysticism: Sacred and Profane - An Inquiry into some Varieties of Praeternatural Experience*（London: Oxford University Press, reprinted 1978）p. 32.
29. Evelyn Underhill, *Mysticism: A study in the Nature and Development of Man's Spiritual Consciousness*（London: Methuen & Co. Ltd., 1911; revised 1930）, p. 4. 有關神祕主義的初步說明，參閱拙作「神祕主義及其四大型態」《當代》第三十六期，4月1日，1989，pp. 39-48。

（3・24）中，被稱為「神婚」（spiritual marriage）。然而，人對神愛得愈深，所兌現的結合就愈發濃烈，以致我們可在超性結合、神祕結合上，分辨不同程度之深淺。

2）超性結合可從寵愛境地延伸至神祕結合

十字若望指出：凡生活於寵愛中的靈魂，與神就有著愛的關係；但每人的愛與恩寵有程度上的不同深淺，有活於較低程度的，也有活於較高程度的愛。愛的程度愈高，意志就愈吻合神的意願，與神有著愈湛深的融通；一個完全在愛中翕合主旨的人，也達到完全的神祕結合，而徹底地在神內獲得轉化（山2・5・4）。

3）神祕結合前提下分辨煉路、明路、合路

聖十字若望按傳統的分法，在《靈歌》中，分辨煉路、明路、合路三個主要的程度；以寓意默觀路途上的開始者、前進者、成全者三個階段（靈歌・主題・1-2）。

a）煉路（靈歌1-12）寓意著開始者一旦體會了神的愛，而展開對神的追逐，在世物的美善中，尋找神的至善（靈歌4-6）；在世人的靈智中，回溯神的全智（靈歌7）。然而，沒有任何人、地、事、物足以彌補神在人心靈內留下的空缺，致使人在渴慕神當中，黯然神傷（靈歌8-11）；惟有活在「信」的黑暗中，靜待神的臨現（靈歌12）。此階段是人與神的邂逅、追求、戀慕、傷情，人在思念中，尚未達到與神更親密的結合。

30. 十字若望在（山2・5・3）中，也稱「本性結合」為「實質結合」（substantial union），但他後來卻把「實質結合」寓意為神祕結合的高峰，例如：（靈歌39・6），為避免混淆，我們不在此處採用此名。

b）**明路**（靈歌13-21）寓意著前進者進一步對神的深情與愛的鄉愁。人對神濃烈的嚮慕，獲得了神靈光的回應，人在體會神的偉大當中，引致「出神」（rapture），在神魂超拔（ecstasy）中投奔牽繫心中的愛者（靈歌13）。這份濃烈的愛戀與切慕，被聖十字若望稱為「神訂婚」（spiritual espousal）（靈歌14-15），類比著世間男女的相戀，而致山盟海誓、至死不渝，只是尚未臻至圓滿的結合。此階段尚且是心靈最波動的時刻，而三仇的攻擊也最為激烈（靈歌15-16）。不過，大自然最昏暗的剎那，也就是曙光初現的前奏。當人持續地受黑夜的煉淨後，他的愛將會變得更為純全，而人神的結合也將達到更高度的轉化。

c）**合路**（靈歌22-40）寓意著成全者身心已經歷徹底的煉淨，獲得深度的神化。而人神間的融通也達到高潮，類比著男女間戀愛已成熟，終於從「神訂婚」進而為「神婚」（spiritual marriage）（靈歌22·3）。在其中人神間在愛的彼此施與和接受內，深深地結合為一。人的整個心靈，不論在認知（cognitive）或情感（affective）的意識上，已藉分享（participating）著神，而被神化（divinized）（靈歌22·3）。雖然人仍保留其個體，其身心卻因被神浸透而更肖似神（山2·5；靈歌22·3），其思言行為雖不致被神取代，畢竟已翕合了神的心智，所以能如同保祿宗徒所說的，「**我生活已不是我生活，而是基督在我內生活。**」（迦二20）

4）明路中神訂婚的深究

從「默觀肇始」至「神訂婚」之間的一段距離，十字若望並沒有刻意地給它畫分不同的階段，他只約略地作了一點點交代，就隨即反思「神訂婚」的內蘊。看來，我們有必要在此作以下的提示。

a）從自修默觀到神訂婚

聖十字若望曾閱讀過聖女大德蘭（St. Teresa of Avila, 1515-1582）的著作，及指導她的靈修，以致得悉聖女大德蘭對默觀階段的詳細畫分。聖人在認同之餘，覺得沒有必要重覆；為此，他只一語帶過地向我們推薦大德蘭的作品（靈歌13・7）。言下之意是：他與大德蘭的理論與實踐同屬一個更大的整體，彼此互相闡發與補足（此點容後討論）。

有關從自修默觀到神訂婚之間的一段歷程，十字若望只簡括地指出所須做的事是：權宜地停止推理默想，而致力於對神純情地發顯一份「愛的專注」（loving attention）（焰3・33；夜2・1・1）。此時，人在感性上雖尚未被煉淨，至少比以前進步，以致較易引發一份單純的靈悅（夜2・1・2），而安於接納上主愛的牽動。附帶地說，他還敬告神師們，勿盲目地在此處勉強弟子繼續推理默想，以免妨礙進展（焰3・33）。當人在「愛的專注」上讓神帶動，假以時日，內心的愛火會愈來愈增強，意識會愈來愈轉變，甚而神魂超拔。

b）神魂超拔之為神訂婚

湛深程度的默觀，可引致「神魂超拔／出神」的狀態（靈歌13・1-12），在其中，人神結合的濃烈，聖十字若望命名為「神訂婚」（靈歌14-15・17；夜2・1），類比著男女間的海誓山盟。十字若望還借用〈約伯傳〉的話語來描述其震撼（靈歌14-15・17-18）：

> 我竊聽到一句話，我耳聽見細語聲。當人沉睡時，夜夢多幻象；我恐怖戰慄，全身骨頭發抖，寒風掠過我面，使我毛髮悚然，他停立不動，但我不能辨其形狀；我面前出現形像，我聽見一陣細微的風聲。（約四12-16）

在此，我們可分別從i）本質、ii）型態、iii）官能、iv）建議等項目上，聆聽聖十字若望的見解：

i）本質

「神魂超拔／出神」的狀態，寓意著人神間心靈上的濃烈結合（intense union），導致人的身體出現某些附屬的現象，如「形如槁木」、身體騰空等等。它本質地是人神間深度結合的表現，人靈強烈地被神吸引，心靈驟然飛昇至神的懷抱，暫時脫離了身體的牽制（靈歌13．6）。這狀況可在無預警下出現，使人因這突如其來的經驗，剛開始時懼怕不已（靈歌13．2）。神為了保護人的身體，使之不致過於震撼而受損傷，因而暫時吊銷人的普通官能，使人的外表看似「形如槁木、心若死灰」，彷彿死了一般（靈歌14-15．19）。誠然，神魂超拔中的人神結合，嚴格地說，是為靈魂與身體間一份不和諧的張力（靈歌14-15．30），即人靈須在身體的官能被吊銷下，達致與神結合，雖然結合經驗可以有時反過來影響到身體，使之容光煥發、肉體騰空，到底身體在出神當中，不能隨意走動，甚至不察覺週遭的環境變動。為此，人自覺這份人神結合並不徹底，因而產生一份更強烈的渴慕與情傷，憂慮失卻與神同在的機緣（靈歌13．5）。

ii）型態

十字若望用不同的辭彙來凸顯神魂超拔的不同類型，即在神魂超拔（ecstasy）總名目下，分辨了「出神」（rapture）、「心靈飛越」（spiritual transport）、「骨骼脫節」（dislocation of bones）等名詞（靈歌13．4，14-15．18-19）。他並未對「出神」與「心靈飛越」作分析，只提及大德蘭作品有較細緻的論述（靈歌13．7）。於此，十字若望只著墨在「骨骼脫節」這型態，而在《靈歌》14-15．19中給予以下的提示：顧名思義，它意謂著所有骨骼都感受到懼怕或困擾，甚至於搖動與脫節。十字若望借用達尼爾先知的話（達十16）來形容，達尼爾見到天使而驚懼地說：**我骨頭的關節都鬆掉且脫落**。聖人也借用〈約伯傳〉四章12至16節的語句，如「恐怖戰慄」、「骨頭發抖」、「毛髮悚然」等來說明，企圖描述其中的激烈與震撼。

有關神魂超拔中各官能的表現，聖人的提示如下：

iii）官能

靈官能方面——意志與理智的互動愈頻繁，人對神「愛的知識」也愈增長。意志在愛的濃烈中，引導理智獲得超越的光照（焰3・5-6）。在此理智則類比著熟睡後眼睛的豁然開朗，也如同獨處時的小鳥般，只舉目向天、展翼高飛，在深情的專注中體察神的心意，並清唱著唯獨愛者才可懂悟的美妙綸音（靈歌14-15・24-26）。

感性官能方面——人因尚未全被煉淨，以致所有的感官未能與靈官能和諧配合，但指望著「神婚」的完成（靈歌14-15・30）。換言之，感性的普通運作必須暫時被吊銷，使靈的超性運作獲得釋放（靈歌13・6）。為此，十字若望引述保祿宗徒（格後十二2）的出神經驗，強調其身體官能的沉寂，不能分辨是在身內或身外，無從知覺空間場所。

iv）建議

聖十字若望在此提醒我們：靈修必然牽涉靈的戰爭；人與魔鬼的交鋒會因著人靈的進步而愈發激烈，而魔鬼的詭計也愈來愈高明。牠一方面會以假亂真，企圖仿冒；另一方面，又會以真亂假，製造困擾（夜2・2・3）。在此，十字若望所給予的建議是：唯獨活於「信」，不要執迷於靈異經驗，以免受騙上當（夜2・2・5）。

5）合路中神婚的深究

在對明路中「神訂婚」（spiritual espousal）作了較細緻的說明後，我們可繼而對合路中的「神婚」（spiritual marriage）作進一步的體會。

a）神訂婚與神婚的分別

有關神訂婚與神婚的分別，十字若望有以下的提示：

i）關於出神現象（夜2・1・2）：

神訂婚多出神現象：身體感性面尚未煉淨，神須吊銷感性官能來結合人靈；**神婚**少出神現象：身體感性面已被煉淨，人靈與身體可和諧配合來結合神。

ii）關於神與人溝通的方式（靈歌13・6）：

神訂婚意謂神必須用激烈的方式，把人靈從身體內牽扯出來，以達到結合；**神婚**則意謂神採用平和溫柔的方式與人相處，而不必用強力的手法，暫時隔離靈魂與身體的連繫。

iii）關於感官與心靈的煉淨（靈歌14-15・30）：

除非感性與靈性上的陋習缺點被馴服，否則達不到神婚；為此，**神訂婚**意謂感官與心靈的煉淨深入，但仍未徹底；**神婚**則意謂心靈與身體達到徹底的煉淨，仍等待著全福的完成。

iv）關於愛之結合的程度（焰3・24）：

神訂婚類比男女間的海誓山盟，但尚未圓滿結合；神婚則類比男女間的婚配，彼此互相給予而合為一體。

b）神婚本義

有關「神婚」中那份深度的結合，聖十字若望以充滿陽光的玻璃作比喻，類比其中的究竟（山2·5·6-7）。玻璃已清理乾淨，一塵不染，陽光穿透玻璃本身，毫無阻礙，讓我們徹視無間地體會著太陽的光與熱。玻璃即使不會因而失卻其個體，畢竟已徹底被陽光浸潤，顯得與陽光合而為一。從這個比喻，我們多少可以類比地意會神婚中的幾個特性：

i）人神充分結合

兩者結合為一（靈歌26·4）；人與神在互愛中彼此給予，以致兩者結合成一體（焰3·79）。

ii）人靈神化而不抹殺個體

人充分地結合於神，不因此而失去其個體性（靈歌22·4）；但人神的結合如此徹底，以致人已被「神化」（divinized、deified）。他藉分享而取得神性（divinization by participation），獲得與神一致（山3·2·8；靈歌22·3，39·6；焰1·9）。人靈比先前更持續地接受灌注（靈歌35·6），他做任何事都離不開神的臨在（靈歌37·6）。

iii）衆官能獲轉化

①人的神化，可從官能的「轉化」（transformation）上體察出來（夜2・4・2；靈歌38・3；焰2・34）：

②人的理智（intellect）完全吻合神的心智，而能內在地洞悉神的奧祕（靈歌26・11、16）。

③人的「意志」（will）完全吻合神的意志，因而愛神所愛的一切，願意神所願意的一切（靈歌26・11）。

④人的「記憶」（memory）只一心仰望永恆的光芒（夜2・4・2；焰2・34）。

⑤人的本性欲望（natural appetites）完全翕合神的旨意，而能如同《論語》第二〈為政篇〉第4節所指的「從心所欲，不踰矩」（夜2・4・2；焰2・34）。

iv）正面效用

成全的默觀引致以下的五個效用（被稱為「五福」，5 blessings）（靈歌40・1）：

①人靈不再執著任何世物

②魔鬼被戰勝而遁逃

③情欲被壓服，本性的欲望被克制

④感性部分更新與淨化

⑤感性適應理性

v）體證聖三

人靈灌注地體證聖三奧祕（Trinity），有別於普通的信與推論（焰1・15，2・1-22）。

vi）神化之為實質結合

人在成全的默觀中，所達到的神化（Divinization），是為人神間的「實質結合」（substantial union），此乃來世「全福」（beatitude）的預嘗（foretaste）（靈歌39・6）。

6）神婚的實質結合內分慣性結合與當下結合

然而，神婚即使讓人與神間達致「實質結合」（substantial union），但仍不是最究極的圓滿，人仍須等待來世的最終極「全福神見」（beatific vision），及與神在天國中最後的大團圓。在此點上，聖十字若望分辨「慣性結合」（habitual union）與「當下結合」（actual union）兩者（焰4・14-15；靈歌26・11）：

a）慣性結合——此指人靈如此地被「神化」，以致他無時無刻不被浸潤在（immersed in）神的氛圍內（靈歌26・10）。人神間的神婚是如此地親密與崇高，以致人的心靈常常在超性的意識狀態中與神同在。然而，聖人又強調：人即使已實質地（substantially）、慣性地（habitually）與神在一起；但這並非意謂人已絕對恆久地處在無間斷的「當下結合」，彷彿聖者在天國所享有的全福一般。在今世，到底人神的結合不論如何崇高，也至少與將來的「全福」有相當程度的落差（靈歌26・11）。為此，十字若望也在「慣性結合」（habitual union）之外凸顯了「當下結合」（actual union）一辭（靈歌26・11）。

b）當下結合——乃指人在成全的神祕默觀中，處在超性意識內，心靈的官能當下與神的心智合而為一，以致我在神內，神在我內共運作、同進退。但聖人認為，這種超性狀態不常常持續（靈歌26・11）。反之，當人尚存活於世，他的一切官能，不論是本性官能，或超性的靈官能，都還沒有達到絕對完美，仍然會時而生活在本性的狀態中，並且可犯缺點（靈歌26・18）。例如：理智會陷於不成全的理解、意志會追求不成全的意願、記憶會受無用想像的干擾、人會被四種激情（希望、喜樂、悲哀、恐懼）所左右等等（靈歌26・18）。換言之，「當下結合」不持續，在「當下結合」以外，人的所有官能仍有瑕疵、尚待改進，人還沒有達到來世的絕對圓滿。

正因為人仍有其「自然／本性狀態」（natural state），仍是一「具有肉身的個體存有」（incarnate being），為此，聖十字若望建議我們，不要完全放棄推理默想（speculative meditation），因為它可時而派上用場，到底人不是純靈，也不恆常地處於默觀狀態中（活焰3・33）。

7）對全福神見的展望

當人尚生活在世上，即使最成全的默觀，仍不是人生命的絕對圓滿（靈歌22・4），惟有來世的「全福神見」（beatific vision）才會讓人獲得最終極的憩息（靈歌36・40；焰2・32）。為此，十字若望指示：人須揭去三層薄紗——世物、感性、現世生命——始能德備功全，臻於究竟（焰1・29-34）。這終極的究竟，聖十字若望也稱之為「祕密的第十梯階」（夜2・20・5），也是最後的梯階。

8）默觀是現世最高程度的知識

人在默觀中所孕育的「愛的知識」，尤其在成全的默觀所實現者（焰3・49），為十字若望而言，乃是人現世所能成就的最高知識。他說：「（人）先前的認識，甚至世上所有的知識，和這認識相比，完全是無知。」（靈歌26・13）。為此，馬里旦（Jacques Maritain, 1882-1973）在其名著《知識的等級》一書中，以聖十字若望所談的默觀為研究對象，並寫道：「（默觀）帶給人類在現世中所能達致的最高程度之知。」㉛就知識的等級上來說，僅次於末世的「全福神見」而已。

31. Jacques Maritain，*The Degree of Knowledge*（New York: Scribner, 1959）, p. 383,「（Contemplation）brings the human being to the highest degree of knowledge accessible here below.」

六、綜合說明

A. 默觀核心義鳥瞰

分析至此，我們可以為聖十字若望的默觀理論作一個綜合的說明。我們扣緊十字若望的核心定義：**默觀是為祕密的人神間愛的知識，維繫著意志與理智的互動**；從中分別三個面向來作辨析：

首先，**默觀牽涉意志與理智的互動**：理智不缺乏意志的干預來接受或排斥任何事物。在本性的運作中，通常是理智首先發動求知傾向，渴求認識初遇的對象，意志繼而因其好惡，直接干預人的認知；當意志以積極正面的心態來迎接一個對象，尤其當對方是一位具備心靈位格的主體，則容許人以愛的眼光去透視對方。在超性的運作中，人的意志則在對上主產生愛的掛念中，進入默觀，而理智則尚未接受煉淨，無法取得智慧的光照，但意志與理智會互相牽引，意志對神的愛，將會讓理智產生洞察，而在人神間愛的知識上邁進。

進而，**默觀是為人神間愛的知識**：知識有許多層面，唯獨藉愛而獲致的洞察，不停留於表面，而直指本心；人對神愈懷著湛深的愛，就愈引領人在愛中認識上主，而在默觀中邁進於愛的知識。人藉領受三個徵兆：對己之思辯推理不再管用、對物之有形事象乏味、對神有愛的牽掛，則須響應神的引領而進入默觀。在其中，意志與理智的互動，時而「各自為政」，時而「彼此吻合」，時而「互為因果」。在較低程度的默觀中，通常意志與理智「各自為政」，多半是意志點燃愛火，而理智處於黑暗，但有時是理智獲得光照，而意志處於乾燥。較高程度的默觀，則較常是意志與理智間在運作上，互相牽動、「互為因果」，即愛引致更豐盛的知識，知識產生更進一步的愛。在成全的默觀上，意志與理智通常「彼此吻合」，即人靈在愛中認知，也在認知中熱愛。意志在充滿愛火中蘊含光照，而理智在獲得智慧之光中，浸潤於愛火，以致人在神內被愛的光照浸透。

再者，**默觀是祕密的、神祕的，較消極地蘊含著煉淨、較積極地蘊含著結合**。默觀是「神祕的」（mystical），寓意著默觀經驗是「黑暗而普遍的」（dark & general）。它是「黑暗的」，牽涉著官能之本性運作的吊銷，好讓其超性運作得以釋放，而達致「明心見性」；它是「普遍的」，意即在其中，小我已被大我所銷鎔、時間已被永恆所取代、空間已被全在所統攝。默觀作為神祕修行，牽涉一段煉淨的過程，其中計有主動的感官之夜、主動的心靈之夜、被動的感官之夜、被動的心靈之夜。其主動面，意謂人在修行上有其責任分擔；其被動面，意謂神修工程須有神的力量介入，人不能揠苗助長。默觀的煉淨面指向其更積極的意義——人神的「結合」，而默觀所指往的最高理想是「神婚」，在其中，人透過湛深地分享神的生命，而致被「神化」，造就玄同彼我、天人合一的境界，展望著最終極的全福之臨現。默觀的整個過程，類比著進入夜晚，歷經黃昏、深夜、而邁向黎明，展望著圓滿的白晝，其中歷程，可藉下頁示意：

聖十字若望的默觀過程簡圖

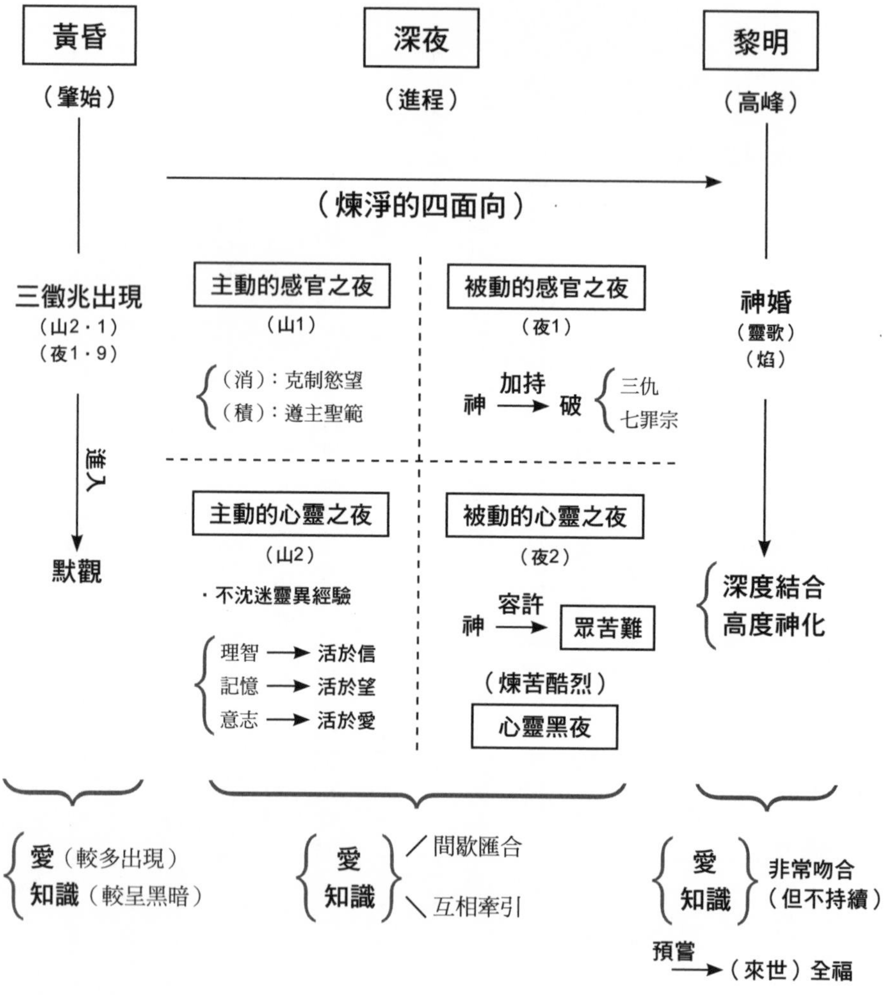
黃昏
（肇始）
深夜
（進程）
黎明
（高峰）
（煉淨的四面向）
三徵兆出現
（山2・1）
（夜1・9）
進入
默觀
主動的感官之夜
（山1）
（消）：克制慾望
（積）：遵主聖範
被動的感官之夜
（夜1）
神
加持
破
三仇
七罪宗
神婚
（靈歌）
（焰）
主動的心靈之夜
（山2）
・不沈迷靈異經驗
理智
活於信
記憶
活於望
意志
活於愛
被動的心靈之夜
（夜2）
神
容許
眾苦難
（煉苦酷烈）
心靈黑夜
深度結合
高度神化
愛（較多出現）
知識（較呈黑暗）
愛
知識
間歇匯合
互相牽引
愛
知識
非常吻合
（但不持續）
預嘗
（來世）全福

B. 聖人默觀理論成就檢討

末了，看來我們仍須澄清以下的一個疑問：既然聖十字若望不是第一個人討論默觀，那麼，他在這議題上究竟有什麼個人的特色與貢獻，足以給我們深遠的啟發和激勵？藉著這個問題的帶動，我們在此把聖人著作的特殊心得歸納為八個檢討要點：

1）述論旨則承先啟後
2）言功能則心意均衡
3）闡默觀則主被兼顧
4）釋煉淨則消積兼容
5）談結合則始終貫徹
6）論指導則智圓行方
7）講靈修則顯密兼備
8）賞行文則美善兼收

茲嘗試把這八個要點逐一解釋如下：

1）述論旨則承先啟後

十字若望是主耶穌的忠實門徒與密友，浸潤在慈母教會的培育中，不論其理論與實踐都吻合教會傳統的大方向。如同聖奧斯定，他以默觀為人神間在神祕冥合中所孕育的愛的知識㉜。聖十字若望發揮對默觀的體認，始終未曾片刻離開這個焦點。但這並不意謂著他就此蕭規曹隨、毫無創意，相反地，我們仍可看見其承先啟後、推陳出新。在神祕默觀的論題上，十字若望是一位集大成者與啟迪者，他吸收了中世紀神祕主義傳統的一切優點，深具系統條理地將之發揮得淋漓盡致，甚至鉅細靡遺，堪為後世取法與徵引。論其思考的週延度，可謂盛況空前；論其引述的寬闊度，則是兼容並蓄；其論著多次提及托名戴奧尼修斯（Pseudo-Dionysius）、奧斯定、多瑪斯等名家要義，也不厭煩地在新舊約《聖經》上引經據典，以作支柱，以致他不單做到持之有故、言之成理，還加上個人心得、深入闡釋；其在靈修學與神哲學上的造詣是劃時代的貢獻，今後世人談論西方神祕主義、或東西方靈修對話，都缺少不了參照十字若望的作品，在這方面，其影響之大，可謂歷久彌新，難能望其項背。

2）言功能則心意均衡

論默觀之為愛的知識，聖十字若望尤其扣緊著意志與理智的互動。難能可貴的是：他能在論述的比重上，同時兼顧「心智」與「意志」兩功能的角色，使之各如其分，不失之偏頗。在他之前，教會中曾有較著重意志，史稱之為「主意志論」（voluntarism）型態，把意志抬高到理智之上的，如方濟會（Franciscan）的聖文德（St. Bonaventura,

32. St. Augustine, Enarration in Psalm cxxxv.8。

1221-1274）及思高（John Duns Scotus, ca. 1265-1308）等；也有較著重理智者，如道明會（Dominican）的聖多瑪斯（St. Thomas Aquinas, 1225-1274）及大師艾克哈特（Meister Eckhart, 1260-1327）等，史稱之為「主理智論」（intellectualism）潮流，視理智運作高出意志。姑且不論這兩派主張的得失如何，至少在聖十字若望的著作上，我們可以看到一份兩者比重均衡的穩健，及兼容並蓄的包涵，真不愧為集百家之大成的智者與聖者，值得我們取法與傳頌。

3）闡默觀則主被兼顧

聖十字若望談默觀，尚且把其中的主動面與被動面交代清楚，指出人在默觀的歷程上有其「有為」與「無為」兩面向。「主動／有為」面，是人在某程度上須藉努力而自修，否則不進則退；但默觀的化工有其「被動／無為」面，有待上主處理，人只能預備自己而不可揠苗助長，固然妥善的預備可容許神順利地完成其灌注。為此，聖十字若望的看法是全面而週延的，換言之，他是主動面與被動面兼顧，因而免卻了神修歷史上過於主動或過於被動的兩個極端。

4）釋煉淨則消積兼容

聖十字若望談默觀，強調其為一煉淨過程，即人為了達到與神結合的目標，須先放下對神以外一切事物的執著。聖人在煉淨的前提上，用語激烈而徹底，但並不過分，即他並不是純消極地只為標榜割捨而割捨。他只想指出：當人捨本逐末地以世物為偶像時，才須有割捨行動，以求撥亂反正地愛天主在萬有之上。繼而，當人開始踏上靈修路途時，可藉世物作為踏腳石，藉此邁向上主。其後，當人在主內成全地神化，則可用主的目光去珍視萬物，從萬物中體證神的臨在。十字若望以「黑夜」為比喻，寓意著煉淨有其消極面，即去執、割捨、痛苦與幽暗，但也蘊含著積極面，即信、望、愛之愈發湛深，「黎明」曙光的愈發臨近，全福團圓的愈發在望。為此，面對「黑夜」，我們所應有的態度不是氣餒，而是堅定與振奮。

5）談結合則始終貫徹

十字若望論默觀，以結合於神為宗旨，其中所經歷的修行過程，包括開始、前進、完成三階段，被命名為「煉、明、合」三路。聖人在各階段的勸諭是一貫的：即時機成熟須當機立斷，放下默想，專注於愛的凝視，直至完全被神的愛所銷鎔，以與祂化為一體。我們儘管朝向這目標而勉力，不執著，不助長，甚至不去細心分辨歷程的進度，而直截向著成全默觀的神化境界邁進。總之，為了要獲得高度的成全，切勿拘泥於中途的過站，甚至要輕忽各類的靈異經驗，以免阻礙進步；這是他在「結合」的前提上一貫的主張。

6）論指導則智圓行方

國人敬仰賢德之士，有時會以「智欲圓而行欲方」一語來讚賞。此語也恰好是聖十字若望在靈修指導上的寫照。聖人身教與言教皆卓越；他不單以方正的行實來給我們立芳表，且以圓熟的智慧來循循善誘，而以下的一些教誨足以呈現其睿智：

其一，聖人提出開始默觀的三徵兆，藉此勸我們當機立斷，從推理默想轉進到單純收心，好能在愛的凝視下接受神的帶動；這樣，人一方面可避免欲速不達的困惑，另一方面可及時配合神的灌注。此可謂恰到好處。

其二，聖人勸勉我們，不論默觀的進境如何，不必也不應全然拋棄推理默想。人到底仍在旅途的階段，尚未抵達天鄉。為此，人一方面須戒慎努力，以防後退，另一方面須因時制宜，以免浪費時間。到底，人即使處在成全的默觀，也並非持續地活於「當下結合」（actual union），他仍須在「本性意識」狀態下處世，如此一來，推理默想可偶而派上用場，用以延續愛火。此可謂穩健的建議。

其三，聖人以「黑夜」為喻，象徵煉淨，指示人須經歷感官與心靈的主動和被動之夜，以達「黎明」的曙光。他並不意謂著我們須活於死寂，到底人不可能無了期地缺少愛火而不變節；聖人所標榜的只是，人須藉煉淨脫去羈絆，因而能更自由地投奔上主，也讓上主因應人的自由來完成祂的化工。為此，他在破執上的徹底，反而凸顯其對總目標的積極邁進，也讓我們明瞭：靈修尚且有個人的責任分擔，不能不勞而獲；結合與煉淨誠屬一體兩面，相輔相成；至於酷烈的鍛鍊，反而讓我們爐火純清。此可謂至理名言。

其四，他敬告作神師者須明智與熱誠兼備、精修與經驗兼容，才不至於誤人子弟，否則將變成盲者之一，誤人誤己（山・序・3-7，2・18・6-7，2・22・18-19；焰3・30-66）。此可謂愛之深、責之切。

上述的指引皆足以表現聖人的明慧，其著作也不愧為靈修寶藏。

7）講靈修則顯密兼備

再者，聖人之靈修與踐行，同時適用於顯修者與隱修者，也同樣適用於修道人與在俗教友。其《愛的活焰》就是為一位寡婦（Doña Ana del Mercado y Peñalosa）而寫的。可想而知，聖人欲藉此表示：每人在心靈的最深處都是一個獨居者，惟有自己與神可以進入其中；藉著神的感召，我們有任務把「孤獨」（loneliness）轉化為「見獨」（enlightenment）（借用《莊子》〈大宗師〉「朝徹而後能見獨」一語）。

人若未能在靈的最深處與神邂逅和結合，則其他層面上的操勞與忙碌皆屬枉然。光是外在的事功，畢竟不足以給你帶來聖化世界的成果；而最平凡的行動，結合著神的恩寵，卻保有點鐵成金的效用。一位聖者的禱告，比起一百個半冷不熱的宣教士，更能為世界點燃起愛火。一個缺乏內修的人，無力從靈性面上改造世界，其理論與實踐也流於淺薄。人惟有在默觀中獲得神化，始可有力量把神分施給世人，讓周遭的人、地、事、物因著你與神親密的友誼而脫胎換骨，徹底轉化。教會中傳教主保有二：其一是走遍半個地球的傳教士聖方濟沙勿略（St. Francis Xavier, S.J. 1506-1552）。其二是深居隱修院，只活了廿四歲的聖女小德蘭（St. Thérèse de Lisieux, O.C.D., 1873-1897）；默觀與宗徒事業的關連，於此可窺其詳。

8）賞行文則美善兼收

欣賞聖人的著作，則發現其中哲學、神學、靈修學、文學兼而有之；其詩篇的精巧鍊達與感人肺腑，尤被譽為西班牙詩壇的第一把交椅，時至今日，尚無人能出其右。此點表示：文學真正的價值，不首要地在乎文筆上的刻意求功，而在乎文學心靈的湛深體會。西方哲人，自柏拉圖（Plato, 427-347 B.C.）至聖多瑪斯（St. Thomas Aquinas, 1225-1274），都體認到「一」、「真」、「善」、「美」等超越屬性（transcendental attributes）之互通互換；以致斐然的「美」，蘊含著濃烈的「愛」、崇高的「真」、純粹的「一」、全然的「善」。而聖十字若望文學之美，也在於其深厚的靈修基礎，其與達文西（Leonardo da Vinci, 1452-1519）和米開蘭基羅（Michelangelo, 1475-1564）在藝術創作前的齋戒沐浴及湛深禱告，同出一轍，以致「不鳴則已，一鳴驚人」，比起凡俗文章的巧言令色，或靡靡之音的無病呻吟，真有天淵之別。

附帶值得一提的是：自近代以降，科學精神抬頭，物質文明發達之際，心靈文明相形之下，備受冷落；致使世人在靈性久渴之餘，轉而求助於迷幻藥物，或靈異法術，企圖與超自然界溝通，而各種新興宗教也應運而生。然而，聆聽了聖十字若望在默觀修行上的指引，我們情不自禁地要追問：既然已有聖賢的前輩，如聖十字若望等，曾身體力行地經歷「煉淨」而臻至「神化」，並提供心靈地圖，指引後學登上聖德高峰，那麼，我們又何苦捨近求遠，竟至耳朵發癢，愛聽新奇的話，任意選擇導師（弟後四3）？況且聖十字若望的學理，尚有其歷久彌新之處，可容許聖艾笛・思坦（St. Edith Stein）引用當代現象學來發揮[33]。這無疑向我們宣示：古典並不意謂著陳舊落伍，而意謂著經得起時間的考驗而永垂不朽，可在不同的年代，藉不同的語言和體系一再闡述，讓世人可重複得沾教益。我們若能細心聆聽聖人的訓誨，在靈修上可收事半功倍之效。

33. 參閱註 22。

附錄（1）

中文（本書採用版本）與西班牙文對照

1. 黑夜初臨，
En una noche oscura,
懸念殷殷，灼燃愛情，
con ansias, en amores inflamada,
啊！幸福好運！
¡oh dichosa ventura!,
我已離去，無人留意，
salí sin ser notada
吾室已然靜息。
estando ya mi casa sosegada.

2. 黑暗中，安全行進，
A oscuras y segura,
攀祕梯，裝巧隱，
por la secreta escala, disfrazada,
啊！幸福好運！
¡oh dichosa ventura!,
置黑暗，隱蹤跡，
a oscuras y en celada,
吾室已然靜息。
estando ya mi casa sosegada.

3. 幸福夜裡，
En la noche dichosa,
隱祕間，無人見我影，
en secreto, que nadie me veía,

我見亦無影，
ni yo miraba cosa,
沒有其他光明和引領，
sin otra luz y guía
除祂焚灼我心靈。
sino la que en el corazón ardía.

4. 如此導引，
Aquésta me guiaba
遠勝午日光明，
más cierto que la luz de mediodía,
到那處，祂等待我近臨，
adonde me esperaba
祂我深知情，
quien yo bien me sabía,
那裡寂無他人行。
en parte donde nadie parecía.

5. 啊！領導之夜，
¡Oh noche que guiaste!
啊！可愛更勝黎明之夜，
¡oh noche amable más que el alborada!
啊！結合之夜
¡oh noche que juntaste
兩情相親，
Amado con amada,
神化卿卿似君卿。
amada en el Amado transformada!

6. 芬芳滿胸襟。
En mi pecho florido,

痴心只盼君，
que entero para él solo se guardaba,
斜枕君柔眠，
allí quedó dormido,
輕拂我弄君，
y yo le regalaba,
飄飄香柏木扇，徐來風清。
y el ventalle de cedros aire daba.

7. 城垛微風清，
El aire de la almena,
亂拂君王鬢，
cuando yo sus cabellos esparcía,
君王傷我頸，
con su mano serena
因其手柔輕，
en mi cuello hería
悠悠知覺，神魂飛越。
y todos mis sentidos suspendía.

8. 留下自己又相忘，
Quedéme y olvidéme,
垂枕頰面依君郎；
el rostro recliné sobre el Amado,
萬事休；離己遠走，
cesó todo y dejéme,
拋卻俗塵，
dejando mi cuidado
相忘百合花層。
entre las azucenas olvidado.

夜啊！你是引導的夜！
夜啊！你是比黎明更可愛的夜！
夜啊！你結合了
愛者（天主）和被愛者（靈魂），
使被愛者（靈魂）在愛者（天主）內神化。

在我那盈滿花開的胸懷，
惟獨完整地保留給祂，
祂留下來依枕臥眠，
我愛撫著祂，
香柏木扇飄送著輕柔的微風。

城垛的微風徐徐吹拂，
當我撥開祂的頭髮時，
微風以溫柔的手
觸傷了我的頸，
使我的所有感官頓時失去知覺。

我留了下來，處於忘我中，
垂枕頰面依偎著我的愛人（天主），
萬事皆休止，我捨棄自己，
拋開我的俗塵凡慮，
忘懷於百合花叢中。

附錄（2）
白話中文版〈黑夜〉詩

在一個黑暗的夜裡，
懸念殷殷，灼燃著愛情，
啊！幸福的好運！
沒有人留意我離去，
我的家已經靜息。

在黑暗和安全中，
攀上隱祕的階梯，改變了裝扮
啊！幸福的好運！
在黑暗中，潛伏隱匿，
我的家已經靜息。

在那幸福的夜裡，
祕密地，沒有人看見我，
我也毫無所見，
除了焚燒我心者，
沒有其他的光明和嚮導。

引導我的這個光明，
比中午的陽光更確實，
導引我到祂期待我的地方，
我深知祂是誰，
在那裏沒有人出現。

5. O guiding night!
O night more lovely than the dawn!
O night that has united
the Lover with his beloved,
transforming the beloved in her Lover.

6. Upon my flowering breast
which I kept wholly for him alone,
there he lay sleeping,
and I caressing him
there in a breeze from the fanning cedars.

7. When the breeze blew from the turret,
as I parted his hair,
it wounded my neck
with its gentle hand,
suspending all my senses.

8. I abandoned and forgot myself,
laying my face on my Beloved;
all things ceased; I went out from myself,
leaving my cares
forgotten among the lilies.

附錄（3）
英譯本〈黑夜〉詩兩種

Translated by Kieran Kavanaugh, O.C.D

1. One dark night,
fired with love's urgent longings
- ah, the sheer grace! -
I went out unseen,
my house being now all stilled.

2. In darkness and secure,
by the secret ladder, disguised,
- ah, the sheer grace! -
in darkness and concealment,
my house being now all stilled.

3. On that glad night,
in secret, for no one saw me,
nor did I look at anything,
with no other light or guide
than the one that burned in my heart.

4. This guided me
more surely than the light of noon
to where he was awaiting me
- him I knew so well -
there in a place where no one appeared.

Translated and edited by E. Allison Peers

1. On a dark night, Kindled in love with yearnings - oh, happy chance! -
I went forth without being observed, My house being now at rest.
2. In darkness and secure, By the secret ladder, disguised - oh, happy chance! -
In darkness and in concealment, My house being now at rest.
3. In the happy night, In secret, when none saw me,
Nor I beheld aught, Without light or guide, save that which burned in my heart.
4. This light guided me More surely than the light of noonday
To the place where he (well I knew who!) was awaiting me - A place where none appeared.
5. Oh, night that guided me, Oh, night more lovely than the dawn,
Oh, night that joined Beloved with lover, Lover transformed in the Beloved!
6. Upon my flowery breast, Kept wholly for himself alone,
There he stayed sleeping, and I caressed him, And the fanning of the cedars made a breeze.
7. The breeze blew from the turret As I parted his locks;
With his gentle hand he wounded my neck And caused all my senses to be suspended.
8. I remained, lost in oblivion; My face I reclined on the Beloved.
All ceased and I abandoned myself, Leaving my cares forgotten among the lilies.

國家圖書館出版品預行編目資料

聖十字若望 • 心靈的黑夜／十字若望（St. John of the Cross）作．加爾默羅聖衣會譯．--- 初版，-- 臺北市：星火文化，2018 年 2 月

面； 公分．（加爾默羅靈修；15）

譯自：La Noche Oscura del Alma

ISBN 978-986-95675-1-0 （平裝）

1. 天主教 2. 靈修

244.93 106024369

加爾默羅靈修 15

聖十字若望・心靈的黑夜

作　　　者　十字若望（John of the Cross）
譯　　　者　加爾默羅聖衣會
執 行 編 輯　林鼎盛
封 面 攝 影　范毅舜
封面設計及內頁排版　Neko
總　編　輯　徐仲秋
出　　　版　星火文化有限公司
台北市衡陽路七號八樓
營 運 統 籌　大是文化有限公司
業 務・ 企 畫　業務經理林裕安　業務專員馬絮盈　行銷業務李秀蕙
行銷企畫徐千晴　美術編輯林彥君
讀者服務專線 02-23757911 分機 122
24 小時讀者服務傳真 02-23756999
香 港 發 行　豐達出版發行有限公司“Rich Publishing & Distribution Ltd”
地 址：香港柴灣永泰道 70 號柴灣工業城第 2 期 1805 室
Unit 1805, Ph. 2, Chai Wan Ind City, 70 Wing Tai Rd,
Chai Wan, Hong Kong
電話：21726513　傳真：21724355
email：cary@subseasy.com.hk
印　　　刷　韋懋實業有限公司

2018 年 2 月初版
2022 年 9 月初版 2 刷
Printed in Taiwan

ISBN 978-986-95675-1-0
定價／280 元

The Dark Night of the Soul by St. John of the Cross
Washington Province of Discalced Carmelites
ICS Publications 2131 Lincoln Road, N.E. Washington, DC 20002-1155 U.S.A.
www.icspubliscations.org
本書中文版感謝 ICS Publications 授權